LIBRAIRIE FÉLIX ALCAN

BIBLIOTHÈQUE GÉNÉRALE

DES

SCIENCES SOCIALES

Secrétaire de la Rédaction : **DICK MAY**

Secrétaire Général de l'École des Hautes Études sociales

Chaque volume in-8º de 300 pages environ, cartonné à l'anglaise, **6** fr.

1. **L'Individualisation de la peine**, par R. SALEILLES, professeur à la Faculté de droit de l'Université de Paris. 2ᵉ édition mise au point par G. MORIN, docteur en droit.

2. **L'Idéalisme social**, par Eugène FOURNIÈRE, 2ᵉ édition.

3. **Ouvriers du temps passé** (xvᵉ et xviᵉ siècles), par H. HAUSER, professeur à l'Université de Dijon. 3ᵉ édition.

4. **Les transformations du pouvoir**, par G. TARDE, de l'Institut. 2ᵉ édition.

5. **Morale sociale**, Leçons professées au Collège libre des Sciences sociales, par MM. G. BELOT, MARCEL BERNÈS, BRUNSCHVICG, F. BUISSON, DARLU, DAURIAC, DELBET, CH. GIDE, M. KOVALEVSKY, MALAPERT, le R. P. MAUMUS, DE ROBERTY, G. SOREL, le PASTEUR WAGNER. Préface de M. Emile BOUTROUX, de l'Institut. 2ᵉ édition.

6. **Les Enquêtes**, pratique et théorie, par P. DU MAROUSSEM. (*Ouvrage couronné par l'Institut*.)

7. **Questions de Morale**, par MM. BELOT, BERNÈS, F. BUISSON, A. CROISET, DARLU, DELBOS, FOURNIÈRE, MALAPERT, MOCH, PARODI, G. SOREL. (*École de Morale*). 2ᵉ édition.

8. **Le Développement du Catholicisme social**, depuis l'encyclique *Rerum novarum*, par MAX TURMANN, professeur à la Faculté de droit de l'Université de Fribourg. 2ᵉ édition revue et augmentée d'une étude sur le *Mouvement social catholique depuis* 1900.

9. **Le Socialisme sans doctrines**. La *Question ouvrière et la Question agraire en Australie et en Nouvelle-Zélande*, par Albert MÉTIN, député, agrégé de l'Université, professeur à l'École coloniale, 2ᵉ édition revue et mise à jour.

10. **Assistance sociale**. *Pauvres et mendiants*, par Paul STRAUSS, sénateur.

11. **L'Éducation morale dans l'Université** (*Enseignement secondaire*). Conférences et discussions, sous la présidence de M. A. CROISET, doyen de la Faculté des lettres de Paris, par MM. LÉVY-BRUHL, DARLU, M. BERNÈS, KORTZ, CLAIRIN, ROCAFORT, BIOCHE, Ph. GIDEL, MALAPERT, BELOT. (*École des Hautes Études sociales*, 1900-1901).

12. **La Méthode historique appliquée aux Sciences sociales**, par Charles SEIGNOBOS, professeur à l'Université de Paris, 2ᵉ édition.

13. **L'Hygiène sociale**, par E. DUCLAUX, de l'Institut, directeur de l'Institut Pasteur.

14. **Le Contrat de travail**. Le *rôle des Syndicats professionnels*, par P. BUREAU, professeur à la Faculté libre de droit de Paris.

15. **Essai d'une philosophie de la solidarité**. Conférences et discussions sous la présidence de MM. Léon BOURGEOIS et A. CROISET, par MM. DARLU, RAUH, F. BUISSON, GIDE, X. LÉON, LA FONTAINE, E. BOUTROUX. (*École des Hautes Études sociales*.) 2ᵉ édition.

16. **L'exode rural et le retour aux champs**, par E. VANDERVELDE, professeur à l'Université nouvelle de Bruxelles. 2ᵉ édition.

17. **L'éducation de la Démocratie**, par MM. E. LAVISSE, A. CROISET, Ch. SEIGNOBOS, P. MALAPERT, G. LANSON, J. HADAMARD. (*Ecole des Hautes Etudes sociales*). 2e édition.

18. **La Lutte pour l'existence et l'évolution des sociétés**, par J.-L. DE LANESSAN. député, professeur agrégé de la Faculté de médecine de.Paris.

19. **La Concurrence sociale et les devoirs sociaux**, par LE MÊME.

20. **L'Individualisme anarchiste, Max Stirner**, par V. BASCH, professeur à l'Université de Rennes.

21. **La démocratie devant la science**, par C. BOUGLÉ, chargé de cours à la Sorbonne. 2o édit. (*Récompensé par l'Institut.*)

22. **Les applications sociales de la solidarité**, par MM. P. BUDIN, Ch. GIDE, H. MONOD, PAULET, ROBIN, SIEGFRIED, BROUARDEL. Préface de M. Léon BOURGEOIS. (*Ecole des Hautes Etudes sociales*, 1902-1903).

23. **La Paix et l'Enseignement pacifiste**, par MM. F. PASSY, Ch. RICHET, d'ESTOURNELLES DE CONSTANT, E. BOURGEOIS, A. WEISS, H. LA FONTAINE, G. LYON. (*Ecole des Hautes Etudes sociales*, 1902-1903).

24. **Etudes sur la philosophie morale au XIXe siècle**, par MM. BELOT, A. DARLU, M. BERNÈS, A. LANDRY, Ch. GIDE, E. ROBERTY, R. ALLIER, H. LICHTENBERGER, L. BRUNSCHVICG. (*Ecole des Hautes Etudes sociales*, 1902-1903.)

25. **Enseignement et démocratie**, par MM. APPELL, J. BOITEL, A. CROISET, A. DEVINAT, Ch.-V. LANGLOIS, G. LANSON, A. MILLERAND, Ch. SEIGNOBOS (*Ecole des Hautes Etudes sociales*, 1903-1904).

26. **Religions et Sociétés**, par MM. Th. REINACH, A. PUECH, R. ALLIER, A. LEROY-BEAULIEU, le baron CARRA DE VAUX, H. DREYFUS. (*Ecole des Hautes Etudes sociales*, 1903-1904).

27. **Essais socialistes**. *L'alcoolisme, La religion. L'art*, par E. VANDERVELDE, professeur à l'Université nouvelle de Bruxelles.

28. **Le surpeuplement et les habitations à bon marché**, par Henri TUROT, conseiller municipal de Paris, et Henri BELLAMY, docteur en droit.

29. **L'individu, l'association et l'Etat**, par Eugène FOURNIÈRE.

30. **Les Trusts et les syndicats de producteurs**, par J. CHASTIN, professeur au lycée Voltaire. (*Récompensé par l'Institut.*)

31. **Le droit de grève**, par MM. Ch. GIDE, H. BERTHÉLÉMY, P. BUREAU, A. KEUFER, C. PERREAU, Ch. PICQUENARD, A.-E. SAYOUS, F. FAGNOT, E. VANDERVELDE.

32. **Morales et religions**, par MM. R. ALLIER, G. BELOT, le baron CARRA DE VAUX, F. CHALLAYE, A. CROISET, L. DORISON, E. EHRHARDT, E. DE FAYE, Ad. LODS, W. MONOD, A. PUECH.

33. **La Nation armée**, par MM. le général BAZAINE-HAYTER, C. BOUGLÉ, E. BOURGEOIS, le capitaine BOURGUET, E. BOUTROUX, A. CROISET, G. DEMENY, G. LANSON, L. PINEAU, le capitaine POTEZ, F. RAUH.

34. **La criminalité dans l'adolescence**. *Causes et remèdes d'un mal social actuel*, par G.-L. DUPRAT, docteur ès lettres (*Couronné par l'Institut.*)

35. **Médecine et pédagogie**, par MM. le Dr Albert MATHIEU, le Dr GILLET, le Dr H. MÉRY, le Dr GRANJUX, P. MALAPERT, le Dr Lucien BUTTE, le Dr Pierre RÉGNIER, le Dr Lucien DUFESTEL, le Dr Louis GUINON, le Dr NOBÉCOURT, L. BOUGIER. Préface du Dr E. MOSNY.

36. **La lutte contre le crime**, par J.-L. DE LANESSAN, ancien ministre.

37. **La Belgique et le Congo**, par E. VANDERVELDE, professeur à l'Université nouvelle de Bruxelles.

38. **La Dépopulation de la France**. *Ses conséquences, Ses causes. Mesures à prendre pour la combattre*, par le Dr Jacques BERTILLON, chef des Travaux statistiques de la Ville de Paris (*Couronné par l'Institut*).

LA DÉPOPULATION
DE LA FRANCE

LA DÉPOPULATION DE LA FRANCE

SES CONSÉQUENCES. — SES CAUSES
MESURES A PRENDRE POUR LA COMBATTRE

PAR LE

Dr JACQUES BERTILLON

Chef des travaux statistiques de la Ville de Paris.

> Il n'est pas besoin d'espérer pour entre-
> prendre ni de réussir pour persévérer.
>
> GUILLAUME LE TACITURNE.

Ouvrage couronné par l'Institut.

PARIS
LIBRAIRIE FÉLIX ALCAN

MAISONS FÉLIX ALCAN ET GUILLAUMIN RÉUNIES
108, BOULEVARD SAINT-GERMAIN, 108

1911

A M. HENRI JOLY

De l'Institut.

*Hommage de très haute estime
et de très respectueuse affection.*

AVANT-PROPOS

Un problème angoissant devrait seul occuper toute la pensée des Français : « Comment empêcher la France de disparaître ? Comment maintenir sur terre la race française ? »

A côté de cette question vitale, toutes les autres disparaissent, tant elles sont secondaires. Vous voulez instruire le pays, l'améliorer dans tel ou tel sens ? Pour cela, il faut d'abord qu'il existe. Or, chaque jour, il roule inconsciemment vers le néant.

Très peu le savent ! Presque aucun n'y pense ! Les Français voient leur pays se suicider sans rien essayer pour l'en empêcher. La mort de la France, qui sera un des faits marquants du xixe et du xxe siècle, étonne les étrangers et nous laisse indifférents !

Notre nation deviendra-t-elle une de ces nations minuscules qui n'existent que par la charité des autres, ou bien, riche et parfaitement outillée comme elle est, excitera-t-elle la convoitise des plus forts et deviendra-t-elle une nouvelle Pologne ? Que deviendra notre langue ? Que deviendra le magnifique héritage intellectuel que nous ont légué les derniers siècles ?

L'Académie des Sciences morales et politiques,

émue par ces terribles questions, a mis au concours
cette page douloureuse de l'histoire contemporaine :
« Des causes et des conséquences morales et sociales
de la diminution de la natalité française et des
théories et des propagandes récentes qui peuvent
en aggraver les dangers. »

Un grand nombre d'auteurs (plus d'une vingtaine)
répondirent au désir de l'Académie par des mémoires
dont plusieurs ont été publiés et sont excellents.

Pour moi, la question, hélas, n'était pas nouvelle !
Elle tourmentait mon père longtemps avant d'être
tombée, en quelque sorte, dans le domaine public.
Moi-même, je lui ai consacré dès 1873 des articles
soigneusement étudiés dans la *République française* ;
en 1880, un petit volume, la *Statistique de la France*,
et plus tard, de nombreux articles de journaux ou
de revue ; enfin, en 1897, un petit volume le *Problème de la dépopulation*. En 1896, je fondais avec
plusieurs amis (Cheysson, de l'Institut ; André Honnorat, député ; Dr Javal, de l'Académie de Médecine ;
professeur Ch. Richet et plusieurs autres) l'*Alliance
nationale pour l'accroissement de la population française*. Beaucoup de documents utilisés dans la présente étude avaient été insérés par moi dans le
Bulletin de cette Société ; on remarquera que le
mémoire qui a été classé second par l'Académie
a pour auteur le très distingué M. Henry Clémènt,
qui est aussi membre de cette *Alliance*, et s'est documenté à la même source.

Voilà donc plus d'un demi-siècle que ma famille
a assumé, devant la France indifférente, le rôle
ingrat de la tragique Cassandre dont les désolantes

prédictions, toujours méprisées, s'accomplissaient toujours. Les nôtres n'étaient pas inspirées par Phébus, mais imposées par les impitoyables chiffres. Elles ne se sont que trop justifiées jusqu'à ce jour !

J'ai très peu modifié le mémoire que l'Académie a bien voulu couronner. Je lui ai ajouté tout le chapitre consacré à rechercher les remèdes qu'il convient d'opposer au fléau (chapitre que l'Académie n'avait pas demandé). Des remèdes ! J'en avais cherché contre l'alcoolisme, cette autre plaie de la France[1]. J'avais été guidé dans cette recherche par l'expérience des pays étrangers qui en ont pâti, et l'ont combattu avec des succès divers (la France seule n'a rien fait). En ce qui concerne la dépopulation cette méthode expérimentale n'est pas applicable, puisque le mal est *absolument spécial à notre pays !*

Les mesures proposées seraient-elles efficaces ? La question est oiseuse !

Nos efforts doivent se proportionner à l'horreur du danger, et non à la probabilité du succès. Le grand Taciturne a eu raison de dire *qu'il n'est pas besoin d'espérer pour entreprendre ni de réussir pour persévérer.* Cette maxime très noble (et très pratique aussi : l'admirable histoire des *gueux* le prouve) dicte aux Français leur devoir. Il faut agir avec autant de vigueur et de conviction que si le salut ne dépendait que de notre énergie !

---

1. *L'Alcoolisme et les moyens de le combattre jugés par l'expérience.* .1 vol., 1904.

PREMIÈRE PARTIE

SITUATION DÉMOGRAPHIQUE DE LA FRANCE

LA POPULATION FRANÇAISE EST STATIONNAIRE
CELLE DES AUTRES PAYS S'ACCROIT DE PLUS
EN PLUS VITE

Il y a cent ans que la natalité de la France diminue.
Elle diminue sur toute l'étendue de son territoire (p. 105).
Sa population s'est accrue de plus en plus lentement.
Aujourd'hui elle est stationnaire; souvent même les décès
l'emportent sur les naissances.

Cette situation est spéciale à la France.

Dans tous les pays étrangers (sauf l'Irlande), la population *s'accroît de plus en plus vite*. Ceux qui disent le
contraire (ils sont assez nombreux et quelques-uns ne
manquent pas d'autorité) n'ont jamais regardé les chiffres
dont ils parlent.

Fixons d'abord ces deux points :

I. — Que la natalité française diminue depuis cent ans ;
que sa population se soit accrue de plus en plus lentement et qu'aujourd'hui cet accroissement soit nul, c'est ce
que prouvent les chiffres suivants :

FRANCE. — *Sur 1.000 habitants, combien en un an, de*

	Naissances.	Décès.	Naissances en excès sur les décès.
1801-1810	33,0	29,0	4,0
1811-1820	31,8	26,1	5,7

	Naissances.	Décès.	Naissances en excès sur les décès.
1821-1830	31,0	25,2	5,8
1831-1840	29,0	24,8	4,2
1841-1850	27,4	23,3	4,1
1851-1860	26,3	23,9	2,4
1861-1870	26,3	23,6	2,7
1871-1880	25,4	23,7	1,7
1881-1890	23,9	22,1	1,8
1891-1900	22,2	21,5	0,7
1901-1909	20,7	19,6	1,1

On voit que la natalité a baissé à peu près uniformément d'un point en dix ans dans la première moitié du siècle. Il y a état stationnaire pendant le second Empire, puis la décroissance recommence, mais un peu plus rapide que précédemment. Elle a pris depuis sept ans une marche effroyablement accélérée comme le montrent les chiffres suivants :

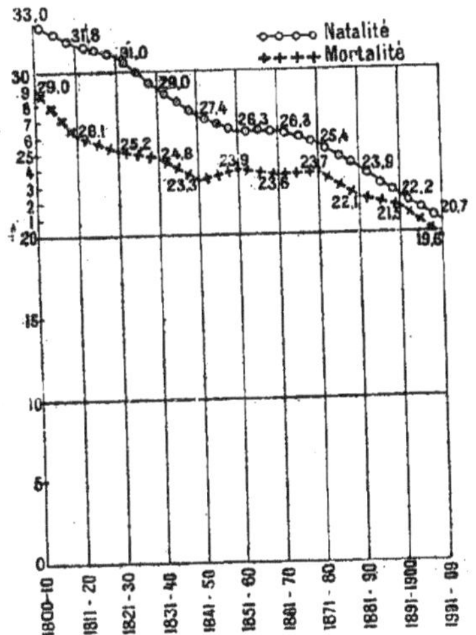

Fig. 1. — FRANCE. Natalité et mortalité pendant le XIXᵉ siècle et le début du XXᵉ siècle.

(Pour 1.000 hab., combien de naissances, combien de décès en un an, pendant chaque période décennale.) L'intervalle des deux courbes représente l'accroissement de la population ; il a toujours été faible ; actuellement il est nul, la mortalité baissant lentement, et la natalité très rapidement.

FRANCE. — *Nombre de naissances :*

	Nombre absolu	Pour 1.000 hab.
1901. . . .	857.274	22,0
1902. . . .	845.378	21,7
1903. . . .	826.712	21,1
1904. . . .	818.229	20,9
1905. . . .	807.291	20,6
1906. . . .	806.847	20,5
1907. . . .	773.969	19,7
1908. . . .	791.712	20,1
1909. . . .	769.969	19,6

Ainsi la natalité, au lieu de baisser comme pendant le XIXᵉ siècle d'un point en dix ans, a baissé de plus de deux points en neuf ans.

Le nombre moyen des naissances après la guerre (1871-

1880) était de 870.876; en 1901 (année à vrai dire un peu plus favorisée que les précédentes) il n'était plus que de 857.274; ainsi la France, en un quart de siècle, avait perdu 13.602 naissances annuelles. Mais ensuite en neuf ans, elle en a perdu 87.305, par une chute régulière et ininterrompue qui certainement continuera.

II. — Que la population des autres pays s'accroisse de plus en plus vite, c'est ce qu'on verra par nos tableaux annexes (p. 310). Nous en tirons, pour abréger, les chiffres suivants :

		POPULATION MOYENNE	NATALITÉ	MORTALITÉ	EXCÈS de natalité.	EXCÉDENT moyen annuel des naissances sur les décès en nombre absolu.
Allemagne (territoire actuel)......	1841-1850.	34.268.200	36.1	26,8	9,3	320.458
	1891-1900.	52.614.700	36,1	22,2	13,9	730.265
Autriche-Hongrie..	1866-1870.	33.139.000	39,7	32,5	7,2	237.856
	1891-1900.	42.898.300	38,9	28,3	10,6	470.625
France (sans Alsace-Lorraine).....	1841-1850.	33.552.800	27,2	23,2	4,0	133.689
	1891-1900.	38.421.120	22,2	21,6	0,6	23.961
Iles Britanniques..	1864-1870.	30.441.000	33,7	21,6	12,1	368.736
	1891-1900.	39.469.883	28,9	18,2	10,7	429.694
Italie (province de Rome non comprise avant 1872).	1863-1871.	25.224.700	37,6	30,3	7,3	183.196
	1891-1900.	31.506.614	34,6	24,1	10,5	339.409

En regard de ces chiffres, inscrivons ceux de la dernière année connue (1908) au moment où nous écrivons :

	Population en 1.0000 d'hab.	Mariages.	Naissances.	Décès.	Excédent des naissances sur les décès.
Allemagne....	63.0	500.620	2.015.052	1.135.490	879.562
Autriche - Hongrie (1907) (sans Bosnie).....	48.4	410.944	1.682.820	1.148.644	534.176
France......	39.3	315.928	791.712	745.271	46.441
Iles Britanniques .	44.6	319.257	1.173.759	675.486	498.573
Italie......,.	34.1	282.932	1.138.702	770.085	368.617

Tandis qu'en 1841-1850, l'Allemagne chaque année s'augmentait de 320.000 existences humaines, c'est, à

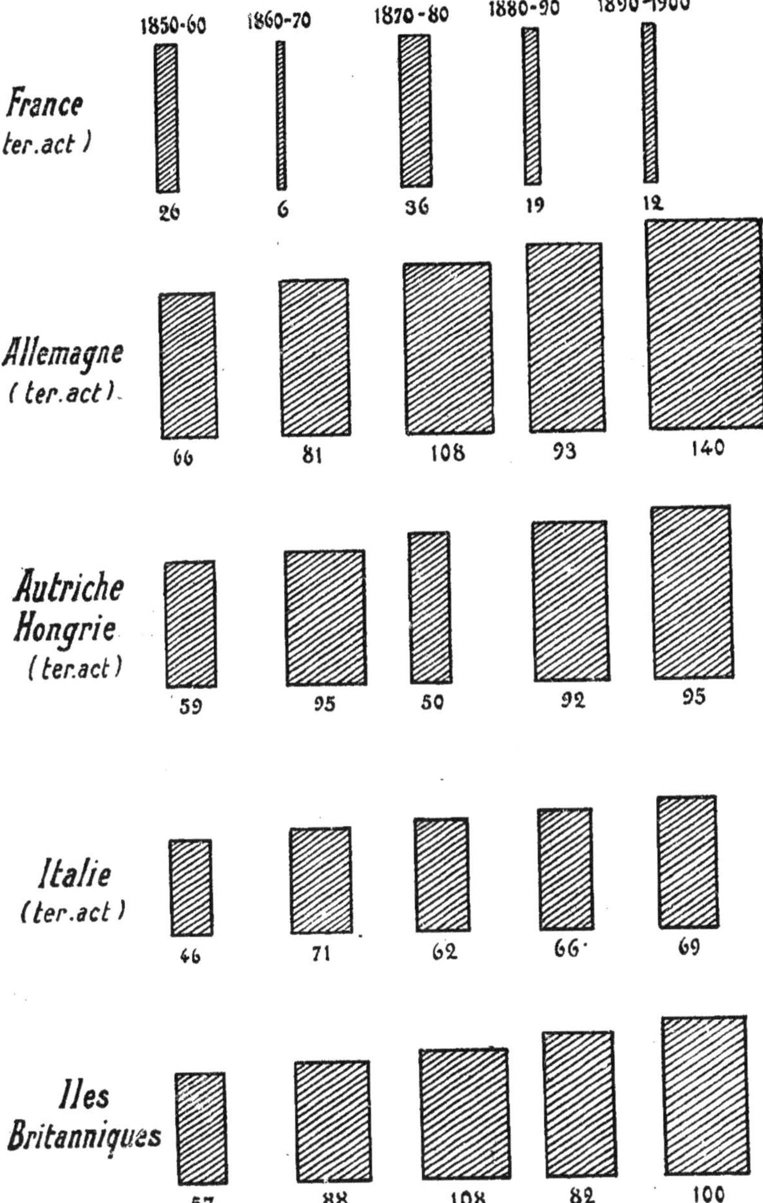

Fig. 2. — Accroissement de la population d'après les recensements
pendant la seconde moitié du XIX* siècle.

Chaque rectangle représente l'accroissement de la population pendant la période
décennale marquée en haut de la figure.

La *hauteur* de chaque rectangle est proportionnelle à la population recensée au
commencement de la période décennale considérée (1 millim. = 2 millions d'habitants).

La *base* de chaque rectangle est proportionnelle à l'accroissement pour 1.000 habitants (1 millim = 10 habitants, en dix ans). C'est le chiffre marqué au bas de chaque
rectangle.

Il en résulte que la *surface* de chaque rectangle est proportionnelle au nombre
absolu d'habitants dont chaque pays s'est accru en dix ans (1 millim. carré
= 20.000 habitants).

notre époque, 880.000 hommes, soit plus du double, qui sortent chaque année de son sol. Et il en est de même, ou peu s'en faut, des autres pays (lire la dernière colonne de droite des deux tableaux ci-dessus).

On entend dire assez souvent, quelquefois même par des économistes connus, que l'accroissement de la population va en se ralentissant dans les autres pays comme en France! Ceux qui parlent ainsi ne savent-ils donc pas lire?

L'accroissement des autres pays n'a jamais été si fort qu'à notre époque. Cela est vrai pour l'accroissement absolu, et même pour l'accroissement relatif.

En France (l'année de la guerre mise à part) il est de plus en plus faible[1].

On entend dire aussi que la France est un pays « plein », qui contient tous les habitants qu'elle peut nourrir, etc.

Or, il n'y a en Europe que la rocheuse péninsule scandinave, les steppes russes et le plateau rocailleux des Castilles qui contiennent moins d'habitants par kilomètre carré. Et pourtant notre sol est le plus fertile du continent! L'Allemagne et l'Italie, moins bien douées par la nature, contiennent cependant moitié plus d'habitants ; les îles Britanniques et la Belgique, trois fois plus !

	Années du recens.,	Surface en kil. carrés	Habitants	Accroiss. annuel p. 1.000 h.	Habit. par kil. carré
Allemagne	1903	540.743	60.605.183	14,5	112
Autriche	1900	300.008	26.150.708	9,0	87
Hongrie	1900	324.851	19.254.559	9,8	59
Russie d'Europe .	1897	4.816.408	93.442.864	11,1	19
Pologne russe . .	1897	127.003	9.402.253	18,8	74
Italie.	1901	286.682	32.475.253	6,9	113
Espagne	1900	504.552	18.618.086	8,8	37
France.	1901	536.464	38.961.945	3,6	73
Belgique	1900	29.455	6.693.548	9,8	227
Pays-Bas.	1899	33·079	5.104.137	12,3	154
Iles Britanniques .	1901	151.053	32.527.843	11,5	215

1. Le mal s'étend, mais moindre, au delà de nos frontières, sur les pays contigus de langue française. En Belgique, l'excès des nais-

Ces chiffres datent de dix ans. Le recensement qui sera dépouillé dans quelques mois accentuera encore les différences !

Fixons numériquement la grandeur du mal.

Si nous totalisons les excédents de population en 1891-1900 des quatre grandes puissances étrangères de l'Europe occidentale, et que nous divisions la somme par leur population totale, nous trouvons que l'excès des naissances sur les décès est, en moyenne, de 11,7 pour 1.000 habitants et par an.

Tel est le taux d'accroissement qu'il faudrait à la France pour qu'elle conservât son rang dans la liste des nations.

Multiplions ce chiffre par notre population actuelle : le produit est 450.000.

Ainsi, pour que la France cesse de décroître par rapport aux autres pays, pour qu'elle soit dans l'avenir non pas ce qu'elle fut autrefois (la plus grande nation de tout l'Occident), mais ce qu'elle est en 1910, il lui manque 450.000 existences annuelles.

De l'accroissement des nations étrangères résulte que la France, qui était naguère la plus nombreuse des nations de l'Europe occidentale est, dès aujourd'hui, une nation de second ordre.

Sans remonter plus haut, elle avait en 1850 autant

sances sur les décès était de 10 p. 1.000 habitants et par an en 1876-80 dans les provinces flamandes comme dans les wallonnes ; en 1896-1900, il s'est élevé à 14 en pays flamand et s'est abaissé à 8 en pays wallon.

En Suisse, le chiffre était de 12 dans l'ensemble des cantons allemands en 1901-05. Il n'était que de 7 dans le canton de Vaud, de 9 pour celui de Neufchâtel, de 1 pour celui de Genève. Il n'y a presque plus de Genevois à Genève ! La « Rome protestante » est devenue en majorité catholique (62.400 protestants, d'origine vaudoise pour la plupart, et 67.162 catholiques) !

Quelle est donc la fatalité qui pèse sur les pays européens de langue française !

d'habitants que le territoire allemand actuel. Elle en avait plus que le royaume britannique, plus que l'Autriche-Hongrie. Aujourd'hui ces nations la dépassent, et bientôt l'Italie la dépassera aussi. L'Allemagne, notre égale autrefois, possède environ 65 millions d'habitants [1], et nous n'en avons que 39, dont un million d'étrangers.

Et cette inégalité non seulement s'accroît sans cesse, mais s'accroît de plus en plus vite puisque les nations étrangères qui ne croissaient autrefois qu'à raison de 7 ou 8 par an pour 1.000 habitants, s'accroissent aujourd'hui de 11 ou 12 (ou même 14 en Allemagne).

Au point de vue économique comme au point de vue militaire, le danger est formidable. Je le résumerai d'un mot : la France possède 73 habitants au kilomètre carré, l'Allemagne 120, et bientôt 140.

A un moment donné elle trouvera ridicule d'avoir à portée de sa main un pays superbe et inoccupé. Elle nous prouvera alors que la nature a horreur du vide [2].

Le présent ouvrage a pour but la solution des problèmes suivants :

1. L'évaluation officielle pour le milieu de 1910 est 64.775.000 habitants pour l'Allemagne, 39.300.000 pour la France. Le recensement aura lieu en décembre 1910 et trouvera sans doute un peu plus de 65 millions d'habitants en Allemagne.

2. On cite, pour peindre d'une phrase la situation effroyable où se trouve la France, un certain nombre de mots plus ou moins historiques que nous devons mentionner :

« La France mange son troisième enfant! » disait le baron Dupin avec sa rudesse ordinaire. Le mot n'est que trop juste aujourd'hui puisque le nombre des naissances est un peu inférieur à 3 par mariage. A l'époque du baron Dupin, il n'était exact que pour la bourgeoisie. Elle « mange » actuellement son deuxième enfant (voir p. 138). Il y a longtemps qu'elle a mangé son troisième « jusqu'au talon ! ».

On attribue au Maréchal de Moltke cette parole : « La France perd chaque *jour* une bataille ». Il faut dire chaque *jour* et non pas chaque *année*. Chaque *jour* la France a 6.000 naissances de moins que l'Allemagne. C'est une bataille très sérieuse que celle où les pertes des deux belligérants se balancent par une différence de 6.000 vies humaines.

« La France se suicide », a dit le président Roosevelt avec une impeccable justesse.

Quelles sont et seront les conséquences de cet arrêt de développement spécial à la France ?

Quelles sont ses causes ?

Que faut-il faire pour y mettre bon ordre ?

DEUXIÈME PARTIE

CONSÉQUENCES DE L'ABAISSEMENT DE LA NATALITÉ

I

DIMINUTION POLITIQUE DE LA FRANCE

La France, naguère si grande, devient une nation de second ou de troisième ordre.

Que la France occupe dans le monde civilisé une place moindre aujourd'hui qu'autrefois, c'est ce que nous démontrent malheureusement les chiffres suivants, que j'emprunte à M. Levasseur[1].

A la fin du xviie siècle, il n'y avait en Europe que trois grandes puissances, car l'Espagne avait déjà perdu toute sa force. Voici quelle était leur population :

Population des grandes puissances de l'Europe en 1700.

France . . . . 20 millions d'habitants.
Grande-Bretagne et Irlande. . 8 à 10   —
Empire d'Allemagne. 19   —
　　　États compris en partie dans l'Empire germanique :
Autriche. . . . . 12 à 13 millions d'habitants.
Prusse.   2   —

Soit en tout 50 millions. La France comprenait donc 40 p. 100 de la population des grandes puissances de l'Europe. Encore faut-il remarquer que l'Empire germanique était très loin d'avoir la cohésion qu'il a aujourd'hui; il

1. *Annales de démographie internationale*, 1879.

était partagé entre un grand nombre de souverains dont le plus puissant, l'Autrichien, ne tenait que 12 à 13 millions d'habitants sous son sceptre. La France était non la plus vaste en étendue, mais la plus peuplée de toutes les monarchies européennes, et, par conséquent, la plus puissante au point de vue économique et au point de vue militaire.

Louis XIV et Louis XV usèrent si mal de cette puissance qu'ils la diminuèrent, et voici comment s'était modifié dans le courant du siècle le tableau que nous tracions tout à l'heure de la population des grandes puissances :

Population des grandes puissances de l'Europe en 1789 :

France. . . . . 26 millions d'habitants.
Grande-Bretagne et Irlande. . . 12   —
Russie 25   —
Empire d'Allemagne 28   —
États compris en partie dans l'Empire germanique :
Autriche . . . . 18 millions d'habitants.
Prusse. 5   —

Soit en tout 96 millions. La France figure dans ce total pour 27 centièmes seulement (et non plus 40 p. 100 comme sous Louis XIV). Cependant elle s'est accrue de la Lorraine et de la Corse, mais l'Allemagne a vu sa population s'accroître et, en outre, la Russie a pris place parmi les grandes puissances.

La carte de l'Europe fut encore refaite en 1815 et encore à notre détriment :

Population des grandes puissances de l'Europe en 1815
(en millions d'habitants).

France 29,5
Angleterre 19
Autriche 30
Prusse 10
Russie 45
Confédération germanique (dans laquelle
    étaient comprises en partie l'Autriche
    et la Prusse) 30

En tout, 139 millions. La France ne figurait plus dans ce total que pour 20 p. 100, c'est-à-dire qu'elle avait deux fois moins d'autorité que sous Louis XIV. La diplomatie française dut se subordonner à cette nécessité.

Pendant le cours du XIXe siècle, l'événement capital est l'accroissement de *plus en plus* rapide de la population des différentes nations de l'Europe, et l'accroissement d'abord très lent, puis nul de la population française.

L'Italie, dont nous n'avions pas eu à parler précédemment, est devenue une grande puissance. Les chiffres se sont donc modifiés ainsi :

Population des grandes puissances de l'Europe en 1880
(en millions d'habitants).

France 37,2
Grande-Bretagne et Irlande 34,8
Autriche.. 39,0
Empire Allemand. 45,6
Russie d'Europe 84,5
Italie. 28,6

Soit en tout 270 millions d'habitants. La France n'y figure que pour 13 p. 100.

Complétons à présent l'ingénieuse comparaison faite par M. Levasseur en mentionnant les chiffres actuels.

De même qu'il a ajouté à sa liste les différents pays de l'Europe à mesure qu'ils prenaient rang de grande puissance, à savoir la Russie et l'Italie, de même il faut, pour être complet et pour avoir des chiffres véritablement comparables à ceux qui précèdent, reconnaître qu'à notre époque les conflits politiques ne sont pas limités à l'Europe comme sous Louis XIV ou même comme en 1815. Les guerres, les alliances, les rivalités et les compétitions des nations ont pour théâtre l'univers entier.

Aux chiffres précédents, il faut donc ajouter pour le moment les Etats-Unis et le Japon. L'heure d'y joindre la Chine viendra peut-être bientôt, mais on peut encore la traiter, sans trop d'exagération, de « quantité négligeable ».

On obtient alors les chiffres suivants pour 1908 :

Population des grandes puissances du monde en 1908 (pour 1910, il faudrait majorer chacun d'eux de 1 ou 2 millions) (en millions d'habitants).

		p. 100
France	39,3	7
Grande-Bretagne et Irlande..	44,6	9
Autriche-Hongrie et Bosnie.	50,5	10
Empire Allemand.	63,0	12
Russie et Finlande [1].	150,0	28
Italie	34,1	6
États-Unis [2] (1910).	93,4	18
Japon [3]	49,7	10
Totaux.	524,6	100

Ainsi la France, dont l'influence politique sur les destinées du monde se chiffrait par 40 p. 100 sous Louis XIV, ne figure plus que pour 7 p. 100 dans le tableau précédent !

Assurément, il n'en faut pas accepter les données trop aveuglément, car le nombre n'est pas tout. Notre tableau nous paraît exagérer (pour le moment du moins) l'importance de la Russie, et d'autre part l'Angleterre doit à son industrie et à sa marine, l'Allemagne à son industrie et à son armée, la France à sa richesse et à son passé, une puissance supérieure à celle qu'on vient de lire.

Et pourtant, ces réserves faites, on est forcé de reconnaître que, en termes généraux, nos chiffres traduisent la vérité.

L'étranger, lorsqu'il parle franc, nous la dit assez crûment. *Dying nation* est l'expression courante aux États-Unis, et même en Angleterre, quand il s'agit de la France.

Même dans les milieux les plus ardemment dévoués à notre pays, on ressent la même impression. La Chambre

1. 130.500.000 en 1897. L'excès des naissances sur les décès a été en moyenne de 1.660.000 par an de 1897 à 1901. Avec les vassaux d'Asie centrale, environ 158 millions d'habitants.

2. Avec leurs dépendances (Philippines, etc.) 101 millions d'habitants.

3. Avec ses dépendances (Corée, Formose, etc.), 63 millions d'habitants.

française de commerce de Bruxelles, en même temps qu'elle créait un prix de famille (1905), déclarait ceci : « A l'étranger, l'étendue du péril nous apparaît bien mieux que vous ne le mesurez en France. »

N'avons-nous pas vu dernièrement un journal belge officieux déclarer que la Belgique n'avait plus aucune raison de prendre des précautions avec la France, dont la puissance ne comptait plus. L'expression a été retirée, arrangée, expliquée. Elle n'en a pas moins été formulée. Elle était sincère !

On a distribué à la Chambre des communes, le 29 mars 1909, une carte de l'Europe en 1950. L'Allemagne, grossie de l'Autriche, y figurait pour 250 millions d'habitants et la France pour 40 millions, « dont la moitié allemands ». Et ces prédictions ne sont pas très exagérées !

La même opinion injurieuse se retrouve, plus dure encore, dans les pays plus lointains.

Voici un extrait d'un article très intéressant du journal japonais le *Taiyô* (vers oct. 1904).

L'auteur, anonyme mais certainement très instruit et très intelligent, expose quel est le but des ambitions japonaises, et cherche ensuite quels obstacles son pays peut rencontrer dans le cours de ses destinées. Il parle en termes très judicieux de la Russie, de l'Allemagne, de l'Angleterre et des États-Unis. Voici ce qu'il dit de la France.

« Il y en a qui redoutent les progrès de la France en Asie et craignent de la voir s'annexer les provinces du Sud et de l'Ouest. Ces craintes me paraissent sans fondement. La France n'est plus ce qu'elle était autrefois. Malgré l'éclat extérieur de sa civilisation, elle est absolument pourrie au cœur ; on peut lui envier son raffinement, ses beaux-arts et sa richesse, mais son énergie vitale est épuisée. Sa population diminue de jour en jour et il n'est point déraisonnable de croire qu'elle disparaîtra du rang des nations vers la fin de ce siècle.

« Dès lors, toutes ses entreprises de colonisation en Asie sont vouées à un échec fatal. »

« Le jugement est terrible », nous disait le professeur Izoulet en parlant de cet article. « Il est terrible, car il est peut-être vrai. »

L'auteur a certainement raison quand il loue la civilisation française, son raffinement, ses beaux-arts et sa richesse. Il a raison aussi quand il dit que notre population est menacée de diminuer, que « notre énergie vitale est épuisée ». Cela serait de nature à justifier, dans une certaine mesure, l'expression « pourrie au cœur » si douloureuse qu'elle nous soit; mais l'arrêt n'est pas irrévocable. Nous voulons croire que la France s'apercevra du mal qui la ronge et voudra s'en guérir.

L'universalité de la langue française disparaît.

Les tableaux qui précèdent mesurent assez exactement l'influence politique et militaire de la France depuis deux siècles. Cette influence va sans cesse diminuant. Son influence morale et intellectuelle autrefois si prépondérante, n'est pas moins compromise. La langue de Voltaire était celle que 27 p. 100 de la population européenne parlait de naissance. Aussi le reste de l'Europe intelligente s'efforçait de connaître un pareil langage. Aucun ne pouvait rivaliser avec lui. Aujourd'hui, qu'un nouveau Voltaire soit donné à la France, par qui sera-t-il compris ? A peine par 50 millions d'individus (Français, Suisses, Belges[1], Créoles, Canadiens, Haïtiens). Mais si cet écrivain est allemand au lieu d'être français, le cercle de ses lecteurs possibles augmente du simple au double et davan-

---

1. Nous comptons comme de langue française tous les habitants de la Belgique parce que tous les Belges quelque peu cultivés savent le français. De même nous comptons comme de langue allemande tous les habitants de l'Autriche-Hongrie parce que tous les Autrichiens et Hongrois quelque peu cultivés savent l'allemand aussi bien que leur langue maternelle. La situation est différente en Suisse, dans les provinces baltiques, dans les gouvernements de Samara, Saratov, etc. ; nous n'y comptons que les habitants dont l'allemand est la langue maternelle (2 millions et demi en Suisse, 2 millions en Russie).

tage encore, car les Allemands, Autrichiens, Baltes et Suisses forment un total de 120 millions d'individus parlant allemand. Enfin, si cet écrivain est anglais, ses ouvrages ont chance de se répandre sur la terre entière : aujourd'hui on compte 150 millions d'individus parlant anglais [1], et ce nombre augmente sans cesse [2].

Sans doute la langue française doit à son passé, qui est incomparable, une influence supérieure à celle que représentent les chiffres qui précèdent. Le français est encore la langue internationale des pays latins, et de ceux du Levant ; il est encore une des principales langues internationales du reste de l'univers. Il vit sur des traditions, mais c'est un fonds sur lequel il ne peut pas s'appuyer indéfiniment.

Ainsi la dépopulation compromet non seulement la puissance et la richesse de la France, mais encore l'incomparable héritage intellectuel que lui avaient légué les quatre derniers siècles.

Conséquences militaires de l'abaissement de la natalité.

Les conséquences militaires de l'abaissement de la natalité sont celles que le vulgaire comprend le mieux (souvent même les seules qu'il comprenne). Mais il est rare que le public, même instruit, en saisisse toute l'implacable gravité.

Personne n'a voulu nous croire lorsque, en 1896, nous écrivions ce qui suit :

« Au lendemain de la guerre, la France et l'Allemagne avaient à peu près le même nombre de conscrits (296.334 en France et 330.136 en Allemagne), et nous pouvions avoir l'es-

---

1. Il s'agit de ceux dont l'anglais est la langue maternelle. Ceux qui ont l'anglais pour langue officielle sont au nombre de 500 millions (Empire britannique 399 ; États-Unis et Colonies 101) ; ils forment presque le tiers de l'humanité.

2. Que ces chiffres changent rapidement ! La comparaison qui précède a été faite pour la première fois par M. Levasseur en 1878. A cette époque, les chiffres respectifs étaient 45 pour le français et 80 pour chacune des deux autres langues.

poir légitime de délivrer nos provinces perdues d'un joug qu'elles détestent. Aujourd'hui l'Allemagne a moitié plus (448.433) de conscrits que la France, qui a gardé son chiffre d'autrefois. Comme l'Allemagne depuis 1891 a deux fois plus de naissances (1.903.160) que la France (908.859), il est fatal que dans quatorze ans elle aura deux fois plus de conscrits. »

Ces lignes, écrites en 1896, étaient malheureusement prophétiques. Elles se sont réalisées trois ans avant l'échéance annoncée comme on le voit par les deux chiffres suivants, qui sont, au moment où j'écris, les plus récents [1].

Nombre de jeunes gens inscrits sur les listes.

En France (1907). 286.183
En Allemagne (1908) . . . . 539.334   .

Le second chiffre est double du premier (plus exactement comme 100 : 53).

On voit que mes craintes sont dépassées. On m'accuse souvent d'être pessimiste. Hélas, c'est bien le contraire ! En rédigeant le tableau de la page 18, j'avais cru devoir reculer un peu l'échéance fatale ; je me fondais sur ce que la mortalité infantile était plus forte en Allemagne qu'en France, en sorte que 100 naissances (masculines et féminines) ont fourni vingt ans après 35 conscrits en France et seulement 30 en Allemagne. Mais les choses ont changé : la mortalité infantile allemande a diminué. Dès 1907-1908, le nombre des conscrits allemands a atteint le double du nombre des conscrits français ; la différence ira en s'accentuant.

Le nombre de nos recrues sera en 1929 inférieur de 40.000 à ce qu'il est aujourd'hui, soit pour deux ans que dure le service actif, inférieur de 80.000 ; (il est vrai que pour avoir le nombre des soldats il faut en déduire les malades et infirmes qu'éliminera le Conseil de révision).

---

1. La loi allemande — assez compliquée — est cause qu'il nous paraît plus correct de comparer les chiffres français d'une année aux chiffres allemands de l'année suivante.

Tandis que nous aurons perdu 40.000 hommes par an, l'Allemagne en aura gagné au moins 75.000.

Ce qui, en 1896, paraissait à tous la vision d'un esprit chagrin, a fini par apparaître lentement comme une réalité douloureuse, mais incontestable. Il est intéressant de voir avec quelle lenteur cette vérité — manifeste pourtant — a été comprise.

M. Aimond, le 8 mars 1899, a prononcé à la Chambre des Députés un discours attristé où il se plaignait que l'effectif de l'armée française fût inférieur de 28.000 à celui de l'armée allemande ! Il était loin de compte, nous venons de le voir ! Cependant le ministre était bien près de le trouver trop pessimiste :

M. de Freycinèt, Ministre de la Guerre. — ... L'honorable M. Aimond a rappelé le chiffre auquel nous sommes arrivés. C'est un chiffre que, pour ma part, je considère comme formidable. Le chiffre de 557.000 hommes — 661.000 avec le cadre des écoles — est énorme. Malheureusement, il est encore inférieur à ce que possède une puissance voisine; mais je crois qu'il faut nous résigner à ne pas atteindre toujours les forces de la puissance à laquelle je fais allusion. Elle a sur nous une supériorité que nous ne pouvons pas lui enlever, celle de la population. (*Très bien ! très bien !*) et je considérerais comme une véritable folie cette espèce de steeple-chase qui consisterait, avec une population représentée par 2, à atteindre les effectifs que peut réunir une population représentée par 3. (*Très bien! Très bien !*).

(M. le Ministre continue son discours en exposant comment on peut, suivant lui, « remplacer la quantité par la qualité », par un armement supérieur, d'une part, et par une discipline plus rigoureuse, d'autre part.)

Voici comment ces deux discours étaient appréciés par le *Bulletin de l'Alliance nationale pour l'accroissement de la population française* :

Ni M. Aimond, ni M. le Ministre n'ont émis à haute voix cette réflexion désolante : c'est que les différences d'effectif seront de plus en plus grandes à notre détriment parce que la population allemande se développe et la nôtre ne se développe pas. « Il est impossible, a dit M. de Freycinet, à une population

FRANCE ET ALLEMAGNE. — *Nombre des naissances et des conscrits qui en proviennent dans le passé et dans l'avenir (les chiffres en italiques sont des prévisions).*

| FRANCE | | | | | ALLEMAGNE | | | | | |
| NAISSANCES | | INSCRITS SUR LA LISTE | | POUR 100 NAISSANCES COMBIEN D'INSCRITS | NAISSANCES | | INSCRITS[2] SUR LA LISTE | | POUR 100 NAISSANCES COMBIEN D'INSCRITS | POUR 100 INSCRITS FRANÇAIS COMBIEN D'INSCRITS ALLEMANDS |
ANNÉES	NOMBRE moyen annuel.	ANNÉES	NOMBRE moyen annuel.		ANNÉES	NOMBRE moyen annuel.	ANNÉES	NOMBRE moyen annuel.		
1852-55	932.300	1872-75	290.982	31	1852-55	1.228.800	1873-76	345.853	28.1	119
1856-60	967.300	1876-80	299.981	31	1856-60	1.329.100	1877-81	380.794	28.6	126
1861-65	1.005.000	1881-85	310.503	31	1861-65	1.428.200	1882-86	393.396	27.5	127
1866-70	978.400	1886-90	308.413	31	1866-70	1.511.500	1887-91	422.584	27.9	137
1871-75	928.800	1891-95	323.938	35	1871-75	1.619.300	1892-96	475.316	29.3	147
1876-80	944.200	1896-00	325.542	35	1876-80	1.730.400	1897-01	508.607	29.4	156
1881-85	934.800	1901-05	323.846	35	1881-85	1.704.700	1902-06	503.482	29.5	156
1886-90	882.600	1906-10[1]	*305.379*	—	1886-90	1.759.300	1907-11[3]	*518.990*	—	170
1891-95	857.200	1911-15	*296.591*	—	1891-95	1.844.100	1912-16	*544.000*	—	183
1896-00	848.800	1916-20	*293.685*	—	1896-00	1.956.500	1917-21	*577.200*	—	196
1901-05	831.000	1921-25	*287.526*	—	1901-05	2.010.600	1922-26	*593.000*	—	206
1906	806.849	1926	*279.222*	—	1906	2.022.477	1927	*596.600*	—	214
1907	773.969	1927	*271.000*	—	1907	1.999.933	1928	*590.000*	—	218
1908	794.712	1928	*277.000*	—	1908	2.014.992	1929	*594.400*	—	215
1909	770.000	1929	*269.500*	—	1909	—	1930	—	—	—

1. Les chiffres observés en 1906-09 sont moindres; en moyenne 291.194.
2. Le texte allemand est *Endgültig Abgefertigte*, c'est-à-dire conscrits sur lesquels on a statué définitivement.
3. Les chiffres observés sont plus forts : 530.334 pour 1907 et 539.507 pour 1908.

représentée par 2, d'atteindre les effectifs que peut réunir une population représentée par 3. » Cela est évident, mais il y a

trente ans, la population allemande d'âge militaire était représentée comme la nôtre par 2, et avant une douzaine d'années,
cette population sera représentée par 4! voilà, hélas ! ce qu'il
faut savoir! Voilà ce qu'il faut prévoir!

Nous ne croyons malheureusement pas que la France com-
pense « la quantité par la qualité ». Rien n'indique que l'armement soit meilleur ni la discipline plus rigoureuse en France
qu'en Allemagne. D'autre part, il est *certain* que la force physique des soldats allemands est supérieure à celle des soldats
français. La force numérique de la population allemande permet,
en effet, à son administration militaire de choisir les conscrits
avec beaucoup plus de rigueur que ne peuvent le faire nos
conseils de révision.

Deux ans plus tard (24 déc. 1900) M. Raiberti et
M. Plichon et après eux M. Richard Waddington et quelques autres encore, ont vu la vérité d'un peu plus près
encore que M. Aimond. Ils ont prédit que les effectifs des
années prochaines seraient moindres.

Le 21 juin 1902, j'écrivais au *Temps* une lettre où j'annonçais que le nombre des conscrits diminuerait au moins
pendant vingt ans. « Cela est fatal, inéluctable. On peut
donc annoncer avec certitude quel sera le nombre approxi-
matif des conscrits d'ici à vingt ans. Il sera inférieur de
35.000 hommes à ce qu'il est aujourd'hui. » (Suivait un
calcul sommaire.) Cette lettre produisit alors un effet assez
considérable. Elle fut reproduite, discutée, vérifiée, citée
au Sénat, puis oubliée.

Enfin, M. Messimy, député, rapporteur de la loi des
cadres, a exprimé il y a deux ans la même pensée et les
mêmes chiffres, sous une forme très saisissante :

« Pour nous rendre appréciable sous une forme concrète et
saisissante la chute successive des effectifs par suite de la
diminution des contingents, nous avons, dans le tableau ci-
après, comparé l'effectif total des deux contingents qui étaient
présents au mois d'octobre 1907 à l'effectif total des contingents
qui seront sous les drapeaux pendant la période des vingt prochaines années.

« L'an prochain, en 1909, cet effectif sera inférieur de 80 bataillons à ce qu'il était en 1907.

« Si l'on considère les années qui vont suivre, en les groupant par périodes quinquennales, la diminution de l'effectif sera en moyenne :

« De 94 bataillons pour la période de 1908 à 1912 ;
« De 110   —   —   1913 à 1917;
« De 118   —   —   1918 à 1922;
« De 154   —   —   1923 à 1928;

par rapport à l'effectif de l'armée au mois d'octobre 1907.

« Sous une autre forme, on peut dire que si nous voulons maintenir nos unités aux effectifs qu'elles avaient en 1907 et qui n'avaient rien d'excessif, car les compagnies d'infanterie étaient à 119 hommes en moyenne — nous devrons d'ici vingt ans, supprimer cinq corps d'armée ».

Il faut ajouter ceci : En même temps que nous perdrons cinq corps d'armée, chacun de nos voisins en gagnera dix !

Mais ce n'est pas tout : De ce que la *quantité* des habitants nous manque, il résulte que la *qualité* des soldats nous manque.

Les soldats français sont moins robustes que ceux des autres armées. Cela est fatal, puisque dans les autres pays, on peut éliminer non seulement les infirmes, mais aussi les médiocres, et ne garder que les hommes de premier choix. En France, au contraire, on en est arrivé à prendre même les infirmes (pour les services auxiliaires) et les médiocres pour le service actif.

Cette infériorité physique des soldats se traduit dans les statistiques médicales de l'armée. La mortalité des soldats français (armée de l'intérieur seulement) a été en 1901-06, de 3,6 décès pour 1.000 soldats ; ce chiffre est supérieur à celui qu'on observe notamment en Allemagne ; on a longuement discuté les causes de cette fâcheuse différence ; la seule cause sur laquelle on s'est trouvé d'accord est celle que nous venons de dire : à l'étranger on choisit les recrues ; en France on ne peut pas le faire.

Nous résumons ainsi ce douloureux chapitre :

Dans aucun pays, le service militaire n'est aussi lourd

qu'en France, parce que les hommes manquant en France, on les incorpore tous, tandis qu'ailleurs on fait, parmi eux, un choix. En France le nombre des jeunes hommes diminue et continuera à diminuer (au moins pendant vingt-cinq ans, — c'est un résultat dès à présent acquis — et très probablement pendant plus longtemps encore), tandis qu'à l'étranger, il augmente sans cesse. Malgré ce lourd fardeau, le pays ne parvient pas à avoir une armée aussi nombreuse que celle des pays voisins.

De plus, les puissances étrangères, ayant beaucoup plus de jeunes hommes qu'il ne leur faut de conscrits, peuvent choisir les plus forts tandis que nous ne le pouvons pas. Le soldat français est donc physiquement inférieur aux soldats des autres pays.

Ainsi, n'ayant pas la quantité, nous ne pouvons pas espérer avoir la qualité.

II

DIMINUTION DU DÉVELOPPEMENT DE LA RICHESSE PUBLIQUE

Accroissement moindre de la richesse publique causé par l'accroissement moindre du nombre des producteurs et du nombre des consommateurs.

L'Allemagne et la France (territoires actuels) comptaient, en 1851, la même population, à savoir 35 millions d'habitants.

Aujourd'hui, l'Allemagne possède 65 millions d'habitants et la France 39. Chaque année, l'Allemagne grandit de près d'un million d'habitants, qui se mettent aussitôt [1]

1. Ce sont un million de bébés, s'écrie un très distingué contradicteur, puisque ce million constitue l'excédent des naissances sur les

au travail, construisant de nouvelles usines et donnant au pays plus de richesse, plus de mouvement, plus de vie et, sans doute aussi, plus de bonheur !

Ce que nous disons de l'Allemagne est vrai de tous les autres pays de l'Europe. Tous grandissent, tous deviennent plus nombreux et, par conséquent, plus riches, plus forts, plus vivants ; nous seuls restons ce que nous étions, autrement dit, comparés aux autres, nous devenons plus insignifiants, plus petits, plus négligeables.

En 1851, la France était encore la plus nombreuse des nations de l'Europe occidentale (l'Allemagne n'avait pas la cohésion qu'elle présente à présent), par conséquent elle était la plus puissante et la plus riche, car elle avait tout ce qui fait la richesse : des capitaux, des instruments de travail, et, pour s'en servir, des hommes intelligents, laborieux et résistants.

décès. Attendez qu'ils aient de la barbe pour les mettre au travail ! N'exagérez pas l'inégalité de la France et de ses voisins.

Je n'exagère rien. L'Allemagne s'accroît bien chaque année d'un million (exactement 910.000 en 1906) d'habitants *de tout âge;* car si les naissances sont bien représentées par des bébés, les décès qu'elles remplacent sont de tous les âges. Comme le fort accroissement de la population est déjà ancien, les disparus de chaque âge sont remplacés par une génération plus nombreuse. Contrôlons ce raisonnement par l'observation : comparons les deux recensements de 1890 et de 1900; l'excédent des naissances sur les décès était alors de 730.000 habitants par an. Nous trouvons donc, en dix ans (déduction faite de l'émigration qui était encore notable), un excédent de 7 millions d'habitants. Voici leur âge :

Age.	ALLEMAGNE. Nombre d'habitants recensés		Différence.	Pour 100 hab. recensés en 1890, combien, en plus, en 1900.
	1890	1900		
0- 9 . . .	11.959.907	13.776.381	+ 1.816.424	15
10-19 . . .	10.214.844	11.157.690	+ 942.846	9
20-29 . . .	8.002.645	9.568.041	+ 1.565.396	19
30-39 . . .	6.306.878	7.401.212	+ 1.094.334	17
40-49 . . .	5.131.226	5.693.679	+ 562.453	11
50-59 . .	3.868.328	4.373.358	+ 505.030	13
60-69 . . .	2.568.369	2.846.445	+ 278.076	11
70-79 . . .	1.166.823	1.281.551	+ 114.728	10·
80-89 . . .	200.558	258.848	+ 58.290	29
90-99 . . .	8.814	9.983	+ 1.169	13
100 et plus.	78	40	— 38	—
	49.428.470	56.367.178	+6.938.708	14,4

On voit que ces habitants nouveaux ne sont pas des bébés : ils appartiennent à tous les âges.

Ces avantages appartiennent de plus en plus à nos voisins. Chaque année, l'Allemagne s'accroît de 900.000 paires de bras, l'Autriche-Hongrie de 500.000, les Iles Britanniques d'environ 500.000 également. Tous ces nouveaux venus ont besoin de manger, par conséquent de travailler. C'est ce qu'ils font : les fabriques sortent de terre pour les recevoir et leur donner de l'ouvrage. De là vient l'essor sans cesse plus rapide de l'industrie dans ces pays. Mais ces nouveaux venus ne sont pas seulement des producteurs, ce sont aussi des consommateurs ; il leur faut des vêtements, des habitations, des aliments ; leur existence donne une vie nouvelle à toutes les industries, au grand profit du pays tout entier et de *tous* ceux qui l'habitent.

Nos socialistes, heureusement, paraissent le comprendre aujourd'hui. La « librairie du Parti socialiste » vient d'éditer (1910) une excellente brochure de propagande intitulée *socialisme et dépopulation*, par M. Robert Hertz (au prix de 0 fr. 15). Mais quelques-uns ne justifient pas ce beau titre de « socialiste », qu'ils se sont donné, car les intérêts de la société ne les touchent pas. Ils ne songent qu'à l'intérêt de l'individu. Ils ne voient pas que les deux intérêts sont fatalement solidaires et que lorsqu'il y a antinomie entre eux, elle résulte d'un législateur maladroit et non pas de la nature des choses. Le bonheur de l'ensemble des individus a pour fondement indispensable la puissance de l'État.

Craignez la multiplication des hommes, disent ces faux docteurs ; elle vous donnerait des concurrents et avilirait la main-d'œuvre !

Quel non-sens ! Ces prétendus concurrents consomment en même temps qu'ils produisent. Ainsi, loin d'avilir la main-d'œuvre, ils la rendent plus nécessaire et plus précieuse, par conséquent plus chère.

Si la France s'était donné, comme l'Allemagne, 65 millions d'habitants, les méridionaux ne seraient pas, comme ils le sont, embarrassés de leurs vins ; il y aurait 25 millions de gosiers de plus pour les absorber [1].

Les fabricants de vêtements auraient 25 millions de clients de plus à équiper ; les entrepreneurs de bâtiments (quand le bâtiment va, tout va !) auraient à bâtir pour les loger, *cinquante* villes telles que Lyon ou Marseille [2], etc...

Non, certes, le travail ne manquerait pas ni les ouvriers non plus ! L'agriculture cesserait de « manquer de bras ». Non seulement la main-d'œuvre ne serait pas moins recherchée, mais elle serait mieux payée parce que le pays serait plus riche.

1. Voici ce qu'a écrit très judicieusement le professeur Gide :

« Du reste, il y a une cause générale et bien autrement grave qui domine toute cette question. Aujourd'hui on n'entend parler que de la mévente des vins ; il y a quelques mois, c'est de la mévente des blés qu'on gémissait. La mévente est forcée dans un pays quand la consommation ne peut plus s'accroître : or, comment pourrait-elle s'accroître dans un pays comme la France où la population est stationnaire ? Comment un pays qui ne fait plus d'enfants, c'est-à-dire plus de consommateurs, peut-il s'étonner de ne plus trouver de débouchés à ses produits ? Ah ! certes on n'entendrait pas parler de la mévente des vins si la France avait gagné depuis trente ans, comme l'a fait l'Allemagne, seize (*M. Gide écrivait en 1900*) millions d'habitants de plus ; même dans une année comme celle-ci, il n'y aurait pas trop de vins pour tous ! Mais il y a trop de vins et trop de blé, et trop de tout, là où il n'y a pas assez d'hommes.

« Prêcher aux agriculteurs, aux industriels et aux commerçants, de s'évertuer à produire davantage, les stimuler par l'exemple des producteurs anglais, allemands et américains, c'est se ménager les mêmes déceptions qu'un enfant qui, ne s'apercevant pas qu'il est arrivé au terme de sa croissance, continuerait à commander à son tailleur chaque année des habits plus grands et des pantalons plus longs. Il faut que chacun mesure ses vêtements à sa taille et son verre à la capacité de son gosier, et si fâcheuse qu'apparaisse une telle perspective, la France n'évitera pour l'avenir la surproduction et la mévente que du jour où la marche de sa production se réglera sur le mouvement de sa population, c'est-à-dire sera au cran d'arrêt. »

(*Émancipation de Nîmes*, 15 octobre 1900.)

M. Gide écrivait cela en 1900, où la population de l'Allemagne était bien comme il le dit, de 56.356.600 habitants, ce qui faisait 16 millions de plus qu'en France. Aujourd'hui elle est de 65 millions d'habitants, ce qui fait bien 25 millions de plus qu'en France.

Avec quelle effrayante rapidité ces chiffres se modifient !

M. le professeur Ch. Gide a récemment développé et précisé la même pensée : *Conséquences économiques de la décroissance de la natalité* (*Rev. Econ. intern.*, mars 1910).

2. Voir page 39 le développement des villes en Allemagne.

Moindre accroissement de la richesse publique en France et son accroissement plus rapide dans les autres pays.

Les parents d'un enfant unique ne sont pas obligés d'être aussi laborieux que ceux qui ont plusieurs enfants. Le besoin ne les y oblige pas.

Ainsi ils nuisent à la patrie doublement ; en ne contribuant pas suffisamment à sa perpétuité et, en outre, en ne produisant pas tout ce qu'ils peuvent produire. Il convient d'ailleurs de ne pas exagérer la portée de cette remarque et de reconnaître que la masse des Français sont restés laborieux malgré l'abaissement de la natalité.

Dans le même ordre d'idées, on doit remarquer que les fauteurs de grèves ont généralement très peu d'enfants et, en tout cas, c'est auprès des familles restreintes que leurs efforts ont surtout chance de réussir. Ils le savent et l'ont dit souvent. C'est même un des motifs qui leur font ouvrir l'oreille à la propagande néo-malthusienne.

Quelques patrons (trop peu nombreux) paraissent s'en rendre compte. Voici à ce sujet ce que nous lisons dans une circulaire industrielle :

« Actionnée par un moteur hydraulique, appuyée sur la collaboration d'ouvriers sérieux, *presque tous pères de famille, sédentaires et réfractaires aux grèves.* notre usine travaille dans des conditions de régularité et de bonne marche que[1]... »

Ainsi la diminution de la population, diminuant le nombre des consommateurs et le nombre et la valeur des producteurs, ne peut pas manquer de diminuer la production du pays, c'est-à-dire sa richesse. Vérifions s'il en est bien ainsi :

---

1. Beaucoup de patrons ne raisonnent pas de même. Pendant très longtemps, l'un des principaux épiciers de Paris interdisait le mariage à tous ses employés, pour un but que nous ne parvenons pas à nous expliquer. Cet abominable abus de pouvoir ne l'a pas empêché d'être décoré et redécoré.

Voir d'ailleurs ce que nous disons à propos de la loi sur les accidents du travail (p. 172).

PREMIÈRE VÉRIFICATION FOURNIE PAR LA STATISTIQUE DES DONATIONS ET SUCCESSIONS. — M. de Foville a utilisé depuis longtemps la statistique des donations et successions comme étant l'un des meilleurs indices que l'on ait de la richesse de la France.

Comme tous les mortels passent tour à tour au fatal tourniquet, le total des inventaires faits à leur décès donne une idée assez exacte des variations de la richesse de la France. Sans doute, cette statistique présente quelques doubles emplois ; sans doute beaucoup de gens tâchent d'échapper partiellement au fisc, et font des déclarations incomplètes; les enfants uniques, notamment, n'ayant à partager avec personne la fortune paternelle, ne s'en privent pas. Mais ces défauts (et quelques autres dans le détail desquels je n'entrerai pas) sont toujours et constamment les mêmes et ne vicient pas les comparaisons.

Au montant des successions, il faut ajouter le montant des donations, car, lorsqu'un père dote sa fille, il ne fait que lui consentir un « avancement d'hoirie ». La dot et la succession doivent donc être comptées ensemble. Ajoutons qu'il convient de ne considérer que des moyennes quinquennales. Les statistiques les plus anciennes datent de 1826. Les plus récentes, comme les plus anciennes, portent sur les chiffres bruts (passif non déduit.)

Ce thermomètre de la richesse montre que la France n'a jamais cessé de prouver son enrichissement depuis 1826 jusqu'en 1895. Sur toute cette période, le progrès est ininterrompu, malgré les nombreuses bourrasques traversées par notre pays.

Sous la Restauration, « l'annuité d'évolution » (c'est ainsi qu'on appelle le montant total annuel des successions et donations) n'atteignait pas 2 milliards de francs. Elle était de deux milliards et demi à la fin du règne de Louis-Philippe, et de quatre milliards et demi à la fin du deuxième empire. La guerre elle-même n'arrête pas cet essor,

« l'annuité d'évolution » dépasse 5 milliards après la guerre, atteint, puis dépasse 6 milliards en 1876-85, et atteint presque le chiffre de 7 milliards en 1891-95.

Il était logique de croire que la progression suivie pendant tout le XIXe siècle continuerait. La richesse, en effet, augmente dans tous les pays autant et plus que dans le nôtre, et on n'avait aucune raison appréciable de craindre que son développement s'arrêterait. On attendait donc tranquillement le chiffre de 8 milliards environ pour l'époque actuelle.

Cependant, depuis quinze ans, non seulement les chiffres n'augmentent plus, mais ils diminuent, et, loin d'atteindre 8 milliards, ils sont tombés à *six et demi*. Ils se relèvent ensuite un peu, mais insuffisamment.

FRANCE. — *Successions et donations. Actif brut*
(moyennes annuelles).

	Millions de francs.
1826-1830.	1.843
1831-1835.	1.980
1836-1840.	2.149
1841-1845.	2.402
1846-1850.	2.605
1851-1855.	2.715
1856-1860.	3.189
1861-1865.	3.623
1866-1870.	4.729
1871-1875.	5.160
1876-1880.	5.906
1881-1885.	6.182
1886-1890.	6.375
1891-1895.	6.930
1896-1900.	6.869
1901-1905.	6.617
1906-1907.	6.828

Ces chiffres ont été longuement examinés et discutés. On ne leur a trouvé que deux explications possibles qui peut-être sont vraies toutes les deux. Les uns (et M. de Foville paraît disposé à partager leur avis) en concluent que la richesse de la France a cessé de s'accroître. Les

grèves ont-elles tué assez d'industries, en ont-elles assez
chassé à l'étranger, pour expliquer ce recul inquiétant ?
Les lois sociales récentes, qui toutes aboutissent à interdire
le travail (*interdiction* du travail des femmes et des
enfants, *limitation* des heures de travail, *interdiction* de travailler le dimanche, etc.) ont-elles réussi à empêcher de produire ? La dépopulation, le manque de bras qui en résulte, l'excès d'un protectionnisme qui accable l'industrie sans tirer l'agriculture de sa routine, ont-ils pu produire cette déchéance ?

Ou bien faut-il l'attribuer, comme d'autres économistes, à ce que les capitaux, effrayés des projets d'impôt en discussion depuis si longtemps déjà, vont chercher un refuge dans les banques de l'étranger ? Je lisais dernièrement un rapport statistique du maire

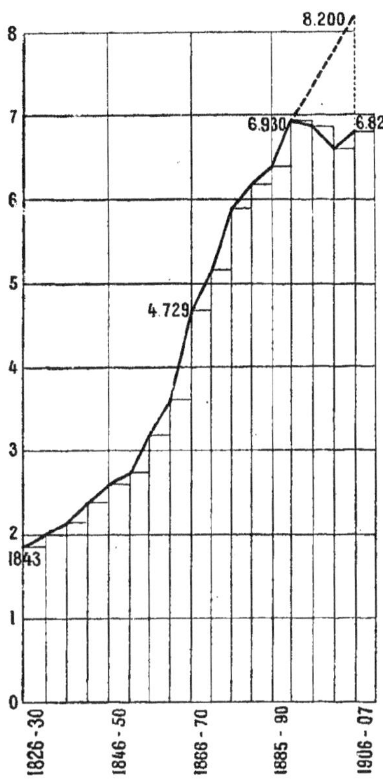

Fig. 3. — FRANCE. — Annuité d'évolution. Ce qu'elle devrait être, et ce qu'elle est.

d'une grande capitale étrangère qui se félicitait vivement
des nouvelles lois fiscales de notre pays, parce qu'elles
avaient déplacé, au profit de sa cité, une partie de l'activité financière de Paris ! C'est à peu près ainsi que, il y
a deux siècles, l'électeur de Brandebourg se réjouissait de
la révocation de l'édit de Nantes, qui lui avait donné, aux
dépens de la France, tant d'industrieux sujets !

Nous ne prendrons pas parti entre ces deux explications.
Toutes deux sont plausibles, et, comme elles ne sont nul-

lement inconciliables, on peut supposer qu'elles sont vraies l'une et l'autre.

Les trois autres statistiques qui suivent nous font penser que, malheureusement, il s'agit bien d'un appauvrissement de la France, ou tout au moins d'un arrêt dans le développement de sa richesse.

Deuxième vérification fournie par la consommation de la houille. — La quantité de houille consommée est le chiffre qui résume le mieux le développement industriel d'un pays. Trois années suffiront pour résumer l'histoire d'un demi-siècle. Qu'on lise ces chiffres attentivement : ils sont formidables.

NOMBRE DE MILLIERS DE TONNES CONSOMMÉES :

	France.	Allemagne.	Iles Britanniques.
1865 . . .	17.741	24.807	90.300
1885 . . .	28.962	67.096	137.750
1908 . . .	53.821	205.700	198.600

Pourquoi avons-nous été à ce point dépassés ? Les capitaux ne nous manquent pas; mais nous n'avons pas assez de producteurs, pas assez de consommateurs.

Troisième vérification fournie par la statistique du commerce extérieur.—Voici ce que nous écrivions en 1897 :

Nos exportations en 1867-76 s'élevaient, année moyenne, à 3.306 millions; en 1895, elles atteignaient 3.374 millions, soit une faible augmentation de 68 millions. Or, pendant ce temps, les exportations allemandes passaient de 2.974 millions de francs (moyenne de 1872-76) à 4.540 millions de francs (chiffre provisoire de 1896, inférieur à la réalité), soit 1 milliard et demi d'augmentation. La cause principale en est bien simple : le nombre de nos travailleurs n'augmente pas ; ils ne peuvent guère produire plus qu'ils produisaient autrefois. Au contraire l'Allemagne a vu le nombre de ses travailleurs passer de 41 millions à 52 millions, soit une augmentation de 11 millions de paires de bras; il est tout simple qu'elle produise davantage.

On répondra peut-être que la situation politique de l'Allemagne explique en partie ce résultat. Ce n'est pas prouvé, mais prenons un autre exemple. Le développement économique de l'Autriche est comme celui de l'Allemagne, parallèle au développement de sa population, et il n'est certainement pas dû à l'éclat de la gloire militaire. L'Autriche en 1869-73 exportait, année moyenne, pour 1.055 millions de francs (valeur nominale) de marchandises; en 1894, ce chiffre avait presque doublé (1.988 millions. Cela s'explique aisément puisqu'elle avait gagné sept millions de travailleurs (population : 37 millions en 1870 et environ 45 millions aujourd'hui).

Tous ces peuples grandissent en force et en richesse, et nous, jusqu'à ce jour, nous restions stationnaires; désormais, nous ferons pis, nous diminuerons.

M. Jacques Siegfried (*Revue des Deux Mondes*, 1er septembre 1906 et 15 juin 1907) et M. Jules Jacob [1], dans un rapport présenté au Comité du Commerce Extérieur, ont récemment développé cette pensée en la généralisant pour tous les grands pays du monde.

Ils ont montré que partout où l'augmentation du commerce extérieur se développe largement, la population s'est développée de même.

M. Jules Jacob a accompagné son travail d'un tableau de chiffres que nous résumons ainsi :

		Importation et exportation en milliards de francs.	Excès des naissances sur les décès en milliers.	Population en millions d'habitants.
Iles Britanniques.	1871-1875	16,4	410	31,9 (1871)
	1901-1904	22,3	481	41,5 (1901)
Autriche-Hongrie.	1871-1875	2,5	110	35,9 (1869)
	1901-1904	4,0	553	45,3 (1900)
Allemagne.	1871-1875	7,4	504	40,8 (1871)
	1901-1904	13,4	859	56,4 (1900)
Pays-Bas.	1871-1875	2,3	39	—
	1901-1904	8,5	83	—
Belgique.	1871-1875	2,4	47	4,8 (1866)
	1901-1904	4,5	77	6,8 (1900)
France.	1871-1875	7,1	21	36,1 (1872)
	1901-1904	8,7	71	38,6 (1901)
Italie.	1871-1875	2,2	172	26,8 (1871)
	1901-1904	3,3	350	32,4 (1901)
Russie.	1871-1875	3,3	—	—
	1901-1904	4,5	—	112,9 (1897)

1. *Bulletin de l'Alliance nationale pour l'accroissement de la population française*, juillet 1907.

De ce tableau (ou plutôt du tableau plus détaillé d'où nous extrayons celui-ci) M. Jules Jacob tire les conclusions suivantes :

« M. Jacques Bertillon, auquel j'ai emprunté les chiffres et les citations qui précèdent, a bien voulu sur ma demande, faire dresser un tableau synoptique du chiffre moyen annuel des affaires générales par périodes de cinq ans pour un espace de trente années, dans les principaux pays industriels et commerçants d'Europe où il a été possible de se procurer des documents statistiques.

« 1°. — En ce qui concerne la *France* :

« La population, qui était de 36.102.000 habitants en 1871-1875, est passée à 38.595.000 en 1901-1904, soit une augmentation de 7 p. 100 (chiffres ronds). Pendant la même période, le mouvement total de ses échanges (importations et exportations) relevé pour 7.146.270.000 francs en 1871-1875, a atteint 8.758.775.000 francs en 1901-1904 (période exceptionnellement favorable) correspondant à une augmentation de 22 p. 100.

« Si maintenant nous passons à l'*Allemagne,* nous voyons que, pendant la période de comparaison, son chiffre d'affaires s'est élevé de 7.382.687.500 francs à 13.364.187.500 francs soit une progression de 81 pour 100. Pendant ce même temps la France ne progressait que de 22 p. 100.

« Quant à la population, elle est passée de 40.818.000 en 1871-1875, à 56.356.000 en 1901-1904, soit 38 p. 100 d'augmentation ! Il est vrai que nous gagnions par exemple, 48.211 individus annuellement en 1896-1900, alors que, dans le même temps, l'Allemagne en gagnait 800.430 ! Et les écarts s'accusent dans des proportions analogues pour chaque période !

« Le *Royaume Britannique* qui possédait 31.884.000 habitants en 1871-1875, en accuse 41.454.000 en 1901-1904 ; son chiffre d'affaires est passé de 16.447.250.000 à 22.328.200.000. Sa population s'est donc accrue de 30 p. 100 ; son activité commerciale de 36 p. 100.

« L'*Autriche-Hongrie* est passée de 35.894.000 habitants en 1870, à 45.310.000 en 1900. Son chiffre d'affaires, dans la même période, est passé de 2.475.740.000 à 3.409.640.000 francs, soit une augmentation de 26 p. 100 dans la population, et de 37 p. 100 dans le montant général des échanges.

« La *Belgique* avait, en 1866 : 4.830.000 habitants et, en 1900 : 6.815.000.

« En 1871-1875, elle faisait 2.378.410.000 francs d'affaires ; elle en accuse, pour 1896-1900, 3.784.790.000 francs, d'où augmentation de la population : 41 p. 100 et du mouvement commercial : 59 p. 100.

« L'*Italie*, la dernière venue dans le concert économique des puissances européennes, nous dépasse comme les autres dans cette lutte pour l'existence. Elle présente en 1901, un chiffre d'affaires de 2.793.300 francs pour une population de 32.450.000 individus ; elle n'en avait que 26.801.000 en 1871, avec 2.255.285.000 francs d'affaires, d'où augmentation de la population de 21 p. 100, et du chiffre d'affaires de 23 p. 100. »

QUATRIÈME VÉRIFICATION FOURNIE PAR LA STATISTIQUE DES PLUS-VALUES D'IMPOT. — Au cours d'un article sur la situation financière de la France, M. Leroy-Beaulieu s'exprime ainsi (*Economiste Français* du 29 mars 1902) :

« Nous avons souvent expliqué les causes de l'affaiblissement de nos plus-values d'impôt. Il y en a deux : la première, et de beaucoup la principale, c'est que la population de la France est arrivée à l'état absolument stationnaire, d'où il résulte que le produit de nos impôts ne peut croître spontanément avec la même vigueur qu'en Angleterre et qu'en Allemagne par exemple, où la population, c'est-à-dire le nombre des producteurs et des consommateurs, augmente de 400.000 à 600.000 âmes[1] par an ; les plus-values ne peuvent se maintenir au même taux que sous le second empire ou dans la période de 1871 à 1880 quand la population s'élevait encore chez nous d'une centaine de mille âmes par année. La seconde cause du ralentissement...... »

Le même maître revient souvent sur cette opinion qui nous paraît parfaitement juste.

NATALITÉ ET ÉPARGNE. — Il n'y a aucune contradiction entre la pensée que nous venons de développer et celle qui se trouve à la fin de l'admirable article *Natalité* du Dr Bertillon père (écrit vers 1874, *Dict. Encycl. des Sc. méd.*). En voici le texte :

« Il est manifeste que chez nous tout l'effort de nos laborieuses populations agricoles, de notre économe bourgeoisie, se

---

1. Il faut dire aujourd'hui de 800.000 à 1.000.000 (910.000 en 1906). Et pourtant notre citation de M. Paul Leroy-Beaulieu ne date que de *huit* ans ! Avec quelle vertigineuse rapidité les peuples voisins se développent !

porte à créer, à amasser des capitaux. La Prusse, au contraire, paraît avoir plus d'aptitudes pour produire des hommes, même des guerriers aptes à saisir de vive force des capitaux tout faits. Je ne m'inquiète pas ici de ce qui est louable ou ne l'est pas (qu'en savons-nous d'ailleurs ? le frustré non plus que le frustrant ne sont juges compétents), mais je dénonce ce qui est ! à savoir :

Qu'en France nous transformons une partie de notre descendance ou épargne, en capitaux ; voilà pourquoi notre natalité est si restreinte, et pourquoi, malgré de dures rançons, nos capitaux sont si abondants ;

Qu'en Prusse la plus grande partie de l'*excédent* de sa production sur sa consommation est employée à la multiplication des hommes ; voilà pourquoi sa natalité est si puissante, et pourquoi, si elle n'avait les capitaux... conquis, pourquoi ses ressources financières seraient si restreintes !

C'est là une vue que je crois juste, rigoureusement démontrable et d'une grande importance pour les pronostics sur l'avenir des nations.

En effet, on peut admettre, qu'à très peu près, un ouvrier allemand et un ouvrier français se valent, et l'on peut compter chez l'un et chez l'autre, d'une part, sur un excédent de travail à peu près équivalent, et, d'autre part, sur une tendance, que je supposerai à peu près égale, à augmenter son bien-être. Ces hypothèses très peu éloignées de la réalité étant posées, établissons donc avec quelques détails, mais en nombres ronds, le bilan annuel de ce que coûte en capitaux : à l'Allemagne l'excès de sa natalité sur la nôtre ; à la France l'économie en capitaux que lui permet sa parcimonieuse natalité.

L'empire allemand compte actuellement plus de 40 millions d'habitants, et a une natalité générale de 40 par an et par 1.000 (1872-73) ce qui constitue chaque année 1.600.000 naissances vivantes. Mais si l'Allemagne se restreignait à notre faible natalité de 26 au lieu de 40, elle ne compterait par an que 1.040.000 naissances vivantes ; ainsi comparée à la France, l'Allemagne élève un excédent annuel de 560.000 enfants sur ce que donnerait notre natalité, et cet excédent produit annuellement, d'après les tables de mortalité, environ 343.500 adultes de vingt ans.

Mais, d'autre part, si l'on prend pour base, soit ce que coûte un homme à élever, soit ce qu'il rapporte, soit sa valeur marchande quand il est esclave, on ne peut pas, d'après les évaluations prussiennes, américaines et les nôtres, estimer aujourd'hui à moins de 4.000 francs la valeur d'un adulte de vingt ans. Or $4.000 \times 344.000 = 1.376.000.000$ francs ; c'est la somme annuelle que coûte à l'Allemagne l'excédent de sa natalité sur la nôtre. Le même bilan établi pour la France montre que nous dépenserions chaque année 1.240.000.000 francs à élever les 500.000 nouveau-nés qui nous manquent pour égaler la natalité allemande, lesquels deviendraient en effet 310.000 jeunes gens de vingt ans.

C'est donc un milliard et un quart que capitalise la France au détriment de sa descendance ; et c'est plus d'un milliard et un tiers que l'Allemagne paie à sa multiplication.

De ces deux placements, quel est le plus avantageux pour un pays[1], à ne considérer que le côté purement financier ? C'est incontestablement celui qui consiste à créer des hommes, car toute richesse a pour source le travail.

La nation qui se refuse à faire ce placement imite un propriétaire qui ne réparerait pas sa maison. Pendant un certain temps, il paraîtra plus riche, et pourtant il s'acheminera vers la ruine.

III

DIMINUTION DU DÉVELOPPEMENT DU BIEN-ÊTRE

La diminution de la population n'améliore pas le sort des classes laborieuses.

On a longtemps prétendu le contraire.

Il paraît bien inutile de rééditer ici le sophisme de Malthus, il est pour cela trop connu. Il n'y a pas lieu de le réfuter longuement : les faits s'en sont chargés trop manifestement : la population de l'Europe s'est développée depuis Malthus, ainsi qu'il suit (Sundbärg) :

1800.	188 millions d'habitants en Europe
1850.	266 — — —
1905.	420 — — —

1. « Poser cette question, disait encore M. Bertillon père, c'est demander s'il vaut mieux avoir des soldats pour repousser l'ennemi ou des écus pour le payer ! »

Ainsi la population, en un siècle, a fait plus que doubler.

Pourtant, jamais les subsistances n'ont été aussi abondantes qu'aujourd'hui. Les famines et même les disettes, si fréquentes autrefois, sont devenues presque inconnues en Europe, et même tout à fait inconnues dans l'occident de l'Europe. Donc, sans méconnaître la valeur de l'œuvre de Malthus, œuvre très originale et parfois géniale, on peut affirmer que les craintes qui lui étaient inspirées par l'amour de l'humanité étaient tout à fait chimériques.

Mais pour beaucoup d'esprits simplistes, cette démonstration purement statistique et peu tangible ne suffit pas. « Voyez la quantité des sans-travail, disent-ils; voyez la masse des misérables; ne vaudrait-il pas mieux pour eux n'être pas au monde ? » Pur sophisme ! La plupart de ces sans-travail sont des ouvriers maladroits qui ne trouvent pas de travail parce qu'ils ne sont pas capables d'en produire de bon. Ils n'en sont pas moins fort à plaindre; mais leur proportion ne serait pas moindre parce que la population serait moins nombreuse, et on ne les emploierait pas pour cela davantage; on les remplacerait, ce qu'on fait déjà, par des ouvriers étrangers et ils n'en seraient pas plus heureux. — « Cependant, ne voit-on pas d'excellents ouvriers qui ne trouvent pas d'emploi ? » En trouveraient-ils davantage parce que la population serait moindre ? Assurément non. Supposons un cordonnier qui trouve tous les ateliers au complet; il est vite conduit à penser qu'il y a trop de cordonniers sur terre et que, si la population était moindre, leur nombre serait moindre aussi. Soit, mais il y aurait aussi moins de pieds à chausser et notre homme n'y gagnerait rien.

Le même raisonnement s'applique à toutes les professions sans exception. Il se résume dans cette formule connue : « L'homme est un débouché pour l'homme. »

Malthus prétendait qu'au banquet de la vie, il n'y avait

pas place pour tout le monde. Il oubliait que les convives de ce banquet *en sont aussi les cuisiniers,* en sorte que le nombre des plats servis s'y proportionne au nombre de ceux qui les préparent. Pour qu'il commençât à avoir raison, il faudrait que le globe fût peuplé au point que les subsistances vinssent à manquer, ce qui n'est pas possible à notre époque, où le blé et la viande sont tellement abondants qu'on en est venu (d'ailleurs bien à tort) à leur fermer nos frontières.

Mais on insiste : « N'êtes-vous pas touché, dit-on, de voir des ménages qui gagnent à peine leur propre subsistance et qui sont chargés d'enfants qu'ils ne peuvent pas nourrir? » Nous en sommes aussi touchés que personne et nous y reviendrons. L'*Alliance nationale pour l'accroissement de la population française* supplie l'Etat d'entourer l'enfant et notamment l'enfant malheureux de toute sa protection et de toute sa tendresse. Si l'Etat se refuse à les lui accorder, il manque à son devoir essentiel. Mais cette protection donnée à l'enfant ne doit pas aller jusqu'à vouloir l'empêcher de naître !

La diminution de la population n'améliore pas le sort des classes laborieuses considérées dans leur ensemble ; nous allons voir qu'elle l'aggrave.

L'augmentation de la population ne peut pas faire baisser les salaires.

Nous avons vu que l'augmentation du nombre des hommes est une source de richesse pour un pays.

C'est ce qu'exprimait, sous une forme assez plaisante, M. Clément Juglar (de l'Institut), jeune homme alors, vers 1840. A cette époque, un certain nombre d'économistes sérieux croyaient encore, à l'exemple de Malthus, que l'accroissement de la population était une cause de pauvreté pour un pays. « C'est le contraire, s'écriait M. Clément Juglar, avec sa verve habituelle. Avez-vous jamais vu que, dans une ferme, on se désole de la naissance d'un veau ? Bien loin de là, on l'accueille avec joie, comme un nouvel élément de richesse. Et vous regrettez la naissance d'un homme, c'est-à-dire d'une nouvelle force, d'un nouveau facteur de travail et de richesse ! Quelle étrange contradiction ! Objecterez-vous que la destinée du veau est d'être mangé ? Mais vous oubliez que celle de l'homme est de travailler, de produire et d'augmenter la richesse publique, c'est-à-dire le bonheur de l'humanité. »

On a prétendu que l'augmentation de la population a pour conséquence de faire baisser les salaires, et malheureusement une fraction du parti socialiste s'est laissée convaincre par ce sophisme.

Il est bien vrai que l'accroissement de population a pour effet d'augmenter l'offre de travail, mais on oublie qu'il a aussi pour effet d'en augmenter la demande exactement dans la même proportion, en sorte que la valeur de la célèbre fraction reste exactement la même.

Nous en avons déjà fait la démonstration, nous n'y revenons pas.

Même si cette démonstration laissait à désirer, elle serait corroborée par ceci :

Supposons que le manque de bras causé par le défaut de natalité fasse hausser les salaires en France ; cette hausse ne pourrait pas durer, car les pays voisins ayant une natalité très supérieure et ayant par conséquent beaucoup plus de bras, ne verraient pas leurs salaires augmenter ; donc ils pourraient produire à meilleur marché et concurrencer nos produits en ce qui concerne les marchandises mobiles. Premier détriment pour nous ! Mais ce n'est pas tout : ils pourraient aussi nous envoyer des ouvriers pour les industries qui ne peuvent exporter (industries du bâtiment, industries agricoles, industries protégées par des droits de douane, etc.). Ainsi la main-d'œuvre étrangère forcerait aussitôt la nôtre à baisser ses prétentions. C'est en effet ce qui est arrivé pour un certain nombre d'industries, à la suite de grèves notamment ; les unes ont fermé leurs ateliers et ont été remplacées par des articles importés, les autres ont fait venir des ouvriers étrangers ; quelques-unes même n'emploient absolument que des étrangers (l'industrie sucrière par exemple).

Dans ce cas, les émigrés étrangers ont pris, selon l'expression d'un auteur allemand, la place de nos *non nés*.

Ainsi la diminution du nombre des naissances ne peut pas augmenter sensiblement les salaires. Si cette augmentation avait la moindre tendance à se produire, la concurrence étrangère viendrait vite y couper court.

IV

ARRÊT DE DÉVELOPPEMENT DE L'AGRICULTURE ET DE L'INDUSTRIE

La dépopulation est la seule cause de la diminution de la main-d'œuvre agricole.

On a souvent déploré l'émigration des campagnes vers les villes, et sans doute avec raison. Mais on attribue à cette émigration la rareté de la main-d'œuvre agricole et c'est en quoi on exagère. Cette émigration n'a pas cette conséquence dans les pays normaux.

L'émigration des campagnes vers les villes n'est pas un phénomène spécial à la France ; dans la plupart des autres pays, cette émigration est bien plus considérable et n'a aucune tendance à diminuer. Mais ailleurs qu'en France, la natalité est suffisante pour remplacer ces émigrants, en sorte que la population rurale reste, le plus souvent, suffisante.

Il faut ajouter que, en France, le nombre des décès

dans les villes l'emporte presque toujours sur le nombre des naissances (excepté dans un certain nombre de villes situées pour la plupart dans le nord-est). Il en résulte que ces villes tendraient à devenir désertes sans l'arrivée des campagnards. On peut ajouter que l'émigration des campagnes vers les villes suffit tout juste à cette tâche; lors du dernier recensement la plupart des grandes villes ne s'étaient pas accrues; quelques-unes même avaient diminué.

Ainsi ce n'est pas à l'émigration des campagnes vers les villes qu'il faut attribuer la rareté de la main-d'œuvre rurale. Cette émigration est moindre en France qu'ailleurs; et si elle ne se produisait pas, ce sont les villes qui manqueraient de main-d'œuvre. La vraie cause du mal est l'extrême insuffisance de la natalité.

Les preuves des diverses affirmations qui précèdent ayant été données maintes fois, nous nous bornerons à les indiquer rapidement.

Nous disons que l'émigration des campagnes vers les villes est un phénomène général, beaucoup plus marqué à l'étranger qu'en France. Nous bornerons notre démonstration aux principaux pays (M. Meuriot a consacré à ce sujet tout un volume excellent).

Il n'y avait, en 1871, que 8 villes allemandes de plus de 100.000 habitants, en 1905, il y en a 41 [1]. Voici quelle a été l'histoire sommaire du développement de ces 41 villes.

Population des 41 villes allemandes ayant, en 1905,
plus de 100.000 habitants :

	Habitants.	Augmentation.
1871	3.797.780	»
1890	7.161.598	3.363.818
1900	9.759.100	2.597.502
1905	11.509.004	1.749.904
Total.		7.711.224

---

1. Le recensement de décembre 1910 en trouvera certainement plus de 50.

En termes plus généraux, la population urbaine (ou plus exactement, selon la définition allemande, la population des communes et lieux habités de plus de 2.000 habitants) a été là suivante :

1871	14.790.798
1880	18.720.530
1890	23.243.229
1900	30.633.075

Elle comprenait en 1871 le tiers de la population (36 p. 100) et en 1900 plus de la moitié (54 p. 100).

Les chiffres suivants montrent l'accroissement actuel de la population urbaine dans les pays principaux de l'Europe :

	Nombre de villes de plus de 100.000 hab.		Population des villes comptant plus de 100.000 habitants en 1900.		Différence.
	vers 1890.	vers 1900.	vers 1890.	vers 1900.	
Allemagne	25	35	6.776.871	9.120.280	2.343.409
Autriche-Hongrie.	6	8	2.546.525	3.236.738	690.213
France.	12	15	4.829.672	5.350.100	520.428
Grande-Bretagne .	31	39	11.675.001	13.603.727	1.928.726

Sans doute il faudrait, pour une échelle rigoureuse, faire état de l'excédent des naissances sur les décès; il est nul ou négatif en France dans presque toutes les grandes villes, mais il est sensible dans les autres pays. Il n'en est pas moins certain que c'est l'immigration qui est partout la grande cause de l'accroissement des villes. Or, cet accroissement est beaucoup plus rapide en Allemagne et en Angleterre qu'en France.

Ce n'est pas tout : d'après le recensement de 1906, cet accroissement en France est même devenu à peu près nul; la population de plusieurs grandes villes a légèrement diminué. Si donc l'agriculture manque de bras en France beaucoup plus gravement qu'ailleurs, ce n'est pas à l'émigration urbaine qu'il faut s'en prendre, mais à la lamentable insuffisance de la natalité.

Elle a d'effroyables conséquences dans les campagnes. On y voit, notamment dans le Cotentin, des villages entièrement inhabités et ruinés. L'incendie, la guerre, la peste, l'inondation, les cyclones, les fléaux les plus redoutés n'auraient pas causé de plus horribles ravages ! Et cela est le fait du néo-malthusianisme obstinément pratiqué !

Le pis est que ce désastre lent n'a été nullement douloureux. C'est la mort par le chloroforme ! On n'en souffre pas, et pourtant c'est la mort !

Conséquences pour l'industrie de l'insuffisance de la natalité.

Les industries qui s'exercent dans de grands centres souffrent moins que l'agriculture de l'insuffisance de la main-d'œuvre à cause de l'immigration de la campagne vers les villes et à cause de l'afflux des étrangers qui ne vont guère dans les campagnes que lorsqu'on les y attire, tandis qu'ils arrivent spontanément dans les villes et surtout dans les grandes villes.

Et pourtant à combien d'industriels n'entend-on pas dire qu'ils sont forcés d'embaucher des ouvriers qu'ils connaissent comme mauvais, pour la raison qu'ils n'en trouvent pas suffisamment. Ce discours nous était tenu tout récemment dans une compagnie minière de Saint-Etienne.

Mais l'insuffisance de la natalité nuit à l'industrie française moins par la rareté de la main-d'œuvre (on y supplée en embauchant des étrangers) que par l'insuffisance des débouchés.

De très larges débouchés sont en effet la condition essentielle d'un grand nombre de progrès industriels. Ces sortes de progrès, pour les industries qui ne peuvent pas exporter leurs produits, ne peuvent être réalisés que dans les pays très peuplés.

J'en citerai seulement quelques exemples :

Les moyens de transport en commun, dont presque toute la dépense consiste en frais généraux, ne peuvent évidemment être à très bas prix que dans les pays à population nombreuse. C'est pour ce motif que la France ne peut pas avoir un réseau de chemins de fer aussi serré que la Belgique, que l'Allemagne ou que l'Angleterre ; encore faut-il ajouter que les trains sont très rares sur toutes nos petites lignes et qu'elles sont peu rémunératrices ; si la population venait à baisser, il faudrait les supprimer. La population française est donc médiocrement desservie au point de vue des transports et elle ne peut pas l'être mieux faute de clients, c'est-à-dire faute d'habitants. Elle paraît renoncer à construire de nouvelles lignes et elle fait bien. Elle ferait mieux de leur préparer des voyageurs !

De cette rareté relative des chemins de fer résultent des conséquences très nombreuses qu'il est sans doute inutile de rappeler ici. On a si souvent déjà énuméré les avantages directs et indirects du transport facile, rapide et économique des personnes et des choses ! A cause du peu de densité de sa population, la France ne jouit pas et ne peut pas jouir de cet immense bienfait à l'égal des pays voisins.

Pour l'industrie du livre, la nécessité d'une population nombreuse est encore plus évidente. Elle est manifeste pour le livre rare comme pour le livre populaire.

Parlons d'abord du livre populaire. Il est visible que dans des pays tels que le Danemark, ou les Pays-Bas ou la Grèce, aucun éditeur ne pourrait tenter ces belles opérations de librairie qui livrent au public, pour quelques sous, les chefs-d'œuvre de la littérature. Ces entreprises ne peuvent réussir que si elles sont assurées de trouver rapidement plusieurs centaines de milliers d'acheteurs.

Elles sont donc plus faciles en Angleterre ou en Allemagne qu'en France.

Quant au livre rare, la même nécessité est encore plus manifeste. Il est clair qu'une revue de Cryptogamie par exemple ne peut pas être publiée en suédois ni en hollandais. Et, en effet, lorsque le Suédois Fries publia le beau traité qui sert de fondement à cette science, c'est en latin qu'il l'a écrit; s'il l'avait rédigé en suédois, il n'aurait pas eu vingt lecteurs peut-être !

Le livre et le transport, les deux facteurs les plus puissants des progrès économiques et intellectuels, sont donc entravés par le défaut de population. Et il en est de même de la plupart des éléments du bonheur !

Ainsi, en commençant cette deuxième partie, nous admettions, pour plus de clarté, que la consommation et que la production se proportionnent au nombre des consommateurs et des producteurs. Les convives du festin de la vie en sont aussi les cuisiniers, disions-nous, donc le nombre des rations se proportionne au nombre des convives. Eh bien, il faut ajouter que lorsque les convives sont nombreux, les rations, à bien des égards, sont plus grosses.

V

IMMIGRATION ET INVASION

Nullité de l'émigration française.

Voulez-vous voir un pays qui a des colons, mais n'a pas de colonies ? Regardez l'Allemagne ! (aujourd'hui on dirait avec beaucoup plus de justesse : regardez l'Italie). Voulez-vous voir un pays qui a des colonies, mais n'a pas de colons ? Regardez la France.

Ce point est tellement évident que des statistiques sont

inutiles pour le démontrer. Aussi bien, en ce qui concerne la France, n'existent-elles guère. La statistique de l'émigration française a cessé d'être publiée; elle était incomplète et peu intéressante.

L'émigration était au contraire considérable en Allemagne où elle a beaucoup baissé (il y avait au moins 184.369 émigrants en 1881, et seulement 19.883 en 1909). Plus l'Allemagne a d'hommes, plus il lui en faut.

L'émigration italienne au contraire se développe étonnamment depuis une quinzaine d'années (428.255 émigrants en 1907. Il était même de 523.094 l'année précédente, mais il est tombé à 245.721 en 1908; il se relèvera).

L'émigration enlève d'un pays ses éléments les meilleurs et aussi ses éléments les plus mauvais. Ses meilleurs : car elle lui enlève ses individus les plus entreprenants et les plus audacieux; ses plus mauvais: car les individus tarés, les condamnés, sont forcés de s'expatrier; une quantité de malheureux qui n'ont pas réussi dans leur pays sont portés à croire que la fortune leur sourira davantage dans des pays nouveaux.

Les émigrés qui sortent de France n'appartiennent guère qu'à cette seconde catégorie (excepté au Mexique, dans l'Argentine, etc.) ; ils ne contribuent pas à la bonne réputation de notre pays au dehors. Un ambassadeur de France, recevant des savants français qui participaient à un Congrès international réuni à l'étranger, leur disait familièrement en ma présence : «, Combien je suis heureux de voir enfin des compatriotes qui ne soient ni des mendiants, ni des déserteurs ! »

La France colonisée par les étrangers.

Non seulement la population française, faute de s'accroître, n'a pas la force de pénétration nécessaire pour se répandre au dehors, et pour utiliser son beau domaine colonial, mais elle n'arrive même pas à défendre son territoire contre la poussée des populations voisines. Aussi le nombre des étrangers fixés en France augmente. Voici leur nombre à l'époque de chaque recensement :

Nombre d'étrangers recensés en France.

	ÉTRANGERS	SUR 10.000 habitants combien d'étrangers.	NATURALISÉS	SUR 10.000 habitants combien de naturalisés.	TOTAUX		EXCÈS d'une époque à l'autre.
					Nombres absolus	pour 1.000 hab.	
1851 . .	379.289	106	13.525	4	392.814	110	—
1861 . .	506.381	135	15.259	4	521.640	139	+ 128.826
1866 . .	655.036	172	16.286	4	671.322	176	+ 149.682
1872 . .	740.668	203	15.303	4	755.971	207	+ 84.649
1876 . .	801.754	217	34.510	9	836.264	226	+ 80.293
1881 . .	1.001.090	267	77.046	21	1.078.136	288	+ 241.872
1886 . .	1.126.531	297	103.886	28	1.230.417	325	+ 152.281
1891 . .	1.130.211	297	170.704	45	1.300.915	342	+ 70.498
1896 . .	1.051.907	275	202.715	53	1.254.622	328	— 45.293
1901 . .	1.033.871	269	221.784	59	1.255.655	328	+ 1.033
1906 . .	1.046.905	270	222.162	57	1.269.067	327	+ 13.412

Pendant un demi-siècle le nombre des étrangers fixés en France n'a pas cessé d'augmenter. Depuis les lois facilitant la naturalisation, ce mouvement a cessé en apparence, mais en apparence seulement selon toute probabilité. En effet, si le nombre des étrangers proprement dits a imperceptiblement diminué, le nombre de naturalisés s'est beaucoup accru, en sorte que le total des deux chiffres forme un nombre à peu près stationnaire depuis 1891. Mais il faut se rappeler que les enfants de ces étrangers étaient naguère comptés comme étrangers et qu'aujourd'hui ils sont comptés comme français de naissance. Il est manifeste que si la façon de compter était restée la même, les chiffres auraient grossi depuis 1891 comme ils grossissaient avant.

Aucun des grands pays de l'Europe ne contient un nombre aussi énorme d'étrangers. Presque tous ces étran-

gers viennent se fixer en France, non pas pour y dépenser
de l'argent, mais au contraire pour en gagner. D'après
le recensement de 1891, il n'y en avait que 65.664 qui
appartinssent à des familles vivant exclusivement de leur
revenu.

Le recensement de Paris en 1891 a distingué la nationalité des habitants pour chacune des 240 professions
distinguées par ce recensement. J'ai trouvé ainsi que la
concurrence étrangère se fait vivement sentir pour des
professions qui passent pour essentiellement parisiennes
(joailliers, orfèvres, monteurs en cuivre, etc..., etc...);
c'est un long travail qu'on ne peut analyser ici. (Voir
Introd. au *Dénombrement de la Ville de Paris de 1891.*)

Pour l'ensemble de la France, nous n'avons pas d'étude
aussi détaillée. On sait que certaines professions sont
exclusivement dévolues à des immigrants étrangers : telle
est notamment l'industrie sucrière qui recrute tous ses
ouvriers en Belgique.

Ce serait évidemment une grave erreur que de vouloir
leur fermer l'entrée de notre territoire ou la leur rendre
difficile. Toutes les industries en souffriraient; quelques-
unes deviendraient impossibles.

L'explication de leur présence en France est bien
simple : les jeunes Français sachant bien travailler ne sont
pas assez nombreux pour répondre à l'appel du travail ; l'industrie (et même l'agriculture) sont donc forcés d'accueillir
des travailleurs de l'étranger.

Il vaudrait incomparablement mieux qu'elles n'eussent
pas à attirer ainsi chez nous l'étranger, c'est-à-dire le
rival, l'ennemi, et au jour du danger, l'espion.

L'état dont nous approchons est celui d'une usine
située dans le Nord. Son propriétaire est allemand, officier
de la landwehr ; son contremaître, allemand, également
officier; presque tous ses ouvriers, allemands et soldats

allemands. Lorsque la landwehr est convoquée, l'usine est, m'a-t-on dit, fermée. Les Français sont seulement admis à payer la gendarmerie qui la garde; s'il lui arrive cependant dommage, à payer une indemnité !

« Il y aura un jour en France *eine Fremdenfrage* », écrivait un professeur allemand non sans raison. Jusqu'à présent cette quantité d'étrangers qui résident sur notre sol ont été souvent pour nous une source de difficultés; il suffit de rappeler les émeutes d'Aigues-Mortes, les grèves de Marseille (où le syndicat « international », lisez italien, constituait une puissance). Les étrangers fixés en France pourront devenir non plus seulement un embarras, mais un danger; car avec le temps ils acquièrent des droits civils dont ils voudront peut-être abuser un jour. Cette crainte peut paraître encore chimérique à l'heure actuelle, mais il faut se méfier des changements très lents parce qu'ils passent facilement inaperçus; ils n'en sont pas moins réels : subitement apparaît la lézarde dans le mur. Ce qui aggrave le danger que nous craignons pour l'avenir, c'est que les étrangers de même nationalité sont massés dans certains coins du territoire : les Italiens autour de la Méditerranée, les Espagnols le long de leur frontière, les Belges dans le nord, les Allemands dans l'est. Qu'ils y soient plus nombreux encore et plus riches, et il deviendra possible que leur nation d'origine prétende faire valoir les droits (illusoires ou réels) qu'ils auront acquis dans le pays. C'est l'histoire de la *lice et sa compagne*.

On a beaucoup facilité la naturalisation des étrangers et j'estime qu'on a eu raison, et qu'il y aurait lieu de la rendre non pas plus facile, mais moins onéreuse pour qui la sollicite et se montre digne de l'obtenir.

Cependant ce n'est pas là remédier au mal. On peut bien donner à un certain nombre d'étrangers un faux-nez français, et les droits qui y sont attachés, mais il est plus difficile de leur inculquer l'amour de la France et le désir de remplir leur devoir à son égard. Assurément il y a parmi les naturalisés des patriotes sincères et même ardents, mais il est permis de croire que beaucoup de ces Français artificiels conservent pour leur première nationalité une affection bien naturelle, et qui peut nuire parfois au dévouement qu'ils doivent à leur patrie d'adoption.

Très souvent, d'ailleurs, la naturalisation n'est regardée par un étranger que comme une formalité qui ne change rien au fond des choses. Dans certains ports méditerranéens, à Cette par exemple, la colonie italienne, composée uniquement de marins, est tout entière naturalisée, mais n'est pas pour cela francisée; « ils sont italiens tout de même », nous disait-on. Pour s'en convaincre, il n'y avait qu'à monter dans le haut de la ville, où ils ont constitué une véritable ville italienne avec quantité de nippes multicolores flottant au vent et d'innombrables enfants courant partout. Le français, dans ce quartier de Cette, n'est qu'une langue étrangère.

La dépopulation rend la plupart des traités dits « de réciprocité » très onéreux pour la France.

La nullité de l'émigration française et l'affluence des étrangers en France (deux mouvements causés l'un et l'autre par l'insuffisance de la natalité) ont pour effet de rendre onéreuse pour la France la plupart des traités dits de réciprocité.

Nous en citerons un exemple : Puisque les différents pays de l'Europe sont à peu près d'accord sur l'indemnité à verser à l'ouvrier victime d'accident professionnel, on a voulu faciliter l'application de ces lois par des accords internationaux. On a donc cru faire bien, en concluant avec l'Italie notamment, la convention dont voici l'article essentiel :

« Les ouvriers ou employés de nationalité italienne victimes d'accident, par le fait ou à l'occasion du travail sur le territoire français ou leurs représentants, auront droit aux mêmes indemnités que celles qui sont accordées aux ouvriers ou employés de nationalité française ou à leur représentants, et réciproquement. »

Le reste n'est que le développement de cet article.

Comme il y a en France 326.114 Italiens et qu'il n'y a en Italie que 6.953 Français, c'est-à-dire 47 fois moins, on voit qu'il est exact de dire que, pour 47 Italiens victimes d'accidents en France, il n'y a qu'un Français victime d'accident en Italie. La convention susdite a donc pour effet de faire sortir de France un certain nombre de pièces de 20 francs, pour remplacer chacune d'elles par la 47ᵉ partie de sa valeur, c'est-à-dire par 43 centimes. La différence, du temps de Crispi, aurait servi à fondre des obus destinés à nous canonner. Jusqu'en 1912 (échéance de la triplice), elle n'aura guère d'autre usage. Après 1912, on ne sait pas.

« C'est un acte de haute portée social e et internationale ! » dit l'*Exposé des motifs* du projet de convention soumis aux Chambres. Peut-être est-il permis de dire que sous cette belle phrase, se masque un marché de dupes! Elle eut pourtant plein succès. Les Chambres adoptèrent d'enthousiasme une convention si fructueuse. Elle fut définitivement signée le 9 juin 1906, et l'échange des pièces de 20 francs contre 43 centimes se fait depuis cette époque à travers le mont Cenis.

Charmés de cette belle opération, nos diplomates en ont proposé une autre analogue au grand-duc de Luxembourg. Cette fois il s'agissait de changer nos beaux louis d'or contre des pièces de quarante sous, car le grand-duc Guillaume a 21.691 sujets en France et son minuscule Etat ne contient que 1.895 Français. Il nous fit la grâce d'accepter notre argent par la convention du 27 juin 1906. A la Belgique, on a proposé 20 francs, à charge d'en payer

3 (car il y a 321.000 Belges en France, sans compter d'innombrables nomades, et il n'y a que 56.576 Français en Belgique). Elle a accepté par la loi belge du 31 mars 1906.

Presque tous les traités dits « de réciprocité » manquent comme ceux-ci de réciprocité, à notre détriment, et toujours pour le même motif. L'article 11 de la loi sur les retraites ouvrières prévoit des traités analogues en ce qui concerne les retraites. Comme il s'agit ici de sommes énormes, ces traités seront très onéreux pour la France.

C'est encore une conséquence de la dépopulation. Il n'y a pas assez de Français pour occuper les places offertes par nos ateliers ; donc, il y a des places vacantes ; elles ne le restent pas longtemps, car le « principe des vases communicants », qu'on nous enseignait en physique, s'y oppose. Des étrangers viennent donc les occuper. De là, des conséquences innombrables parmi lesquelles celle que nous venons de voir.

Une natalité puissante suffit à garantir l'avenir d'une nationalité.

Voyons à présent ce qu'a pu une natalité exubérante pour le plus malheureux de tous les pays, pour la Pologne.

Le chancelier de l'empire allemand, M. de Bülow, a constaté solennellement devant le Parlement allemand, en février 1908, un fait des plus remarquables : c'est qu'une natalité exubérante est la meilleure défense qu'un peuple puisse opposer à ses rivaux et à ses ennemis, si puissants, si méchants et si iniques qu'ils soient. Aucun exemple ne peut être plus démonstratif à cet égard que celui de la Pologne prussienne.

« La nationalité allemande est en danger dans la partie orientale du royaume », s'est écrié M. de Bülow au Parlement prussien. La natalité polonaise est débordante et, pour ce motif, les provinces polonaises restent polonaises malgré un siècle et demi d'oppression impitoyable ! En vain, on a pris contre les Polonais annexés à la Prusse une série de mesures féroces, qui se résument par ces mots : « Je te vole et je te tue pour que tu sois mon frère. » En vain, on persécute la langue polonaise, à l'école, à l'église, à la caserne, à l'atelier, à la ferme. En vain, on impose la langue allemande à un certain nombre de familles ; en vain même, quelques-unes d'entre elles professent, sincèrement ou non, des sentiments allemands ! La natalité polonaise triomphe de toutes ces persécutions ; elle supplée à ces défections ; grâce à elle, la nationalité se développe et n'a jamais été aussi nombreuse qu'à présent.

Que la natalité produise ces résultats étonnants, c'est ce que démontrent les chiffres suivants :

Il y avait, en 1840, en Prusse, 2.223.000 habitants parlant polonais. Il y en a aujourd'hui trois millions et demi. Ils sont répartis sur tous les cercles qui bornent la frontière russe. La province de Posen est celle qui en contient le plus : il y en avait 823.000 en 1840 ; en 1900, il y en avait 1.157.000. Le cercle de Marienwerder en contenait 154.000 en 1840 et 345.000 en 1900. Ainsi, la population polonaise y a plus que doublé. Le cercle d'Oppeln en contenait 560.000 en 1840 et 1.048.000 en 1900. Ici aussi la population a doublé, se développant au moins aussi vite que la population allemande.

A quoi est due cette persistance invincible de la nationalité polonaise ? A son admirable natalité, comme on le voit par les chiffres suivants :

En 1 an sur 1.000 habitants.	PROVINCE DE POSEN		ROYAUME DE PRUSSE	
	1891-1900.	1901-1904.	1891-1900.	1901-1904.
Naissances	43,3	42,8	38,0	36,3
Décès.	23,8	22,4	23,1	20,8
Excès des naissances.	19,5	20,4	14,9	15,5

Si la Pologne résiste à la Prusse, puissance formidable

pourtant, c'est parce que, si la population prussienne s'accroît à raison de 15 p. 1.000 (ce qui est déjà énorme), la population polonaise s'accroît à raison de 20 p. 1.000.

L'impossibilité de surmonter les effets de cette natalité élevée a paru tellement absolue au gouvernement prussien, qu'il en est venu à violer la parole royale, donnée aux Polonais en 1814, de respecter leurs propriétés : Cette promesse formelle, faite à la face de l'Europe, paraissait alors banale et peu compromettante. La moralité publique a évolué en Prusse, depuis cette époque ! On a violé, avec la même désinvolture, l'article 4 de la Constitution prussienne, qui garantit à tous les sujets prussiens l'égalité devant la loi. Le kronprinz est venu en personne assister à la séance où, en vertu de l'odieux droit du plus fort, banqueroute était faite aux engagements solennellement pris par ses aïeux. « Dure nécessité ! » disait son ministre de l'agriculture, M. d'Arnim, chez qui subsistaient quelques scrupules d'honneur !

Dans une autre partie du monde, nous voyons de même un peuple peu nombreux conserver sa nationalité à cause de sa natalité élevée. C'est le peuple franco-canadien. Pour 1.000 habitants on y compte 42 naissances (au lieu de 20 en France) et 18 décès ; différence : 24. Donc, la population s'accroît de 24 têtes par 1.000 habitants en un an. Ainsi s'explique que, malgré une forte émigration aux Etats-Unis, la nationalité française au Canada se développe d'année en année.

Mais les Canadiens sont traités avec équité par le gouvernement anglais (du moins depuis 1839). Ni leurs biens, ni leurs personnes, ni leur langue ne sont persécutés ; ils vivent sur le pied de la plus parfaite égalité avec leurs voisins anglais. Ils ne sont pas ingrats, d'ailleurs, et, tout en conservant pour leur patrie d'origine une affection fidèle dont j'ai été vivement touché lorsque je voyageais en leur pays, ils sont devenus de loyaux et dévoués sujets du monarque britannique. Ainsi, en s'appliquant à être équitable, juste et honnête, la nation anglaise s'est trouvée être clairvoyante et habile.

La Prusse fait, en Pologne, justement le contraire de ce que l'Angleterre a fait au Canada.

Il est remarquable que deux politiques aussi opposées aient été suivies du même résultat : la persistance de la nationalité première, grâce à une très forte natalité. Seulement la manière douce a produit, au Canada, une population fidèle, et la manière brutale a donné à la Prusse une population exaspérée.

Tandis que la Pologne, tandis que le Canada, grâce à leur forte natalité, disputent assez victorieusement leur sol à leurs vainqueurs, la France, à cause de sa faible natalité, ne peut pas arriver à défendre son territoire contre l'invasion pacifique de l'étranger. Le contraste n'est-il pas violent ? On attribue, sans doute avec raison, à une forte natalité, les invasions si fréquentes des pays du nord dans les pays du midi. Peut-être y a-t-il, dans cet ordre d'idées, encore d'autres problèmes historiques à creuser (la Grèce, Carthage, etc.). L'absence presque totale de documents numériques[1] les rend trop hasardeux pour que nous les tentions ici (voir pourtant p. 253).

Les poètes ne s'embarrassent pas pour si peu ; ils devinent volontiers ce qu'ils ne voient pas. M. Zola a écrit les deux phrases suivantes qui expriment peut-être la vérité : « La fécondité victorieuse reste la force indiscutée, la puissance souveraine qui seule fait l'avenir... Il ne s'est pas fait dans l'Histoire un seul pas en avant, sans que ce soit le nombre qui ait poussé l'humanité dans sa marche ». (*Fécondité*, VIe partie, livre V).

---

1. Mon très savant ami, M. Marcel Dieulafoy (de l'Institut), publiera prochainement ceux qu'il a étudiés pour Sparte, d'après Xénophon et Thucidyde.

VI

DIMINUTION MORALE ET INTELLECTUELLE

L'abaissement de la natalité tend à diminuer les vertus familiales.

Nous avons exposé dans les chapitres précédents, combien l'insuffisance de la natalité nuit à l'ensemble du pays.

On répondra peut-être que si la nation en souffre, les familles se plaçant à un point de vue égoïste s'en trouvent au contraire fort bien.

Cela même est, à bien des égards, une erreur.

Nous allons l'indiquer, dans les deux chapitres suivants.

Si la restriction de la natalité est due en partie, comme nous le pensons, à l'affaiblissement des caractères, la réciproque n'est pas moins vraie, c'est-à-dire que la restriction de la natalité est cause de l'affaiblissement des caractères autant qu'elle en est l'effet.

L'enfant unique reçoit presque forcément une éducation artificielle. Même s'il est élevé dans sa famille — et c'est toujours l'hypothèse la plus favorable, — son éducation sera mauvaise, car il sera seul, par conséquent triste ; non seulement il ne pourra pas connaître le sentiment très noble de la fraternité, mais il ignorera ou méconnaîtra les nécessités qu'elle impose : l'obligation de se serrer pour faire place à son frère, de le défendre contre des camarades agressifs, de lui faire d'incessants sacrifices et de les faire avec plaisir, tout cela échappe à l'enfant unique. Il ne connaîtra ces devoirs que par ouï-dire. Ses parents concentrent sur lui toute leur affection, l'élèvent dans du coton (*in einem Buttertopfe*, dans un petit pot de beurre disent les Allemands), et en font facilement un enfant gâté, et surtout un enfant égoïste. Souvent aussi il devient indolent, n'étant pas habitué à la concurrence et sachant d'ailleurs qu'il deviendra « seul et unique héritier ».

Autrement virile, autrement fortifiante est l'éducation des familles nombreuses. Le sentiment de la solidarité familiale, qu'elles sont obligées de mettre en pratique perpétuellement, se développe presque fatalement. Plus tard, ce sentiment subsistera, il fera la force de la famille, et contribuera à la force de la nation.

Tel est l'enseignement que donne l'histoire émouvante de cette famille de huit enfants (*Bull. de l'Alliance nationale*, vol. I), qui, à force de solidarité familiale, s'élevèrent de l'extrême misère à l'aisance et même à l'extrême richesse. Vendue, expulsée avec ses sept enfants (le huitième n'est né que trois ans plus tard), n'ayant pas 50 francs, voilà le point de départ de cette noble famille. Et voici le point d'arrivée : vingt-cinq ans plus tard, tous ses enfants établis, presque tous mariés avec enfants, tous gagnant largement leur vie, trois même gagnant plusieurs centaines de mille francs par an. Comment cela s'est-il fait? Parce que chacun de ces enfants, dans la lutte pour la vie, pensait non seulement à lui, mais à ses frères et sœurs, les appelant à l'endroit où ils pouvaient réussir, leur faisant passer et repasser l'Océan, suivant les circonstances (voir *Annexes*, p. 330).

L'histoire de la famille Koun (*loc. cit.*), quoique interrompue par la mort tragique du fils aîné (qui, à force d'énergie, était devenu médecin de marine, et veillait à l'éducation de ses frères et sœurs), est un bel exemple de solidarité familiale dans une famille nombreuse. S'il avait été fils unique, Joseph Koun n'aurait pas eu à montrer son long et héroïque courage ; probablement, il n'en aurait pas été capable.

Tout le monde, dira-t-on peut-être, ne peut pas avoir l'énergie qu'ont déployée ces deux belles familles. Mais toute famille nombreuse peut rester fidèle à l'esprit de solidarité qui fut cause de leur succès.

L'observation suivante, dont nous garantissons la parfaite authenticité, en donne un bel exemple :

« — Combien vous paraissez triste ! — disais-je, il y a quelque temps, à un jeune homme que je connais assez peu, mais qui se distingue ordinairement par sa bonne humeur. — Pourquoi ce deuil ? Avez-vous perdu quelque parent?

» — Mon beau-frère, hélas ! Il laisse ma pauvre sœur veuve avec quatre enfants en bas âge et pas un sou de fortune !

» — La malheureuse ! m'écriai-je avec une émotion sincère ; que va-t-elle devenir ? A-t-elle une profession ?

» — Elle ne peut guère l'exercer; il faut qu'elle soigne ses enfants ; mais nous l'aiderons selon nos moyens ; l'un plus, l'autre moins ; je lui ai promis 30 francs par mois.

» — C'est très bien assurément. Mais ce n'est pas avec vingt sous par jour qu'elle pourra vivre avec quatre enfants. Aurait-elle le triple qu'elle n'y parviendrait pas.

« — Certes ! Mais *nous sommes treize frères et sœurs;* il n'y a pas de fortune dans notre famille ; mais nous gagnons tous à peu près notre vie ; les pièces de 30 francs viendront chaque mois assez nombreuses dans la poche de ma sœur. Au total, elle recevra environ 4.500 francs par an; c'est à peu près ce que gagnait son mari. Vous voyez que, sans être riches, nous ne la laisserons manquer de rien. Cela tient à ce que nous sommes nombreux, et aussi, si j'ose l'ajouter, à ce que nos parents nous ont élevés à être toujours très unis. »

Il est évident qu'en effet, si cette pauvre veuve n'avait eu qu'un seul frère, elle serait tombée dans une atroce misère, si dévoué que l'on suppose ce frère unique. C'est parce qu'elle appartenait à une famille nombreuse qu'elle y a échappé, sans même imposer de sacrifice élevé à aucun de ses frères et sœurs. Disons plus : c'est parce que cette famille était très nombreuse qu'elle était si unie, ayant senti dès la première enfance l'indispensable nécessité d'une étroite solidarité familiale.

La limitation du nombre des enfants, outre qu'elle est inspirée par un sentiment mesquin et honteux, entraîne quantité d'autres misères morales. La fraude conjugale dégoûte les époux l'un de l'autre. C'est ce que m'ont affirmé plusieurs des médecins de campagne à qui j'ai adressé mon questionnaire (dont il est parlé page 98). Ce dégoût a des conséquences naturelles : « L'onanisme conjugal amène naturellement le dégoût réciproque des époux l'un pour l'autre et l'infidélité conjugale est la règle dans nos campagnes », écrit notamment un médecin de l'Orne. On peut espérer qu'il exagère, et pourtant le fait qu'il affirme est parfaitement logique.

Voici une autre remarque qui montre comment la fraude conjugale désorganise toute la famille. Quoiqu'elle puisse paraître plaisante et même ridicule à un esprit superficiel, elle n'en a pas moins une portée très sérieuse. On a demandé pourquoi les belles-mères ont, en France, la réputation d'être acariâtres. « Cela tient, je pense (dit M. Harduin, dans le *Matin* du 19 nov. 1906), à ce que les familles, en France, sont peu nombreuses. Une mère qui n'a qu'un enfant, une fille, et qui la marie, ne peut se faire à l'idée qu'elle n'est plus tout pour cette fille et que les pensées de celle-ci vont ailleurs. Et alors, elle s'offre au jeune ménage, cherche à s'y introduire, devient encombrante. Elle ne le serait pas si elle avait trois ou quatre filles mariées ou à marier. »

Au contraire, dans les familles nombreuses, les parents et beaux-parents sont d'autant plus aimés qu'ils ne constituent pas une charge sérieuse, même dans les familles les plus pauvres, parce que un faible effort de chacun, multiplié par le grand nombre de participants, produit un résultat relativement considérable.

En voici un exemple pris sur le fait :

« Mes beaux-parents, qui ont 68 et 65 ans, ont élevé difficilement à la campagne, au fond de la Bourgogne, neuf enfants, tous mariés maintenant, m'écrit un correspondant.

Il y a quelques années, nous nous sommes réunis pour les sauver de la misère qui les guettait; nous leur faisons 600 fr. de pension par an, et cela ne nous coûte à chacun que 5 fr. 56 par mois :

$$5 \text{ fr. } 56 \times 9 \times 12 = 600 \text{ fr. } 48 \text{ ».}$$

Ainsi, grâce au nombre des enfants, une quote-part insignifiante suffit à assurer aux vieux parents un secours efficace.

Souvent ces sentiments de vénération que les enfants des familles nombreuses éprouvent pour leurs parents prend une forme particulièrement tangible et émouvante.

Les exemples en sont malheureusement bien rares sur le sol français. Nous en avons pourtant un exemple fourni par la famille G...

« Fidèle au conseil de leur aïeule dans son testament, les membres de la famille G... vivent toujours dans la même union; malgré leur nombre ils ont conservé l'habitude de se réunir à table au moins une fois chaque année. C'est ainsi qu'en 1904 ils ont fêté l'anniversaire du plus âgé d'entre eux. On avait aménagé pour la circonstance un vaste grenier de la ferme paternelle. Tous avaient été prévenus à l'exception du digne vieillard. Conduit sous un prétexte quelconque dans la salle du repas, ce fut avec surprise et avec bonheur qu'il vit ses proches l'entourer pour acclamer joyeusement ses 80 ans et saluer en lui l'affectionné doyen de la famille ».

Les autres exemples que nous en citerons concernent aussi des familles françaises, mais situées hors de France.

L'héroïque Jean Dollfus, le grand industriel de Mulhouse, l'admirable philanthrope, le courageux défenseur de l'Alsace au Reichstag allemand, a réuni, lui aussi, ses descendants autour de lui lorsque, accablé par l'âge et les malheurs de la patrie, il sentit sa fin prochaine. Ils accoururent de tous les points du monde. Ils étaient près de trois cents.

Autre exemple :

Le numéro de Noël 1901 du *Globe*, journal illustré de Toronto (Canada), donne la photographie de la réunion de la famille Reesor, à Markham, le 17 juillet 1901. Le journal ajoute qu'il y a au Canada 900 descendants d'un certain Christian Reesor établi à Markham avec sa femme et ses enfants, en 1804. Ce Reesor (originellement Reiser) était suisse.

C'est aussi du Canada français que nous vient le beau récit qui suit :

Pont-Rouge, le 20 janvier 1908.

Lundi, le 20 janvier, il était donné aux paroissiens de Sainte-Jeanne de Neuville d'assister à une belle fête. Deux vieillards respectables de l'endroit, M. Charles Lefèvre et son épouse, née Marguerite Picher, célébraient le soixantième anniversaire de leur mariage. Ils ont exactement 100 descendants directs !

Le curé fit une touchante allocution appropriée à la circonstance. Puis, une gentille fillette, petite-fille des heureux jubilaires, lut, au nom des 17 enfants et 68 petits-enfants et des 15 arrière-petits-enfants, une adresse qui se terminait par ces belles paroles :

« Quel privilège pour nous de déposer sur vos cheveux blancs une couronne tressée par la gratitude et l'amour !

« Merci de nous avoir fourni de si bons pères et de si bonnes mères. Merci des beaux exemples que nous lègue votre vie remplie de travaux et de vertus. Merci au ciel de vous avoir gardés si longtemps à notre affection. Nous aussi nous vivrons en bons citoyens, en bons chrétiens pratiquant vos nobles et belles traditions ; elles seront la meilleure part de notre héritage. »

On peut rappeler à ce sujet que c'est par un banquet du même genre que se termine le beau roman *Fécondité* d'Emile Zola. Malgré sa puissante imagination, le romancier n'a rien pu ajouter à la sublime poésie de la réalité.

Nous résumerons toutes les observations qui précèdent ainsi qu'il suit :

Toutes choses égales d'ailleurs, les parents, auteurs d'une famille nombreuse, sont plus unis que ceux qui n'ont qu'une famille restreinte, surtout lorsqu'ils fraudent : cette honteuse pratique les dégoûte l'un de l'autre.

Les frères et sœurs issus des familles nombreuses sont préparés dès l'enfance à se sentir solidaires, car une union étroite est pour eux une condition d'existence. L'enfant unique, ignorant le sentiment de la fraternité et les sacrifices qu'il impose, devient plus facilement indolent et égoïste. Les parents et les beaux-parents sont plus sincèrement aimés et respectés dans les familles nombreuses, d'autant plus que les charges qu'ils peuvent imposer sont moindres pour chacun des enfants (oserons-nous dire aussi que les « espérances » qu'ils peuvent susciter sont moindres aussi).

De tout cela résulte que dans un pays où les familles sont restreintes, les vertus familiales sont moindres.

Pour avoir la qualité, il faut avoir la quantité.

L'opinion contraire a été souvent affirmée, et (quoique totalement dénuée du moindre commencement de preuve) elle obtient toujours du succès auprès du vulgaire. On entend souvent des aphorismes outrecuidants comme celui-ci : « La France a peu d'enfants, mais elle gagne en qualité ce qu'elle perd en quantité. » Or, rien du tout n'établit qu'un petit Français soit d'une qualité supérieure à un petit Allemand ou à un petit Américain. Le petit Français reste plus souvent illettré, c'est tout ce qu'on en peut dire.

On entend souvent donner ce conseil : « Ayez peu d'enfants afin de les avoir beaux, forts et bons. » Pourtant il n'y a aucune raison pour qu'un enfant unique soit plus beau ou meilleur que l'enfant d'une famille nombreuse, et il y en a pour qu'il soit plus égoïste et plus mauvais. On peut objecter qu'il sera possible aux parents de lui donner une meilleure instruction et de l'élever au rang de déclassé ! L'erreur consiste à ne pas reconnaître que ce qui fait la valeur d'un homme, c'est, avant tout, son caractère ; l'instruction secondaire est un bien faible don (ou même un don funeste) à qui n'est pas doué de la force de volonté nécessaire pour en faire usage (voir p. 329).

Or le caractère n'est pas le résultat de l'instruction. L'éducation a plus de pouvoir pour développer la volonté chez les enfants qui en sont doués. A cet égard la co-éducation de nombreux frères et sœurs est particulièrement précieuse.

Plus une famille a d'enfants, plus elle a chance d'en

avoir qui soient bien doués, et plus il est probable que ces enfants recevront une éducation virile. Donc, pour avoir la qualité des enfants, il faut avoir la quantité.

VII

RÉSUMÉ DE LA DEUXIÈME PARTIE

Tandis que toutes les nations du monde s'accroissent de plus en plus vite, la population française reste stationnaire. Souvent, en France, le nombre des décès l'emporte sur celui des naissances, parce que celui-ci est de plus en plus insuffisant.

Il en résulte que la France n'est plus la grande nation qu'elle était autrefois. Avant peu de temps, elle sera un État de second ou de troisième ordre. Comme le pays que nous ont légué nos ancêtres est riche et beau, et comme nous ne serons plus assez nombreux pour l'occuper et pour le défendre, il sera envahi par les voisins qui en auront besoin. Ils nous traiteront comme ils traitent les Polonais, qu'ils exproprient pour se mettre à leur place.

Et pourtant ce n'est peut-être pas au point de vue militaire que le danger est le plus grave. Il est plus redoutable encore au point de vue économique. La France est un grand atelier dont les ouvriers et les clients sont également absents. Son commerce extérieur ne prend pas le prodigieux développement qu'atteint celui des nations rivales. Sa richesse, dont elle est si justement fière et qui n'avait cessé de se développer, subit un temps d'arrêt. Le mouvement et la vie semblent se retirer du pays.

La biologie nous montre la dégénérescence des races d'animaux qui vivent sans efforts. Elles s'atrophient et « se dégradent par le parasitisme ». Cette formule est courante en histoire naturelle. Il ne faut pas qu'elle s'applique à la race française.

TROISIÈME PARTIE

DES CAUSES DE LA DÉPOPULATION DE LA FRANCE

On a invoqué :

Le prétendu excès de la mortalité.

L'insuffisance de la natalité.

Nous allons d'abord prouver que la mortalité n'est pas une cause, même accessoire, de la dépopulation de la France. Puis nous chercherons à démêler les causes, très complexes, de l'extrême insuffisance de la natalité française.

I

LA MORTALITÉ EST MODÉRÉE EN FRANCE

On entend souvent dire que la mortalité est élevée en France; que les pays étrangers savent mieux se défendre contre la mort ; qu'au moyen de dépenses considérables (c'est toujours là qu'il faut aboutir), nous pourrions nous mettre au niveau de la civilisation moderne, etc.

On entend, même dans la bouche de gens très sérieux, l'absurde raisonnement que voici : « Nous ne pouvons rien pour relever la natalité en France; mais diminuons sa mortalité, cela reviendra au même. »

C'est parler comme si nous disposions à notre gré de la vie humaine. Ce n'est pourtant pas le cas. Il est très difficile d'empêcher un homme de mourir; les plus grands médecins n'y parviennent... que rarement. Tandis qu'il est très facile de faire naître un homme : cela est à la portée du dernier manœuvre.

Assurément, une société a le droit de se défendre contre la maladie et contre la mort, et ce devoir n'est pas complètement rempli à notre époque ; beaucoup de morts évitables ne sont pas évitées. Mais la France, à cet égard, n'est pas en retard sur les autres nations. Si l'on a pu croire le contraire, c'est faute d'avoir regardé les chiffres d'assez près.

La mortalité augmente du Nord au Sud.

Une règle générale, dont il faut d'abord se convaincre, est que la mortalité, sauf intervention d'un facteur exceptionnel, va en augmentant à mesure qu'on descend du Nord au Sud. C'est ce qu'on verra par le tableau suivant, dans lequel je supprime, à dessein, la France et la Suisse :

Sur 1.000 habitants, combien de décès en un an (1901-1905) :

Au Nord du 60° lat. . . .	Suède.	15
	Norvège	15
Du 55° au 60° lat. . . .	Danemark	15
	Écosse	17
	Angleterre et Galles. .	16
	Pays-Bas	16
Du 50° au 55° lat. . . .	Belgique	17
	Prusse	20
	Saxe	20
	Bade	20
	Wurtemberg	21
Du 45° au 50° lat. . . .	Bavière.	24
	Suisse	—
	Autriche	24
	Hongrie.	26
Partie au Sud, partie au	France	—
Nord du 45° lat. . . .	Roumanie.	25
	Italie.	22
Au Sud du 45° lat. . . .	Espagne	26
	Serbie	23
	Bulgarie	23

Il suffit de parcourir de l'œil cette colonne de chiffres pour voir avec quelle régularité ils croissent à mesure que l'œil s'abaisse du Nord au Sud.

Cela étant, à combien estimez-vous la mortalité de la Suisse dont la place se trouve entre la Bavière (24) et l'Autriche (24), au sud du Wurtemberg (21) et sur le même niveau que la Hongrie (26) ? N'est-il pas probable qu'elle doit être d'environ 23 ou 24 ? Or, elle n'est que de 18. Cela tient à l'intervention d'un facteur exceptionnel, qui est celui-ci : la Suisse doit à son altitude extraordinaire d'avoir, en dépit de sa latitude, un climat septentrional. On peut dire qu'ici l'exception confirme la règle.

Et quelle est la mortalité que sa latitude fait présumer pour la France? N'est-ce pas au moins 23 ? Or, elle n'a qu'une mortalité de 20. Elle a donc un chiffre faible pour sa latitude. On est donc en droit de dire que la mortalité de la France est modérée, étant donné l'état actuel de la civilisation. Sans doute ce chiffre pourrait descendre encore, mais il est injuste de dire qu'il soit plus défavorable que dans les pays de notre latitude.

On peut adresser au raisonnement qui précède une critique assez judicieuse. On peut lui reprocher de ne tenir aucun compte de l'âge des habitants. Un grand nombre de décès, dans tous les pays, sont fournis par les jeunes enfants ; la France en ayant malheureusement très peu, cette infériorité peut contribuer à lui procurer un avantage qui ne serait qu'apparent.

Faisons donc cette distinction des âges :

Par 1.000 habitants recensés à chaque âge, combien de décès en un an (1886-1895) :

		0-1 AN	1-4 ANS	5-14 ANS	15-24 ANS	25-34 ANS	35-44 ANS	45-54 ANS	55-64 ANS	65-74 ANS	ENSEMBLE
Au nord du 60° lat.	Suède	115	19	5	4	6	8	11	20	45	16
	Norvège	101	20	6	7	8	9	11	19	41	17
Du 55ª au 60° lat.	Danemark	163	20	6	6	7	9	12	24	51	19
	Écosse	143	27	5	6	8	11	17	31	62	19
Du 50° au 55° lat.	Angleterre	175	26	4	5	7	11	17	32	66	19
	Irlande.	117	19	4	6	9	11	15	29	66	18
	Pays-Bas.	195	25	4	5	7	10	13	26	58	20
	Belgique	188	26	4	5	7	10	14	28	61	20
	Prusse	260	32	6	5	7	11	16	31	67	23
Du 45° au 50° lat.	Bade.	312	24	4	6	8	11	16	33	74	23
	Wurtemberg	335	22	5	5	7	11	15	33	73	25
	Bavière.	368	31	5	5	8	11	16	33	75	27
	Suisse	196	17	4	6	8	11	17	33	75	20
	Autriche	315	44	8	8	9	12	18	35	74	28
	Hongrie (1896-1905) .	260	44	9	8	9	11	17	34	74	27
Partie au sud, partie au nord du 45°.	France.	218	27	5	7	9	11	15	29	65	22
	Roumanie	218	59	24	10	13	14	18	27	74	34
Au sud du 45°	Italie.	230	55	7	7	8	10	14	27	71	26
	Espagne (1900-1901).	326	59	7	8	9	11	16	33	81	28
	Serbie (1888-1895). .	152	47	12	12	15	17	23	38	62	28
	Bulgarie (1888-1895).	182	48	12	11	13	13	17	26	45	25

On voit, par ce tableau, qu'à chaque âge la mortalité croît du Nord au Sud, la Suisse et la France continuant d'ailleurs à se distinguer par la modération de leur mortalité. Toutefois, en ce qui concerne les premières années de la vie, l'Allemagne du Sud est frappée par une mortalité considérable dont on ne retrouve l'analogue qu'en Espagne. Au contraire, en ce qui concerne cette première année de vie, la Serbie et la Bulgarie présentent des chiffres très faibles (dont il est peut-être prudent de se défier).

A tous les autres âges, la croissance de la mortalité du Nord au Sud ne souffre que d'insignifiantes irrégularités. Toujours il faut mettre à part la Suisse (en raison de son altitude et du climat qui en résulte) et la France, dont les chiffres sont presque tous plus modérés que ceux des pays de sa latitude.

Concluons que la mortalité de la France est faible étant donnée sa latitude, et étant donné l'état actuel de la civilisation.

Elle diminuera sans doute sous l'influence du progrès, en France comme partout ailleurs, mais non pas plus vite qu'ailleurs. Elle n'est pas une cause de dépopulation. Son abaissement, d'ailleurs, ne rémédierait pas au mal. Ceci sera démontré mieux encore par le chapitre suivant.

II

PARALLÉLISME DE LA MORTALITÉ ET DE LA NATALITÉ

En règle générale, la natalité et la mortalité sont l'une et l'autre élevées dans les mêmes pays. Elles sont faibles l'une et l'autre dans les mêmes pays.

En d'autres termes, lorsque la mortalité est forte dans un pays, sa natalité est forte ; et, réciproquement, lorsque la mortalité est faible, la natalité est faible.

On en peut dire presque autant de la nuptialité ; elle est généralement forte dans les pays où les deux autres mouvements de population sont élevés, et faible dans les autres. Mais cette relation est moins constante que la précédente.

C'est ce qu'on voit par le tableau suivant (traduit en graphique p. 68). Il comprend les principaux pays de l'Europe, excepté la France qui, tout en obéissant aux mêmes lois, est dans une situation toute particulière comme nous le verrons plus loin.

Nuptialité, natalité, mortalité.

MARIAGES, NAISSANCES, DÉCÈS POUR 1.000 HABITANTS EN UN AN

I. — *Pays où la mortalité est faible (1891-1899).*

	Mariages.	Naissances.	Décès.
Angleterre	7,8	30,1	18,2
Écosse	7,1	30,6	18,6
Irlande	4,8	22,8	18,1

	Mariages.	Naissances.	Décès.
Danemark.	7,4	30,3	17,5
Norvège.	6,6	30,5	16,3
Suède.	5,9	27,2	16,3
Finlande	7,0	32,3	19,5
Suisse	7,6	28,7	19,4
Pays-Bas	7,3	32,5	18,4
Belgique	7,8	28,8	19,0

II. — *Pays où la mortalité est élevée.*

	Mariages.	Naissances.	Décès.
Autriche . ·	8,0	37,6	27,0
Hongrie (1891-1900) . . .	8,7	40,6	29,9
Allemagne (1891-1900) . .	8,2	36,1	22,2
Prusse	8,2	37,0	21,9
Bavière (1891-1900) . . .	7,7	36,4	25,3
Saxe	9,1	39,3	24,0
Wurtemberg (1891-1900).	7,3	34,2	23,3
Bade.	7,5	33,1	22,0
Espagne (1891-1900) . . .	7,9	35,1	29,8
Italie (1891-1900).	7,2	34,6	24,1
Russie (1891-1897). . . .	9,1	47,5	36,4
Serbie (1881-1891)	10,9	45,5	25,9
Bulgarie (1890-1899) . . .	8,5	39,3	26,2

Parmi les dix pays dont la mortalité est inférieure à 20, il n'y en a que deux dont la natalité dépasse (et de bien peu) 30; ce sont ceux dont la mortalité atteint presque 20.

Dans les douze pays dont la mortalité dépasse 20, la natalité dépasse largement 30; il n'y en a que trois·où elle soit inférieure (et de bien peu) à 35.

De tous les pays à mortalité faible, celui qui a la mortalité la moins faible est la Finlande ; c'est aussi (avec les Pays-Bas) celui dont la natalité est la moins faible (32). Ce chiffre est largement dépassé par tous les pays à mortalité forte inscrits dans la partie inférieure du tableau.

De ceux-ci, celui dont la natalité est la moins forte est Bade (33); c'est aussi un de ceux dont la mortalité est la moins forte.

· Tous les autres ont une natalité qui dépasse 34 ; la Russie, dont la mortalité atteint le maximum (36,4) a aussi

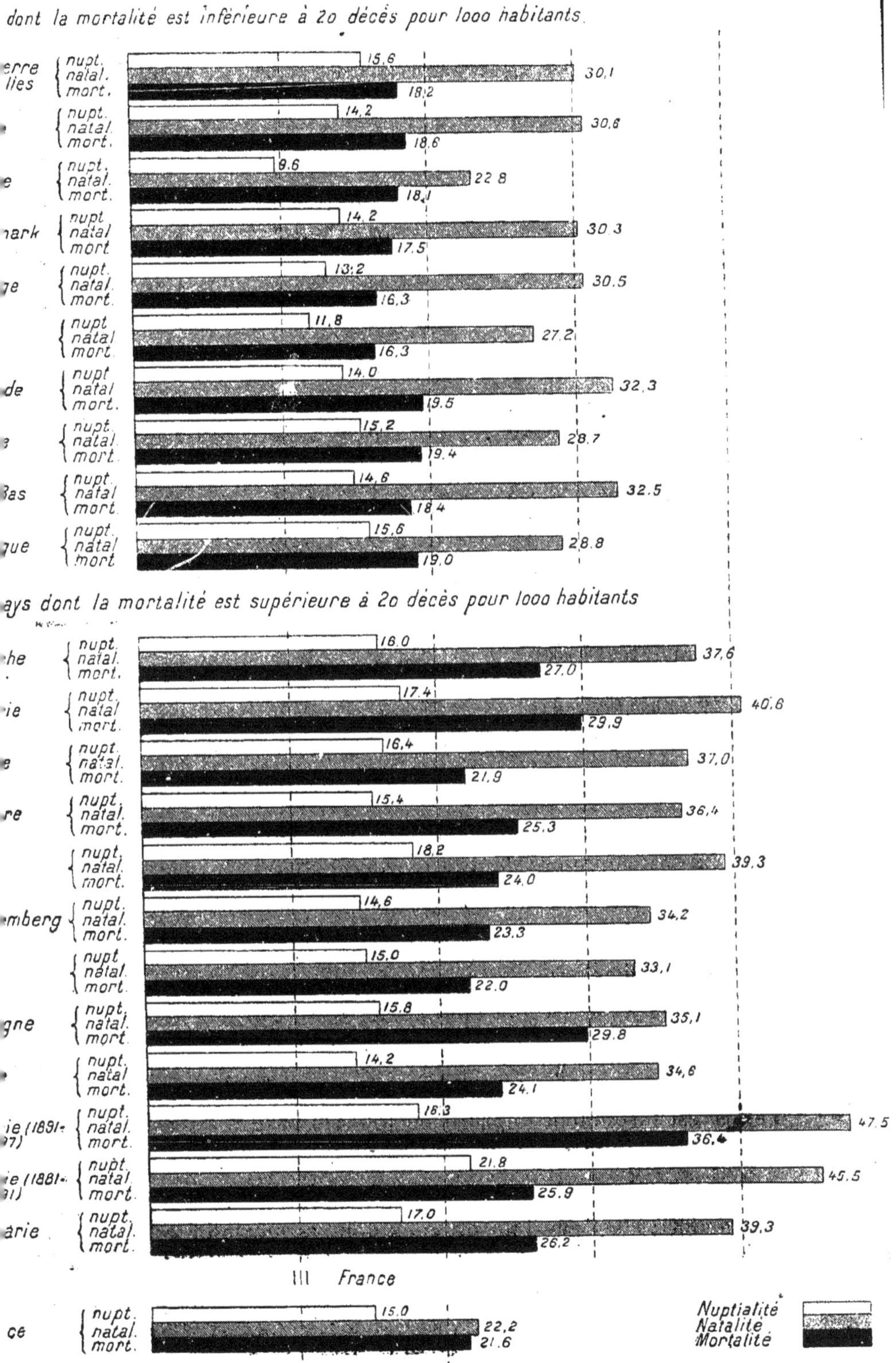

Fig. 4. — Mouvements de population des pays de l'Europe en 1891-1899.

une natalité exubérante; elle atteint le chiffre extraordinaire de 47,5.

Il y a longtemps que cette loi du parallélisme des mouvements de population a été formulée.

L'illustre fondateur de la statistique scientifique, l'astronome Quetelet, écrivait déjà en 1835 :

« ... Une grande mortalité marche généralement de front avec une grande fécondité... Je regrette que l'état actuel de la statistique (1835) ne me permette pas de présenter les observations d'un plus grand nombre de pays.» (*Physique sociale*, tome Ier, liv. II.)

Il étudie ensuite diverses provinces, diverses villes, et conclut ainsi : « Tous ces nombres tendent à prouver qu'il existe un rapport direct entre l'intensité de la mortalité et celle de la fécondité. Le nombre des naissances est réglé par le nombre des décès. »

Il y ajoute, mais plus timidement, le nombre des mariages.

Achille Guillard, le créateur du mot « démographie[1] », et le premier auteur qui en ait écrit un traité, écrivait en 1855 :

« Les naissances sont moins nombreuses où la vie est plus longue, et réciproquement...

« En général, partout où l'espèce humaine est rapidement moissonnée, les mariages et les naissances s'accélèrent à l'envi des décès... On pourrait inscrire, comme résumé de la loi des mouvements de population, cette demande avec sa réponse :

« *D*. Quelle est la localité où l'on trouve le plus d'enfants ?

« *R*. C'est celle où les hommes meurent le plus vite.

« La mort mesure la vie ; la vie mesure la mort. » (*Démographie comparée*, ch. IV.)

---

1. Et d'une partie du vocabulaire de cette science. Les mots *natalité, mortinatalité, table de survie*, etc., ont été créés par lui. J'ai l'honneur d'être son petit-fils.

Voici comment s'exprimait le Dr Bertillon père quelques années plus tard :

« La *concordance des mouvements de la natalité et de ceux de la mortalité* peut s'établir par deux points de départ : tantôt c'est la natalité qui modifie la mortalité générale ; tantôt c'est la mortalité qui stimule la natalité... » (Art. *Natalité*, du *Dict. enc. des Sc. méd.*)

William Farr, l'illustre créateur de la statistique anglaise dresse, en 1872, le tableau suivant dans lequel les districts de l'Angleterre et Galles sont classés suivant l'élévation de leur mortalité [1] (décès annuels pour 1.000 habitants en 1861-1870).

Angleterre et Galles. — *Pour 1.000 vivants :*

Nombre de districts.	Décès.	Naissances.	Excès des naissances.
54	16,7	30,1	13,4
349	19,2	32,2	13,0
142	22,0	35,6	13,6
56	25,1	38,1	13,0
16	27,8	39,1	11,3

On voit que plus les districts ont une mortalité faible, plus leur natalité est faible. L'accroissement de la population reste à peu près constamment la même. W. Farr ajoute ces paroles très remarquables : « Si des mesures d'hygiène venaient à réduire la mortalité des districts dont la mortalité est **22,0**, et l'abaissaient à **19,2**, les naissances seraient réduites dans la même proportion ou plus encore, à savoir de **35,6** à **32,2** ; et si la mortalité était abaissée à **16,7**, la natalité pourrait être réduite comme dans les districts les plus salubres à **30,1**. Les décès perdant **5,3**, les naissances perdent **5,5**, comme on le voit sur le tableau.

«... Ainsi il n'y a pas connexion inévitable entre la

---

1. Le tableau contient, en outre, les villes de Manchester et Liverpool, que nous ne reproduisons pas.

diminution graduelle de la mortalité dans le royaume et l'accroissement plus rapide de la population. »

C'était là une véritable prophétie (voir le diagramme p. 72) :

W. Farr semblait prévoir là ce qui devait arriver dans son pays pendant les trente ans qui suivirent. La mortalité anglaise s'est abaissée de 22 à 18 pour 1.000, et parallèlement la natalité s'abaissait de 35 à 30. Ce sont, à très peu de chose près, les chiffres qu'il annonçait. Ce qu'on voit par les chiffres suivants :

ANGLETERRE ET GALLES. — *Pour 1.000 habitants en un an, combien en un an de :*

	Mariés.	Naissances.	Décès.
1861-70 . . .	16,6	35,2	22,5
1871-80 . . .	16,2	35,4	21,4
1881-90 . . .	14,9	32,5	19,1
1891-1900 . .	15,6	29,9	18,2

Il faut remarquer — car c'est très important — que cette diminution de la mortalité concerne tous les âges, du moins jusqu'à 45 ans (voir le diagramme p. 73).

ANGLETERRE ET GALLES. — *Pour 1.000 vivants de chaque âge[1], combien de décès en un an :*

	0-5 ans.	5-10 ans.	10-15 ans.	15-20 ans.	20-25 ans.	25-35 ans.	35-45 ans.	45-55 ans.	55-65 ans.	65-75 ans.
SEXE MASCULIN										
1861-70 . .	73,5	8,2	4,5	6,2	8,5	9,9	13,5	19,2	33,1	67,1
1871-80 . .	68,5	6,7	3,7	5,3	7,4	9,4	13,8	20,1	34,9	69,7
1881-90 . .	61,6	5,4	3,0	4,3	5,7	7,8	12,4	19,4	34,7	70,4
1891-1900 .	60,8	4,2	2,4	3,8	5,2	7,0	11,9	19,4	35,8	69,0
SEXE FÉMININ										
1861-70 . .	63,7	7,8	4,5	6,7	8,0	9,7	12,1	15,6	27,9	59,1
1871-80 . .	58,4	6,3	3,7	5,5	6,8	8,6	11,6	15,6	28,7	61,0
1881-90 . .	52,0	5,3	3,1	4,4	5,5	7,4	10,6	15,1	28,5	60,4
1891-1900 .	50,9	4,2	2,5	3,7	4,6	6,3	9,9	14,9	29,0	60,0

Ainsi, nous voyons que les auteurs ont reconnu la réa-

1. 63[d] *Annual Report* of the R. G.

lité de ce parallélisme, dont nous donnerons d'ailleurs de nouvelles preuves un peu plus loin. Ils ont seulement différé sur l'explication à en donner.

Quelques-uns ont voulu y voir une atténuation providentielle à la terrible loi de Malthus. La nature n'expulse pas du banquet de la vie ceux qui se présentent en surnombre pour y prendre place ; elle emploie un procédé plus doux : elle ne les fait pas naître. « Ce n'est pas seulement la mort qui est chargée de contenir la population dans les limites des subsistances; la nature n'impose pas impitoyablement aux femmes les douleurs de la maternité trompée et de l'enfantement improductif;mais elle se charge aussi de régler les conceptions et les naissances, par une loi plus bienfaisante... » (Achille Guillard, *Démogr. comparée*, p. 323.)

D'autres explications, purement numériques, peuvent être invoquées sans être d'ailleurs suffisantes :

Une natalité qui serait très élevée causerait une élévation de la mortalité générale sans même que les chances de mort à chaque âge fussent plus grandes ; en effet, puisque cette population contiendrait beaucoup d'enfants, elle compterait un nombre absolu de décès infantiles plus élevé (il n'est pas nécessaire pour cela que la mortalité de ces enfants soit

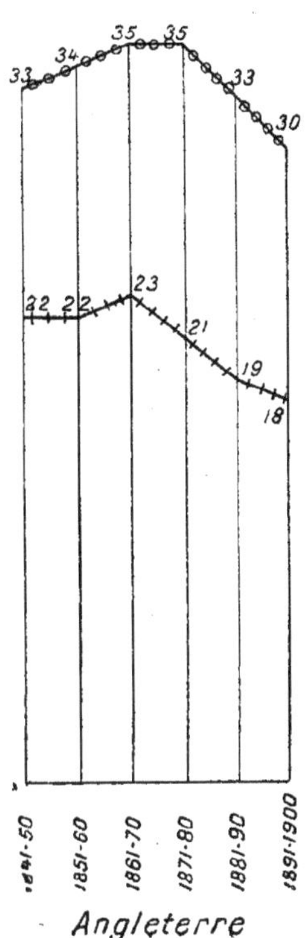

Fig. 5. — ANGLETERRE ET GALLES. — Variations de la natalité et de la mortalité dans les soixante dernières années du XIX° siècle. — Sur 1.000 habitants, combien de naissances, combien de décès par an, dans chacune des 6 périodes décennales indiquées (1841-1900) ?

plus forte), ce qui chargerait d'autant la mortalité générale.

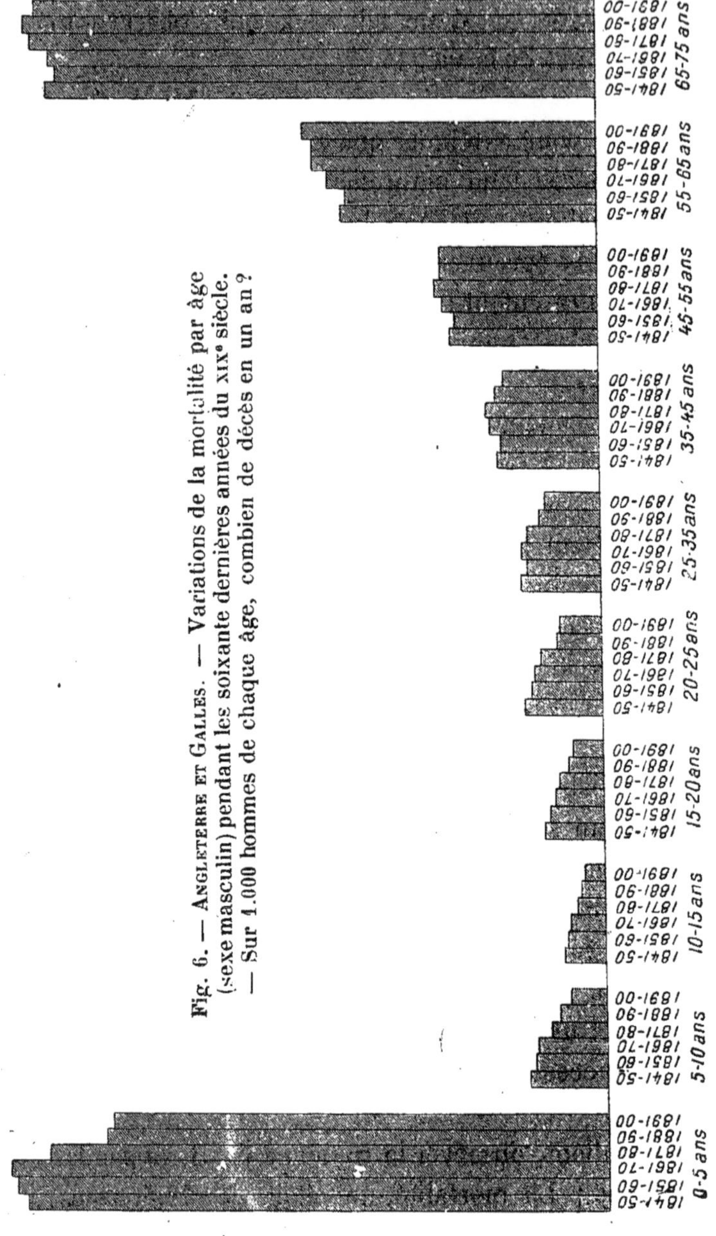

Fig. 6. — ANGLETERRE ET GALLES. — Variations de la mortalité par âge (sexe masculin) pendant les soixante dernières années du XIXe siècle. — Sur 1.000 hommes de chaque âge, combien de décès en un an ?

Pour vérifier la valeur de cette explication, il suffit de substituer l'étude de la mortalité par âge à celle de la mortalité générale. C'est ce que nous avons déjà fait plus haut pour l'Angleterre. Nous avons vu ainsi que l'abaissement de la mortalité y est un fait réel, qui s'observe même à tous les âges de la vie.

Voici une explication plus simple, et, à notre avis, meilleure, pour expliquer que « la mort règle la vie » :

Tout décès tend naturellement à provoquer une naissance, quel que soit l'âge du décédé. S'agit-il d'un enfant ? Ses parents éprouvent le besoin de reporter leur tendresse sur un autre enfant ; nous avons, en France notamment, des exemples nombreux de ce fait. S'agit-il d'un adulte ? Sa mort laisse un emploi vacant ; elle permet donc la création d'un nouveau ménage et la naissance de nouveaux enfants. S'agit-il d'un vieillard enfin ? Même conclusion, car, s'il est pauvre, sa mort enlève à ses enfants une charge qui les empêchait peut-être de se marier ; s'il est riche, son héritage facilite leur établissement et leur mariage. Ainsi, on comprend la relation assez étroite qui existe entre la natalité et la mortalité, et, aussi, la relation qui existe entre elles et la nuptialité[1].

Ainsi s'explique que l'abaissement de la mortalité entraîne l'abaissement de la natalité. L'Angleterre nous en a fourni un exemple d'autant plus remarquable qu'il avait été, en quelque sorte, prédit à l'avance.

Entre beaucoup d'autres exemples, nous en choisirons trois : ils sont empruntés, l'un à un pays à forte mortalité (la Saxe), un autre à un pays à faible mortalité (la Suède), et un troisième à un pays que la législation a fait passer successivement par ces diverses alternatives (la Bavière).

Nous allons observer le royaume de Saxe pendant soixante ans ; La mortalité, qui était de 28,5 décès pour 1.000 vivants pendant la première période décennale

---

1. O mort ! sœur aînée des amours ! (Proudhon).

(1841-1850) se maintient à 27,1. La natalité (toujours énorme en Saxe) se maintient de même.

Mais ensuite, pendant *vingt ans* (1851-1870), la mortalité augmente (elle passe de 27 à 29) : la natalité augmente aussi (elle passe de 39 à 40 puis à 43).

Puis, pendant trente ans (1871-1900), la mortalité baisse (elle passe de 29 à 28 puis à 24) ; la natalité baisse aussi, de 43 à 39, c'est-à-dire qu'elle revient à ce qu'elle était en 1851-1860.

La nuptialité a suivi, mais d'assez loin, les mêmes alternatives. Elle a augmenté jusque vers 1870, pour baisser légèrement ensuite.

Il est intéressant d'étudier les mouvements de la mortalité saxonne âge par âge. On pourrait supposer en effet que l'élévation de la mortalité générale pendant la période 1871-1890 (époque de forte natalité) n'est qu'une apparence due à l'existence de nombreux enfants. L'analyse de la mortalité par âges fait voir qu'il n'en a pas été ainsi, et que la mortalité s'est réellement élevée pendant cette période, de même qu'elle s'est réellement abaissée pendant les 10 années suivantes.

C'est ce que montrent les chiffres suivants :

Voici, tout d'abord, ce qui concerne la première enfance :

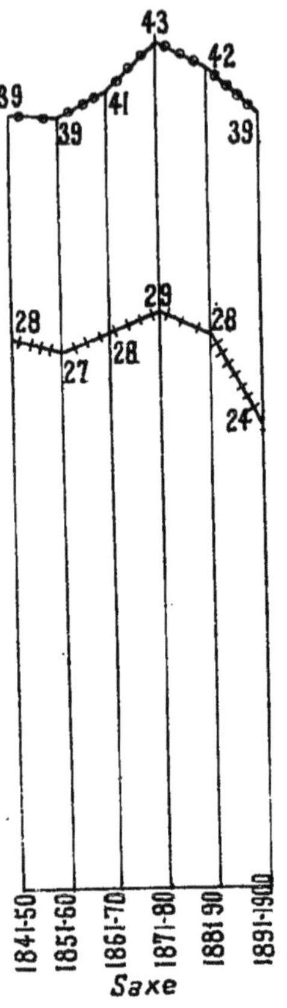

Fig. 7. — ROYAUME DE SAXE. — Variations de la natalité et de la mortalité dans les soixante dernières années du XIXᵉ siècle. — Sur 1.000 habitants, combien de naissances (ligne supérieure), combien de décès (ligne inférieure), par an, dans chacune des 6 périodes décennales indiquées (1841-1900) ?

SAXE. — *Sur 1.000 nés vivants, combien de décès de 0 à 1 an* [1] :

1841-45	262,6	261,5
1846-50	260,0	
1851-55	253,3	254,8
1856-60	256,2	
1861-65	270,1	267,2
1866-70	264,5	
1871-75	286,6	282,1
1876-80	278,1	
1881-85	282,2	282,2
1886-90	282,2	
1891-95	280,0	272,3
1896-1900	265,3	

Les autres âges sont groupés ainsi qu'il suit par les documents saxons pour la période 1841-70 :

SAXE. — *Sur 1.000 vivants de chaque âge, combien de décès en un an :*

	0-14 ans.	14 ans et plus.
1841-50	47,6	19,4
1851-60	45,3	18,5
1861-70	48,3	18,4
1871-75	52,8	18,3

Voici plus de détails pour les trente dernières années :

SAXE. — *Sur 1.000 habitants de chaque âge, combien de décès en un an :*

	1872-80.	1881-90.	1891-1900.
0-5	111,5	113,0	96,1
5-10	7,4	7,4	4,6
10-15	3,0	2,9	2,1
15-20	4,4	4,2	3,4
20-25	7,0	6,9	5,5
25-30	8,3		
30-35	9,7	10,1	7,7
35-40	11,1		
40-45	13,0	13,7	11,9
45-50	15,9		

1. Rapports calculés selon la formule $\dfrac{D}{P + \dfrac{D}{2}}$

	1872-80.	1881-90.	1891-1900.
50-55	20,6	23,4	20,6
55-60	28,6		
60-65	41,3	46,9	43,7
65-70	62,5		
70-75	90,0	106,5	98,9
75-80	156,7		
80-ω	219,3	206,0	203,0

On voit que la mortalité des adultes a baissé assez sensiblement de la période 1841-50 à
la période 1851-60 ; puis elle
est restée stationnaire pendant
vingt-cinq ans, pour décroître
pendant le dernier quart de
siècle.

Nous venons d'étudier un pays
où la nuptialité, la natalité et la
mortalité sont très élevées.

En voici un autre où elles sont
très faibles :

La Suède voit sa mortalité
décroître régulièrement depuis
près d'un siècle ; elle décroît à
tous les âges ; elle est aujour-
d'hui, avec la Norvège, le pays
de l'Europe où la mortalité est
la plus faible (elle a été successivement 22-20-18-17-16).

Cette diminution progressive
s'accompagne d'une diminution
parallèle de la nuptialité (qui est,
aujourd'hui, après celle de l'Ir-
lande, la plus faible qu'il y ait en Europe) et de la natalité
(33-31-30-29-27).

La mortalité a perdu 6 points ; la natalité perd aussi

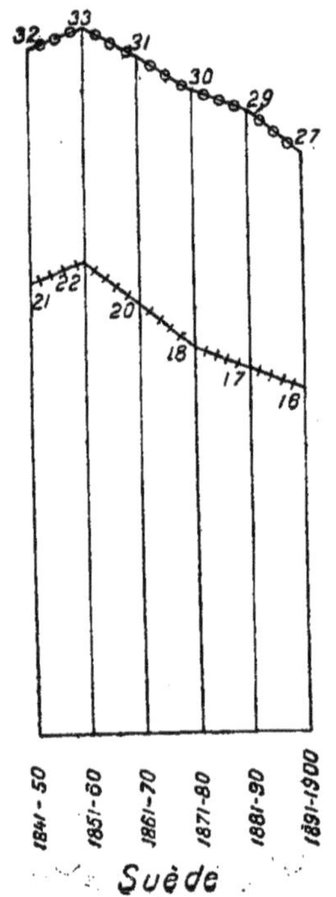

Fig. 8. — SUÈDE. — Variations
de la natalité et de la mortalité dans les soixante dernières années du xixe siècle.
— Sur 1.000 habitants, combien de naissances, combien
de décès dans chacune des
6 périodes décennales indiquées (1841-1900) ?

6 points. Le tableau suivant analyse la mortalité par âges :

SUÈDE. — *Sur 1.000 habitants de chaque âge, combien de décès en un an :*

	Tout âge.	0-10 ans.	10-20 ans.	20-30 ans.	30-40 ans.	40-50 ans.	50-60 ans.	60 ans et plus.
1841-50 . . .	20,6	34,4	4,6	6,7	9,9	14,5	23,6	73,6
1851-60 . . .	21,7	38,2	5,5	7,2	10,0	14,3	23,4	71,0
1861-70 . . .	20,1	35,1	4,5	6,4	9,3	12,0	20,3	68,8
1871-80 . . .	18,3	31,7	4,4	6,7	8,2	10,7	17,0	60,9
1881-90 . . .	16,9	26,8	4,3	6,1	7,1	9,5	15,1	54,6
1891-1900 . .	16,3	22,0	4,1	6,1	7,1	8,8	14,1	56,6

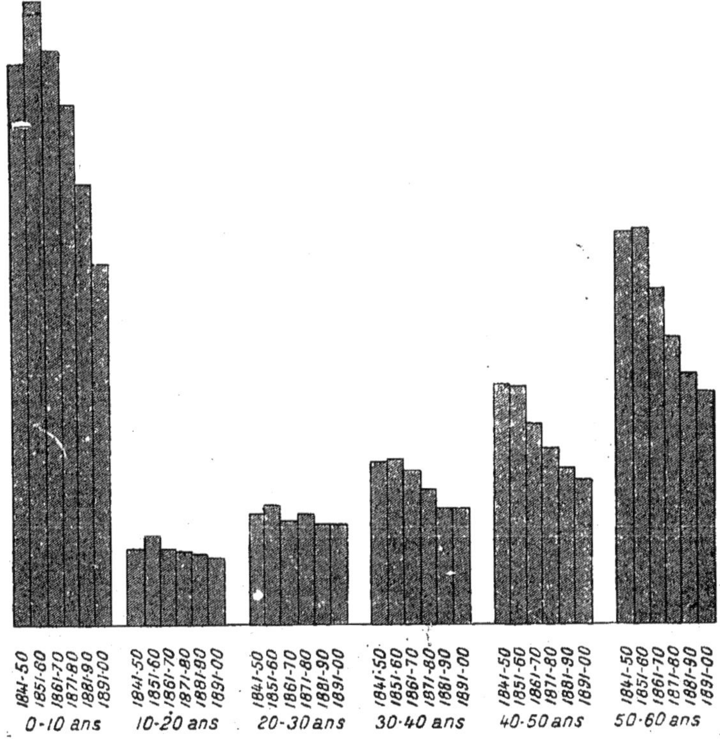

Fig. 9. — SUÈDE. — Variations de la mortalité par âges pendant les soixante dernières années du XIXe siècle.

On voit que la mortalité a diminué *à tous les âges*. Sauf une légère augmentation avant 40 ans pour la période

1851-60, cette diminution a été progressive et régulière.

En ce qui concerne spécialement l'enfance, voici quelques chiffres complémentaires :

SUÈDE. — *Pour 1.000 naissances vivantes, combien de décès de 0 à 1 an :*

1841-50	153,1
1851-60	146,0
1861-70	138,9
1871-80	129,9
1881-90	110,5
1891-1900	101,6

La Bavière présente un exemple encore plus curieux.

La législation bavaroise, en vertu d'idées philanthropiques mal conçues, interdisait autrefois le mariage des pauvres. La nuptialité était faible ; la natalité (en partie illégitime) était faible ; la mortalité, faible aussi. Cela dura pendant les 20 premières années observées.

Cette loi fut abrogée (partiellement par la décision ministérielle du 28 mai 1862, entièrement par la loi du 16 avril 1868). Aussitôt la nuptialité s'élève, la natalité s'élève considérablement (de 7 points), la mortalité s'élève (de 3 points). Cela dure vingt ans.

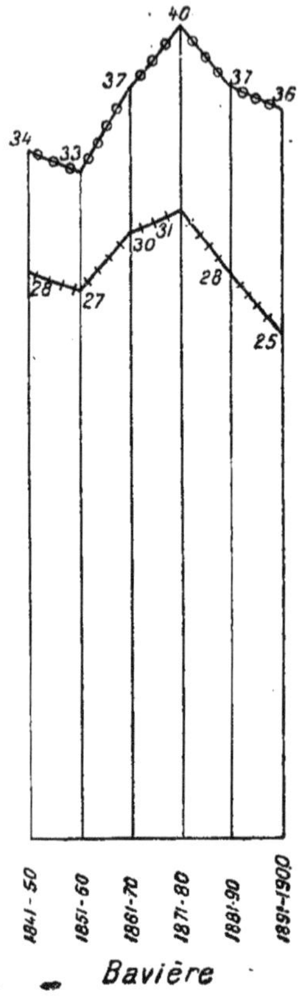

Fig. 10. — BAVIÈRE. — Variations de la natalité et de la mortalité pendant les soixante dernières années du XIXᵉ siècle. — Sur 1.000 habitants, combien de naissances, combien de décès en un an, pendant chacune des périodes décennales indiquées (1841-1900) ?

Puis la mortalité s'abaisse beaucoup (de 6 points) ; la nuptialité s'abaisse, la natalité s'abaisse (de 4 points). Toujours la natalité et la mortalité varient dans le même sens.

Cet exemple est d'autant plus remarquable qu'il montre

comment une loi mal faite peut arrêter l'essor de la population [1]. Pendant les vingt ans où nous observons l'effet de cette loi, l'accroissement de la population n'était que de 5 p. 1.000 ; elle est abrogée ; aussitôt ce chiffre double, il est aujourd'hui de 11.

Ici, encore, l'analyse de la mortalité par âge est intéressante. Voici, tout d'abord, les chiffres qui concernent la première année de la vie :

---

1. Voici quelques détails sur cette loi qui fut abrogée le 16 avril 1868. *Elle n'a jamais existé en Bavière rhénane.* Jusqu'en 1825, elle ne s'appliquait qu'à la vieille Bavière (Haute et Basse-Bavière, Haut-Palatinat), à l'exclusion de la Souabe et des trois Franconies.

Le principe de cette loi existe depuis 1616. Les lois du 3 mars 1780, du 12 juillet 1808, du 11 septembre 1825, du 1er juillet 1834 l'ont modifiée, généralement en l'aggravant.

En vertu de la loi de 1825 qui étendit l'action de la loi à toute la rive droite du Rhin, on ne pouvait donner l'autorisation du mariage à aucun régnicole, à moins qu'il n'eût des titres à l'élection d'un domicile (*Ansæssigmachung*); celle-ci, elle même, ne s'obtenait que sous l'une des conditions suivantes : 1° un bien foncier libre d'hypothèque garantissant le paiement d'un impôt minimum de 45 kreuzers de 1825 à 1834 (porté en 1834 à un chiffre variant suivant les cas de 1 à 6 florins); 2° la possession d'une industrie ; 3° un moyen d'existence assuré (le texte allemand est beaucoup plus long). La loi de 1834 permet l'élection de domicile (et le mariage) lorsque les moyens d'existence sont assurés par un salaire, mais donne, dans ce cas, aux communes un droit de *veto* absolu (justifié, croyait-on, par le devoir d'assistance imposé aux communes).

Une résolution du Landtag (10 novembre 1861) abolit les entraves apportées par l'édit du 10 juin 1813 à l'élection du domicile des Israélites et à leurs industries, et prit en considération les propositions tendant à faciliter l'élection de domicile (et par suite le mariage) des autres Bavarois.

Une décision ministérielle du 28 mai 1862 fut rendue dans le même sens. Elle décida que pour tous les journaliers (*Taglœhnern*), ouvriers et domestiques, on pourrait considérer les moyens d'existence comme assurés par la capacité, l'activité et l'esprit d'épargne (*Tüchtigkeit, Fleiss und Sparsamkeit*). Une « instruction » du 21 avril 1862 avait déjà recommandé de faciliter les autorisations d'établir un métier (et par suite l'élection de domicile et le mariage).

La loi de 1834 fut entièrement abolie par la loi du 16 avril 1868 (en vigueur seulement à partir du 1er septembre 1868).

BAVIÈRE. — *Sur 1.000 naissances vivantes, combien de décès de 0 à 1 an* [1] :

1840-45.	296
1845-50.	299
1850-55.	307
1855-60.	313
1860-65.	332
1865-70.	321
1871-75.	321
1876-80.	298
1881-85.	287
1886-90.	280
1891-95.	272
1896-1900.	257

De 1840 à 1855, la mortalité infantile reste à peu de chose près stationnaire.

En 1860-1865, elle s'élève brusquement, et reste très élevée jusqu'en 1875, puis elle diminue lentement, tout en restant fort élevée.

L'imperfection des anciens dénombrements bavarois jusqu'en 1871 ne nous permet pas d'analyser la mortalité des autres âges avec le détail désirable. Voici pourtant quelques chiffres :

BAVIÈRE. — *Sur 1.000 habitants de chaque âge, combien de décès annuels* :

	De 0 à 14 ans.	De plus de 14 ans.
1840-50..	48,0	19,4
1850-60..	49,6	19,5
1860-70..	62,1	19,1
1871-75..	56,3	21,

On voit que la mortalité n'a guère varié au delà de quatorze ans.

Pour les périodes suivantes, nous avons plus de détails :

1. *Zeitschrift des Bayerischen Statistichen Bureau*, 1898, p. 286. Jusqu'en 1870, l'année démographique s'arrêtait en octobre.

BAVIÈRE. — *Sur 1.000 vivants de chaque âge, combien de décès en un an :*

	1871-75.	1876-80.	1881-85.	1886-90.	1891-95.	1896-1900.
1-5. . . .	131,1	119,8	111,7	108,2	103,3	92,0
6-10.. . .	8,2	6,4	7,6	6,5	5,9	3,6
11-20.. . .	4,1	3,4	3,6	3,6	3,6	3,0
21-30.. . .	8,5	7,5	7,1	7,1	6,5	6,0
31-40.. . .	11,0	10,0	10,0	9,9	9,2	8,4
41-50.. . .	14,8	13,2	13,3	13,2	12,8	12,1
51-60.. . .	24,8	23,1	22,5	22,5	21,9	21,3
61-70.. . .	53,0	49,7	49,0	50,2	48,5	46,4
71-80.. . .		117,1	115,2	116,0	114,3	
81-90.. . .	138,8	262,2	259,8	253,7	255,9	131,3
91 et plus.		580,1	508,3	488,6	498,0	
	31,8	29,9	28,7	27,7	26,5	24,1

On voit que, depuis trente ans, la mortalité a diminué à tous les âges.

Ces chiffres s'expliquent assez facilement. En 1862, l'abrogation partielle de la loi restrictive du mariage permet la conclusion d'un grand nombre de mariages pauvres. Les enfants très nombreux qui en proviennent sont pauvres et soumis à une mortalité élevée ; cependant la grande majorité survit, et la population se développe rapidement. Nous avons une mortalité infantile élevée, mais il n'y a aucun motif pour que la mortalité des adultes s'accroisse et en effet elle reste la même. En résumé, pendant cette période, c'est l'élévation de la natalité qui a amené une élévation de la mortalité parce que la « vie règle la mort ».

Le progrès du bien-être, de l'instruction, de la civilisation et de l'hygiène abaisse ensuite la mortalité à tous les âges. Aussitôt la natalité baisse, parce que « la mort règle la vie ».

Nous voyons donc successivement la natalité exciter la mortalité, puis l'abaissement de la mortalité entraîner l'abaissement de la natalité.

Notre tableau (voir l'*Annexe*, p. 310) permet de multiplier, autant qu'on peut le désirer, les exemples de parallélisme des mouvements de population.

Nous consacrons des diagrammes aux principaux pays.

Un regard jeté sur ces diagrammes montrera la constance de la loi du parallélisme des mouvements de population [1] :

En *Autriche*, la mortalité augmente très légèrement pendant trente ans (31, 31, 32) ; la natalité augmente aussi (37, 38, 39). Puis toutes deux diminuent (mortalité : [32], 30, 27 ; natalité : [39], 38, 37).

En *Prusse*, le mortalité reste stationnaire pendant trente ans (26, 26, 26) tandis que la natalité augmente un peu (37, 38, 39), puis la mortalité diminue rapidement, la natalité diminuant aussi, mais plus lentement.

En *Wurtemberg*, la natalité s'étant accrue beaucoup pendant trente ans (36, 41, 43), la mortalité a eu la même tendance (29, 31, 31), puis les deux ont baissé (mortalité : [31], 26, 23 ; natalité : [43], 36, 34). *Bade* présente des mouvements tout à fait analogues.

Nous avons suffisamment parlé de la Bavière et de la Saxe.

1. Le lecteur remarquera que nous n'avons voulu considérer que des périodes d'observation très longues, en général, un demi-siècle. De plus, chacun de nos chiffres se rapporte à une période décennale.

L'observation des années isolées, ou même des périodes quinquennales, n'aurait pas été aussi propre à cette étude. Une année mauvaise (guerre, épidémie, disette, crise commerciale grave) présente le plus souvent beaucoup de décès, peu de mariages, et ensuite peu de naissances ; elle est suivie d'une période de réparation (peu de décès, beaucoup de mariages et ensuite beaucoup de naissances) qui fait compensation. Ainsi le parallélisme des mouvements de population ne s'observe pas dans les années isolées, bien au contraire. Lorsque l'on considère des périodes décennales, ces variations annuelles disparaissent et les tendances générales de la population apparaissent plus nettement.

Un observateur qui contemple une mer agitée peut sans doute noter les variations de niveau que produisent chacune des vagues qui déferlent devant lui. Mais, s'il veut se rendre compte du phénomène de la marée, il doit faire abstraction de ces faits passagers, et prolonger beaucoup plus longtemps la durée de son observation.

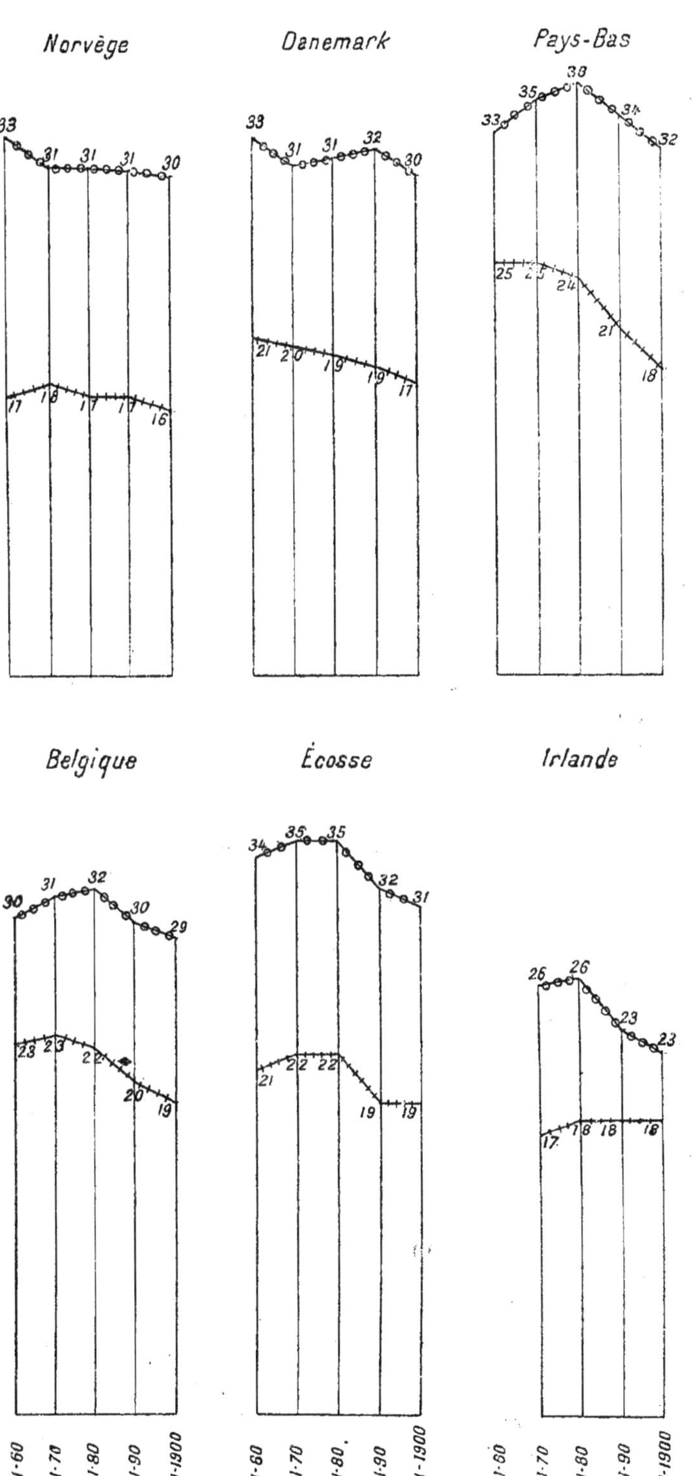

Fig. 11 à 16. — Variations de la natalité et de la mortalité pendant la seconde moitié du XIX° siècle.

Sur 1.000 habitants combien de naissances (ligne supérieure), combien de décès (ligne inférieure) en un an, pendant chacune des cinq périodes décennales indiquées au bas de la page.

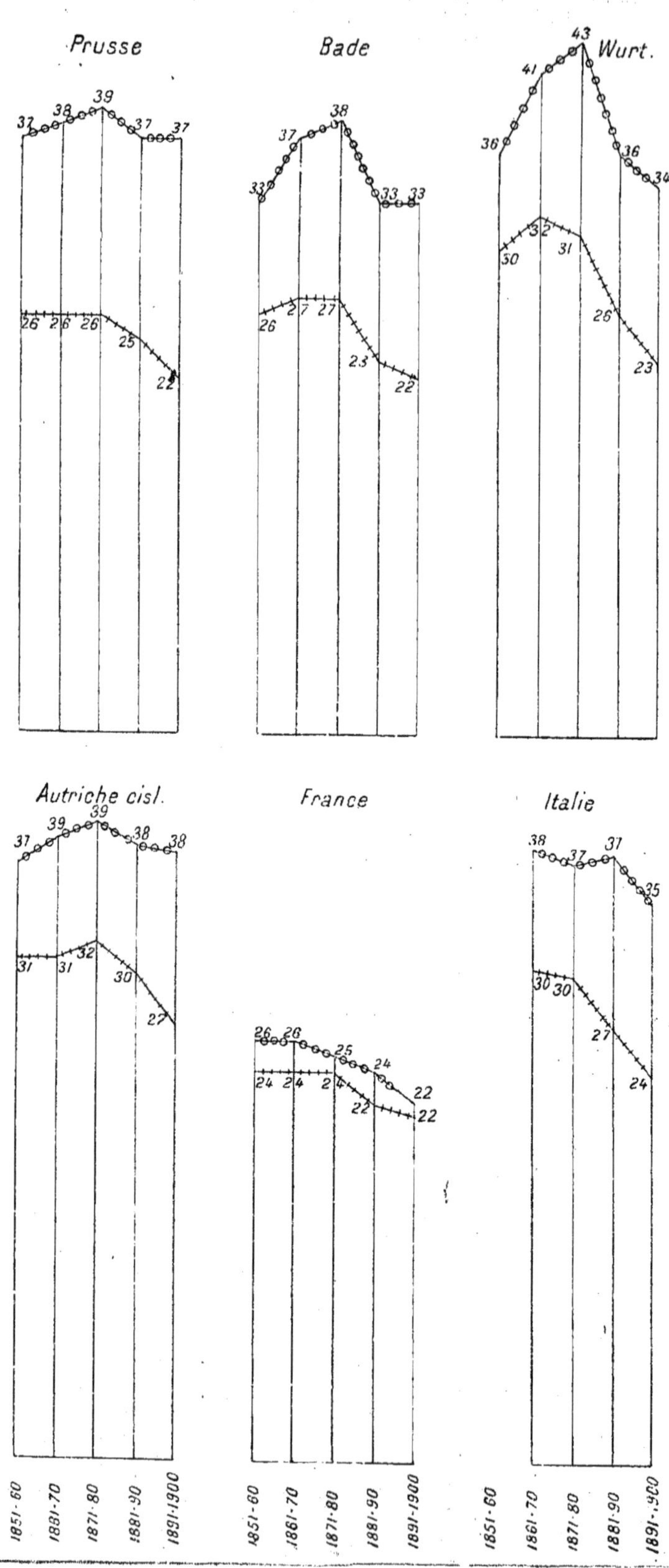

Prusse
Bade
Wurt.
Autriche cisl.
France
Italie
1851-60
1861-70
1871-80
1881-90
1891-1900

En *Italie*, la période d'observation est plus courte : la mortalité y a baissé de plus en plus vite ; la natalité, d'abord stationnaire, a fini par suivre le mouvement.

Nous avons suffisamment parlé de l'Angleterre et de la Suède. En *Écosse*, le parallélisme de la mortalité et de la natalité est parfait. En *Norvège* aussi, toutes deux ayant une légère tendance à la diminution.

En *France*, enfin, les deux diminuent simultanément en sorte que la loi du parallélisme s'y observe comme ailleurs, mais la natalité décroît avec une rapidité tout à fait anormale. En *Irlande*, la natalité décroît également très vite, et la mortalité, qui est d'ailleurs très modérée, reste stationnaire. Il y a pourtant une très grande différence entre l'Irlande et la France : en Irlande, les mariages existants sont au moins aussi féconds qu'ailleurs, mais les mariages sont très rares. En France, les mariages sont nombreux, mais stériles.

On voit donc la réalité de cette loi générale : si la mortalité est forte, la natalité est forte. Si la mortalité est faible, la natalité est faible. Si la mortalité s'élève, la natalité s'élève ; si la mortalité s'abaisse, la natalité s'abaisse.

On peut comparer une société humaine à un bassin d'une capacité donnée[1], et muni d'un flotteur, de façon à le tenir toujours rempli d'eau. Il y a un robinet d'entrée (c'est la natalité et l'immigration) ; mais il ne s'ouvre que dans la mesure où est ouvert le robinet de sortie (ce robinet de sortie c'est la mortalité et l'émigration). Impossible d'ouvrir l'un sans ouvrir l'autre.

Cette conclusion ne doit-elle pas rendre très modestes ceux qui croient pouvoir augmenter la population de la France en diminuant sa mortalité ?

Admettons que nous puissions en effet diminuer la mortalité dans une mesure appréciable. L'histoire de l'Europe

---

1. Mais qui peut et doit s'agrandir avec le temps, grâce au travail humain (progrès de l'agriculture, essor de l'industrie, etc.).

entière suivie pendant soixante ans nous montre que cette diminution de la mortalité sera suivie d'une diminution à peu près parallèle de la natalité. C'est la prédiction que faisait William Farr pour l'Angleterre en 1872. Elle s'est vérifiée, à la lettre, pour ce pays (p. 70).

Elle s'est vérifiée pour tous les autres.

Il n'y a aucune raison pour que la France échappe à la loi commune.

On pourrait même aller plus loin :

Si les enfants débiles, si les enfants et adultes tuberculeux qu'on espère conserver à la vie, étaient en effet sauvés de la mort, la population contiendrait un plus grand nombre de valétudinaires (cela est évident), mais elle ne serait pas plus nombreuse (cela est démontré par les chiffres que nous venons d'analyser).

On peut comparer encore une société humaine à une forêt d'une étendue déterminée. Dès que le bûcheron fait des clairières dans la forêt, les rejets et les stolons bourgeonnent de toutes parts, et la forêt se reconstitue[1], sans qu'on ait à s'occuper de son peuplement. S'il en est autrement, c'est qu'il y a quelque vice, quelque germe malfaisant qui contrarie l'effet bienfaisant de la nature. Il faut alors que le forestier recherche cette cause de stérilité et la supprime ; qu'il éloigne la dent dévastatrice des chèvres et les autres animaux nuisibles qui détruisent les jeunes pousses de sa forêt. Mais que dire de celui qui, contre un pareil malheur, n'imaginerait autre chose que d'écarter la hache du bûcheron et de conserver ses arbres indéfiniment ! Il n'arriverait qu'à vieillir inutilement sa futaie, et, finalement, serait vaincu dans cette lutte contre la mort ; car la loi des sociétés vivantes, des forêts comme des nations, c'est le renouvellement perpétuel des êtres.

---

1. Avec autant d'arbres qu'auparavant — et même avec plus d'arbres (car il faut admettre, si l'on veut poursuivre la comparaison, que la fertilité de cette forêt peut s'accroître grâce au travail de l'homme).

L'œuvre impossible tentée par ce forestier ignorant n'est autre que celle que conseillent des médecins trop confiants dans leur art.

La lutte, d'ailleurs très nécessaire, qu'ils veulent soutenir contre la mort, pourra, sans doute, conserver un certain nombre de malheureux dont la fin prématurée doit nous toucher. Mais elle n'a, au point de vue du chiffre de la population, à peu près aucun intérêt. Outre qu'elle ne peut abaisser la mortalité que d'une quantité peu importante, cet abaissement même de la mortalité n'aurait probablement d'autre effet que de diminuer encore le nombre des naissances.

Cela montre une fois de plus qu'une réduction de la mortalité, si importante qu'on veuille bien l'espérer, ne peut pas contribuer sérieusement à sauver notre pays du mal qui le ronge.

Nous avons vu (page 6) qu'il manque à la France pour qu'elle conserve son rang actuel dans le monde, 450.000 existences annuelles par an. Cherchons ce que nous donne un abaissement de la mortalité, dans l'hypothèse la plus favorable :

Le nombre moyen des décès en 1906[1] a été de 780.196, dont 354.702 concernant des individus de plus de soixante ans, et 76.692 autres, des individus de cinquante à soixante ans.

Restent 348.802 décès plus ou moins prématurés. Ce chiffre n'est-il pas l'éloquente démonstration de notre impuissance, car il est parfaitement évident que ce n'est pas là que nous trouverons les 450.000 existences annuelles qui manquent à notre pays.

Mais, dira-t-on, ce chiffre comprend 115.752 décès d'enfants de moins d'un an dont une partie, s'ils étaient mieux soignés par des parents plus instruits, plus intelli-

---

1. Dernière année publiée, analogue d'ailleurs aux précédentes.

gents et plus aisés, ne mourraient pas. Supposons que ce soit faisable. Il n'en est pas moins vrai que, si forte qu'on rêve l'économie de vies à faire, même si on la supposait du tiers ou même, par impossible, de la totalité, ce ne serait qu'un appoint insignifiant à la tâche redoutable qui s'impose à nos contemporains !

Mais la loi du parallélisme des mouvements de population ne nous autorise même pas à espérer ce faible appoint. Elle nous montre que, toutes choses égales d'ailleurs, une diminution de mortalité serait suivie d'un nouveau recul de la natalité :

Dans le Gers, dans le Lot-et-Garonne, dans l'Yonne, dans un grand nombre d'autres départements, on compte ordinairement trois décès pour deux naissances[1], c'est-à-dire que la règle moyenne est la suivante : les deux parents meurent après avoir procréé deux enfants dont l'un meurt avant de s'être reproduit (ce qui fait bien trois décès pour deux naissances) ; le deuxième enfant n'est en quelque sorte que le remplaçant du premier. Sauvez celui-ci de la mort, vous empêcherez l'autre de naître ; la population n'y aura rien gagné.

Il faut donc nous attacher surtout à relever la natalité française. C'est de son insuffisance seule que vient notre faiblesse ; c'est seulement de son relèvement à un niveau normal que dépend notre salut.

Ceci nous explique l'erreur si répandue qui consiste à croire que la dépopulation atteint tous les pays.

Ceux qui daignent appuyer cette erreur sur quelques chiffres remarquent que la natalité (sur 1.000 habitants combien de naissances) diminue partout.

Mais ils oublient d'ajouter que la mortalité diminue d'autant. Elle diminue même un peu plus vite, en sorte

---

1. Ainsi, en 1906 : Gers, 3.503 naissances 4.797 décès ; Lot, 3.544 naissances, 5.155 décès, etc.

que (voir p. 3 et p. 310) le taux d'accroissement de la population n'a jamais été si élevé qu'à notre époque (partout excepté en France).

Nous résumerons ce chapitre ainsi :

Dans tous les pays, excepté en France,

Sous l'influence des progrès de la civilisation (suppression des disettes, etc.), la mortalité a baissé depuis un demi-siècle.

Cet abaissement de la mortalité s'est accompagné d'un abaissement de la natalité (qui en a été la conséquence, car nous avons vu que l'un ne va pas sans l'autre).

Il en résulte que l'accroissement de la population ne s'est arrêté nulle part, bien au contraire (excepté en France qui seule fait une lamentable exception).

D'ailleurs, le nombre absolu des naissances va partout en grandissant rapidement (tandis qu'il diminue en France).

Tout compte fait, l'accroissement de la population n'a jamais été aussi rapide qu'à notre époque (excepté en France où il est nul).

Pourtant la mortalité française, nous l'avons vu, est modérée ; elle est plus faible que celle des pays de sa latitude.

C'est donc uniquement au défaut de naissances qu'est due la dépopulation de la France.

Nous allons rechercher les causes de cette rareté des naissances.

III

L'ABAISSEMENT DE LA NATALITÉ EST-IL DU A DES CAUSES D'ORDRE MÉDICAL ?

De la fréquence de la stérilité absolue en France et à l'Étranger.

On a émis quelquefois la pensée que le défaut de naissances en France n'était peut-être pas dû entièrement à la volonté, mais qu'il pouvait être attribué, au moins en partie, à des causes d'ordre physiologique ou pathologique. Nous devons examiner ce qu'il peut y avoir de vrai dans cette opinion.

Si basses que soient les mœurs familiales actuelles, on peut affirmer que la stérilité complète n'est à peu près jamais volontaire dans les ménages légitimes. Il y en a beaucoup qui ne souhaitent que un ou deux enfants, mais il n'y en a guère qui n'en veuillent point du tout.

« D'autre part un ménage qui a eu un enfant peut, dans la grande majorité des cas, en avoir d'autres. Presque toujours, s'il ne les a pas c'est qu'il ne veut pas les avoir. » (Rapport des professeurs Pinard et Ch. Richet.)

Donc si nous démontrons que la stérilité *absolue* n'est pas plus fréquente en France qu'ailleurs, il s'ensuivra que les familles françaises sont à peu près dans les mêmes conditions physiologiques que les familles des autres nationalités. Or, cela rendrait bien invraisemblable l'opinion que l'infécondité relative est organique et non volontaire ; « car alors il faudrait admettre ceci, qui est vraiment absurde, que les familles françaises ne sont différentes organiquement des familles d'autres nationalités que pour les naissances de beaucoup d'enfants, mais qu'elles ne sont pas plus stériles que les autres, dès qu'il s'agit de stérilité véritable » (Professeurs Pinard et Richet).

Établissons tout d'abord que la stérilité absolue, involontaire, n'a pas augmenté en France, quoique la natalité ait considérablement diminué. Ce que montrent les chiffres suivants :

FRANCE, MOINS LA SEINE, L'ALSACE-LORRAINE ET LES DEUX SAVOIES. — *Sur 100 familles, époux mariés, combien sont sans enfants vivants au jour du recensement :*

1856.	16,4
1896.	16,2

Ainsi, en quarante ans, tandis que la natalité s'abaissait de 26 à 22, la stérilité n'augmentait pas ; elle n'est pas un facteur de la dépopulation de la France [1].

Ce chiffre de 17,1 ménages sans enfants sur 100 ménages, ne représente pas réellement le nombre des ménages stériles, puisqu'il comprend les ménages dans lesquels tous les enfants sont morts (et par conséquent ces ménages n'étaient pas stériles) et aussi les ménages trop récents pour qu'il y ait eu des enfants, de sorte que le chiffre 17,1 est un maximum, et un maximum fort supérieur au chiffre vrai.

Ce chiffre doit-il être considéré comme supérieur à celui qu'on observe dans les pays étrangers ?

La question est discutée depuis longtemps déjà. Le Dr Jules Rochard, dans une discussion à l'Académie de médecine en 1895, donnait, surtout d'après des médecins allemands, une proportion de 16 p. 100 de ménages stériles, mais sans preuves à l'appui. Kisch (*Causes et traitement de la stérilité chez la femme*, traduction française, Paris, Steinheil, 1888) fournit d'assez nombreux documents, qui sont approximatifs, mais qui ne s'éloignent pas sans doute beaucoup de la réalité :

Époux.	Nombre de ménages.	Auteurs.	Combien de ménages stériles.	
			Nombre absolu.	Sur 100 ménages.
Princiers et royaux .	626	Kisch. . .	70	11,4
Anglais.	1.252	Simpson .	146	11,7
Écossais	4.447	Duncan. .	725	16,3
Divers	1.919	Ansell . .	152	8,0
Totaux.	8.214		1.093	13,4

1. Pour rendre ces deux chiffres comparables, nous avons dû exclure du calcul, outre l'Alsace-Lorraine. les deux Savoies, puisqu'elles ne faisaient pas partie de la France en 1856, et aussi le département de la Seine, pour lequel la statistique des familles sans enfants n'a pas été faite en 1856. Si nous considérons, au contraire, pour 1896, la France entière, y compris les deux Savoies et le département de la Seine, nous trouvons que, sur 100 ménages, il y en a 17,1 sans enfants.

Il ne faut considérer de pareils documents que comme très approximatifs ; car un médecin, si occupé qu'il soit, ne peut jamais faire qu'un nombre assez restreint d'observations, et ce sont des cas forcément un peu exceptionnels qu'il rapporte, viciés par une cause quelconque qui lui a fait voir tantôt plus, tantôt moins de ménages stériles qu'il n'y a dans la moyenne réelle des choses.

Il vaut donc mieux chercher la vérité dans les statistiques générales comportant de grands chiffres.

Le recensement de 1896 nous donne des documents plus précis sur la proportion de ménages stériles en France.

Durée du mariage.	Nombre de ménages recensés.	Nombre de ménages sans enfants.	Sur 1.000 ménages, combien sans enfants.
De 0 à 2 ans.	608.604	290.437	47,7
De 3 à 4 —	618.070	143.701	23,3
De 5 a 9 —	1.105.704	171.813	15,5
De 10 à 14 —	1.111.643	139.354	12,5
De 15 à 19 —	1.038.812	121.031	11,6
De 20 à 24 —	988.927	112.338	11,3
De 25 à 49 —	1.825.406	222.964	12,2
De 50 à 60 —	175.217	24.288	13,8
Durée inconnue.	217.604	40.176	18,5

Ce tableau est d'une grande importance. Il nous montre d'abord que le nombre proportionnel des ménages sans enfants va en diminuant, à mesure que la durée du mariage est plus longue. Contrairement à ce qu'on serait tenté de croire à première vue, le fait de n'avoir point d'enfants pendant quatre ans, voire même pendant dix ans ou quatorze ans, ne prouve pas qu'il n'y en aura pas plus tard. De quatorze à vingt-quatre ans, la proportion reste à peu près la même : c'est celle des ménages définitivement stériles. Elle est de 11, 5 p. 100. Il est vrai que ce chiffre n'indique pas la stérilité absolue, mais l'absence d'enfants vivants. Car le recensement ne tient pas compte des enfants qui sont morts (Professeurs Pinard et Richet).

On en tient compte dans la statistique de Berlin, et mieux encore dans celle de Rio de Janeiro.

Ce qui m'a permis d'établir le tableau suivant :

Sur 100 familles ayant duré de 15 à 25 ans :

	N'ont jamais eu d'enfants.	Ont eu des enfants et les ont tous perdus.	Sont sans enfant vivant au jour du recensement.
Paris.	»	»	15,3
Berlin	12,8	»	»
Rio-Janeiro. . .	11,3	2,0	13,3

On en peut conclure sans trop d'audace que la proportion des familles n'ayant jamais eu d'enfant quoique ayant duré de quinze à vingt-cinq ans est à peu près la suivante :

Paris	13,3
Berlin.	12,8
Rio-Janeiro	11,3

La différence n'est donc pas considérable ; elle est en notre défaveur assurément, mais on peut l'expliquer, en admettant, ce qui est vraisemblable, que d'assez nombreux ménages, n'ayant eu (volontairement) dans les quinze premières années de mariage que un ou deux enfants, les ont perdus, sans pouvoir, ou même vouloir les remplacer par d'autres venus plus tard. De sorte que le nombre de familles ayant eu une progéniture et l'ayant entièrement perdue, — nombre que nous avons, d'après la ville de Rio-Janeiro, évalué à 2 p. 100, — est probablement plus considérable à Paris qu'à Rio-Janeiro.

En chiffres ronds, on peut dire que la proportion des ménages stériles varie de 10 à 13 p. 100 (chiffres qui se rapprochent assez de ceux que les gynécologistes avaient trouvés au moyen de documents plus imparfaits).

Par conséquent la stérilité physiologique n'est pas plus fréquente en France qu'ailleurs, et ce n'est pas là la cause de notre plus faible natalité.

Fréquence de la stérilité absolue dans ses rapports avec l'âge des femmes au mariage.

M. Kiær, de Christiania, dans sa belle étude, *Die Fruchtbarkeit der Ehen*, a montré les conséquences physiologiques de l'âge tardif au mariage des femmes. Nous ne nous attarderons pas à cette démonstration un peu étrangère à notre sujet. Nous nous bornerons à citer le diagramme que nous avons construit d'après le dénombrement de la ville de Berlin. On y voit que sur 100 femmes mariées de vingt à vingt-cinq ans, il y en a à peine 9 (exactement 8,7) qui soient restées sans enfant après dix ou quinze ans de mariage. Tandis que sur 100 femmes mariées de trente à trente-cinq ans, il y en aura 26 (exactement 25,8) qui seront sans enfant au bout de cette même durée de mariage.

Les mêmes règles se retrouvent à tous les âges et pour toutes les durées de mariage.

Il en résulte cette règle : plus les organes féminins sont restés longtemps sans usage, plus il est fréquent qu'ils cessent d'être féconds. On remarquera l'extrême régularité des courbes de notre diagramme. Elle montre la constance et la régularité de la règle que nous venons de formuler.

Cette règle a été également démontrée par des documents australiens. Elle est conforme à une loi générale de biologie qui condamne à l'atrophie les organes sans usage.

Elle ne contribue d'ailleurs en rien à expliquer l'extraordinaire faiblesse de la natalité française. En effet, elle s'applique à la stérilité absolue, et nous venons de voir qu'elle ne paraît pas plus fréquente en France qu'à l'étranger. D'ailleurs les femmes ne se marient pas plus tard en France que dans les autres pays.

**De la débilité des enfants, plus grande dans les classes aisées
que dans les classes pauvres.**

Nous allons citer certains faits qui seraient de nature, si
on en exagérait l'importance, à atténuer un peu les conclusions qui précèdent.

Nous établissons plus loin (page 102) ce fait connu
que la natalité à l'étranger, comme en France, diminue
avec l'aisance. Nous n'hésitons pas à affirmer que cette
différence est due à la volonté.

Et pourtant nous avons établi aussi ;

1° Que la mortinatalité est plus *faible* dans les classes
pauvres que dans les classes aisées. Il est vrai qu'elle est
très faible dans les classes riches (et il est vrai aussi que
ces différences se sont atténuées à Paris).

2° Que la débilité infantile est plus fréquente dans les
classes aisées que dans les classes pauvres.

La débilité infantile est caractérisée par la maigreur
excessive du nouveau-né, l'insuffisance extrême de son
poids, la gracilité de sa voix, etc... Cette cause de mort est
donc entièrement différente de la diarrhée infantile, qui,
bien au contraire, est incomparablement plus répandue
chez les pauvres que chez les aisés ou chez les riches.

Ainsi, les pauvres ont *moins* de mort-nés et *moins* de
débiles que les femmes aisées. Autrement dit, si misérable
que soit le sort de la malheureuse ouvrière forcée de travailler jusqu'au dernier jour de sa grossesse, la situation
de l'enfant qu'elle porte dans son sein est *moins* précaire
que celle de l'enfant d'une bourgeoise.

J'avais observé ces faits à Paris, à Berlin, à Vienne.
M. Verrijn Stuart, directeur de la statistique des
Pays-Bas, les a confirmés par une méthode plus directe.
Nous avons admis, lui et moi, qu'ils s'expliquent peut-être
par l'éducation trop sédentaire que reçoivent les filles de la
bourgeoisie.

De la débilité des enfants issus de femmes surmenées.

Si remarquables que soient ces chiffres, ils ne doivent pas faire oublier que l'extrême misère et que le surmenage sont cause d'interruption de la grossesse et de débilité de l'enfant. C'est ce que m'a montré notamment l'histoire statistique du siège de Paris. La mortinatalité s'est élevée beaucoup (103 mort-nés pour 1.000 naissances) à la fin du siège de Paris, puis elle est revenue à son chiffre moyen (72) ; mais neuf mois après l'époque où elle s'était ainsi élevée, elle a recommencé à grandir (106), montrant ainsi que la misère du siège non seulement avait tué le fœtus déjà développé, mais encore avait glissé un germe de mort dans les enfants conçus pendant cette période néfaste. (*Ann. statist. de Paris*, 1894.)

Que le surmenage soit cause de la débilité de l'enfant, c'est ce qu'a établi le Dr Bachimont, de Tourcoing, élève du professeur Pinard : nous nous bornerons à relater ses principaux chiffres, calculés d'après 3.706 observations :

Poids moyens (en grammes) au jour de la naissance d'enfants dont les mères étaient dans les conditions ci-dessous :

	Primipares.	Pluripares.
Femmes ayant travaillé debout jusqu'à la fin de la grossesse. . . .	2.931 gr.	2.116 gr.
Ouvrières en filature ayant travaillé debout jusqu'à la fin de la grossesse	2.988	3.114
Machinistes ayant travaillé assises jusqu'à la fin de la grossesse. . .	2.950	3.201
Autres ouvrières ayant travaillé assises jusqu'à la fin de la grossesse	3.097	3.303
Femmes s'étant reposées 2 ou 3 mois avant la fin de la grossesse . . .	3.291	3.457
Femmes s'étant reposées plus de 3 mois avant la fin de la grossesse.	3.255	3.457

Ainsi le surmenage avant l'accouchement a pour conséquence de diminuer le poids de l'enfant. Cela tient en partie

au moins à ce que le surmenage abrège la grossesse. Ce
que prouvent les trois chiffres suivants :

Sur 1.000 femmes, combien ont eu une grossesse de la durée indiquée :

	Femmes ayant travaillé jusqu'à l'accouche-ment.	Femmes s'étant reposées dans les refuges.
Durée de la grossesse : 280 jours et plus.	482	660
— — 270 à 280 jours..	279	214
— — moins de 270 jours.	239	126
	1.000	1.000

Et, pourtant, les femmes de la bourgeoisie, malgré le
repos dont elles jouissent généralement, sont (en moyenne
générale, et sauf de nombreuses exceptions) dans des conditions moins bonnes.

La débilité plus grande des enfants dans les classes aisées peut-elle expliquer une moindre fécondité ?

On peut donc se demander si la cause, évidemment physiologique, qui diminue ainsi la vitalité du fœtus dans la
femme bourgeoise, ne tend pas à diminuer sa fécondité,
en sorte que sa stérilité relative ne serait pas entièrement
volontaire, mais due à quelque raison physiologique telle
qu'une éducation trop sédentaire des filles. Dans ce cas, la
responsabilité de la classe bourgeoise dans la dépopulation
de la France se trouverait sensiblement atténuée[1]. Nous ne
croyons pas qu'il en soit ainsi, mais la question mérite d'être
posée. Nous ne connaissons pas de documents qui nous
permettent de la résoudre.

Des moyens employés en France pour restreindre le nombre des enfants.

Une étude de l'abaissement de la natalité ne serait pas
complète si elle ne comportait pas la recherche des moyens
matériels employés pour restreindre le nombre des enfants.

1. Voir, dans ce sens, l'opinion du professeur Maurel, p. 200.

L'entomologiste qui veut combattre un insecte nuisible commence par en étudier les mœurs par le menu détail afin de voir à quel moment et par quel procédé il pourra le détruire. De même, pour combattre des pratiques détestables, il faut en connaître le menu détail, si répugnante que soit cette recherche. J'ai donc résolu de l'entreprendre. Il m'a paru que les médecins, confidents de toutes les misères humaines, y compris les misères morales, étaient bien placés pour me renseigner sur ce point important. J'ai donc envoyé une lettre à tous les médecins de quatre départements (Côte-d'Or, Lot-et-Garonne, Orne, Vienne), soit en total à 500 médecins, les priant de vouloir bien me dire par quels moyens matériels les ménages de leur pays prévenaient la grossesse, et de me dire sur quels faits se fondaient leurs réponses. Elles sont au nombre de 156, et se résument ainsi :

(UNITÉ : *Une opinion émise par un des médecins interrogés*)

Dans les campagnes.	Crime d'Onan.	Injection.	Contre nature.	Eponge ou Pessaire.	Préservatif de Condom.	Avortement criminel.	Autres moyens.	Totaux.
Très fréquent	90	5	1	1	4	2	3	106
Assez fréquent. . . .	3	23	1	3	4	11	2	47
Rare mais notable. .	2	5	4	8	8	9	3	39
Très rare ou inconnu.	»	4	1	1	46	2	»	54
Totaux . . .	95	37	7	13	62	24	8	216

Dans les villes ou dans les familles riches.								
Très fréquent	15	6	1	»	1	1	»	24
Assez fréquent. . . .	2	7	2	4	4	5	3	27
Rare mais notable . .	»	1	»	2	4	2	1	10
Très rare ou inconnu.	»	1	»	»	4	»	»	5
Totaux . . .	17	15	3	6	13	8	4	66

Totaux.								
Très fréquent	105	11	2	1	5	3	3	130
Assez fréquent. . . .	5	30	3	7	8	16	5	74
Rare mais notable. .	2	6	4	10	12	11	4	49
Très rare ou inconnu.	»	5	1	1	50	2	»	59
Totaux . . .	112	52	10	19	75	32	12	312

Les trois quarts de mes correspondants parlent du crime d'Onan tel qu'il est décrit et flétri dans la Genèse, et le

signalent comme très fréquent ; un tiers d'entre eux seulement parlent des injections, mais presque toujours on ne
les mentionne que comme *assez* fréquentes ; elles sont plus
usitées dans les villes que dans les campagnes. Les autres
procédés sont rarement mentionnés, où s'ils le sont, c'est
pour signaler leur rareté ou leur absence. C'est donc le
crime d'Onan qui perd la France.

Il était indispensable de traiter ce triste sujet, mais sans
doute il est inutile de s'y attarder plus longuement.

Conséquences pathologiques de la stérilité.

M. le professeur Pinard enseigne que la stérilité entraîne
pour la femme une plus grande propension au fibrome
utérin. Cette conclusion, si elle était bien démontrée, serait
très intéressante car elle montrerait que la stérilité ne
reste pas sans conséquences redoutables ou, si l'on veut,
sans châtiment.

Le professeur Pinard s'appuie sur un argument statistique que nous allons exposer et discuter. Il nous semble
qu'il a bien établi qu'il existe une relation entre la stérilité
et la fréquence du fibrome utérin, mais il reste à savoir si
c'est la stérilité qui a causé le développement du fibrome
(tel est l'avis de M. Pinard) ou si, au contraire, ce n'est
pas l'existence du fibrome, longtemps trop petit pour être
diagnostiqué, qui a causé la stérilité. Voici les chiffres que
l'on peut tirer des listes d'observations publiées par
M. Pinard :

*Nombre de femmes mariées opérées pour fibro-myome utérin à la
clinique Baudelocque (1893-1904) :*

	De 30 à 39 ans.	De 40 à 49 ans.	De 30 à 49 ans.	Tout âge.
Mariées sans enfants.	13	10	23	27
Mariées ayant eu des enfants	7	21	28	30
Total.	20	31	51	57

Ainsi il s'agit des femmes mariées de plus de trente ans,
c'est-à-dire ayant eu le plus souvent le temps d'avoir des

enfants ; cependant près de la moitié de ces femmes fibromateuses n'avaient pas eu d'enfants. Or nous avons vu que la stérilité complète ne se rencontre que chez le dizième environ des femmes de cet âge. La stérilité est donc beaucoup plus fréquente chez les fibromateuses que dans le commun des femmes.

Ces chiffres sont très intéressants, mais ils ne prouvent pas que la stérilité ait *causé* le fibrome ; ils permettent d'admettre qu'au contraire, c'est le fibrome qui a souvent causé la stérilité, car ces sortes de tumeurs peuvent rester très longtemps très petites et peu appréciables. Tel n'est pas l'avis de M. le professeur Pinard, et cet avis a été accepté par un grand nombre de gynécologistes. L'un d'eux, Hollandais, lui a donné une forme ingénieuse : « La population des Pays-Bas, dit-il, a la réputation d'être propre, et cette réputation est méritée : chaque jour, on nettoie la maison avec soin ; en outre, une fois par an, on déménage tous les meubles pour ôter la poussière dans les moindres recoins. Sans cette opération (qui fait la joie des ménagères et le désespoir du sexe barbu) le logis ne tarderait pas à devenir foncièrement malpropre. On peut comparer les soins ordinaires de toilette que prend une femme bien élevée, au balayage quotidien des maisons hollandaises. Quant au grand nettoyage annuel, on peut le comparer à l'accouchement, qui tord et pétrit l'utérus et en exprime tous les germes nuisibles. Faute de ce grand branle-bas, les germes du fibrome peuvent s'y implanter et y prospérer. »

Résumé.

La faiblesse de la natalité ne paraît pas être due à des causes d'ordre physiologique ou pathologique, mais seulement à la volonté.

On remarque pourtant la débilité des enfants issus de la classe bourgeoise ; on peut se demander si les causes qui amènent cette débilité (quelles que soient d'ailleurs ces causes) ne peuvent pas influer sur la fécondité des femmes.

Le surmenage des femmes du peuple est de nature à nuire à la bonne constitution de leurs enfants. Et pourtant nous venons de dire que les enfants de la bourgeoisie sont plus souvent débiles que ceux du peuple.

Nous avons dressé la statistique des moyens matériels employés pour prévenir la grossesse.

C'est le crime d'Onan qui est généralement pratiqué.

Nous avons étudié, au moyen de la statistique, si la stérilité engendre le fibrome.

IV

DES CAUSES MORALES ET SOCIALES DE L'ABAISSEMENT DE LA NATALITÉ

L'aisance entraîne la stérilité.

Lorsqu'on examine une carte de la natalité de la France, on voit facilement que la natalité est faible dans tous les départements sans exception, mais que si tous ont une natalité très faible et sans cesse décroissante, il existe pourtant entre eux de grandes différences. La natalité est particulièrement misérable dans la riche vallée de la Garonne, dans la Bourgogne, dans la Basse Normandie, c'est-à-dire dans les régions agricoles les plus riches de la France. Elle est moins basse en Bretagne, dans certaines parties des Cévennes (Ardèche, Lozère, etc.) qui sont des pays agricoles et pauvres. Il y faut joindre le Nord et le Pas-de-Calais, pays très riches au point de vue industriel, mais dans lesquels, en raison même du développement de la grande industrie, il existe beaucoup d'ouvriers prolétaires.

Ainsi nous voyons qu'en France tout au moins, il existe une relation entre la richesse et la natalité. Cette relation s'observe lorsqu'on entre davantage dans le détail.

M. le Dr Chervin [1] a étudié, canton par canton, le département du Lot-et-Garonne, l'un des départements de France où la natalité est le plus faible. Il a mesuré par différents indices statistiques, et notamment par le rendement des impôts, le degré moyen de richesse de chaque canton. Puis, il a classé chaque canton d'après la fécondité des familles. Il a vérifié l'exactitude de la même loi : les cantons les plus riches en récolte sont les plus stériles en hommes; les plus pauvres présentent une fécondité moins misérable. A cette règle, il y a peu d'exceptions; elles concernent quelques communes dans lesquelles existe un rudiment d'industrie.

Il n'est pas besoin d'aller si loin pour voir la même loi s'appliquer encore plus incontestablement. Elle se vérifie à Paris même, comme on le voit par le tableau suivant dans lequel les différents arrondissements ont été classés selon leur degré moyen d'aisance évalué à l'aide de différentes statistiques. Nous avons fait le même travail pour Berlin et pour Vienne. Dans ces villes comme à Paris et comme partout, les classes pauvres se multiplient plus vite que les classes élevées.

Natalité selon le degré d'aisance.

Sur 1.000 femmes de 15 à 50 ans, combien de naissances en un an [2].

ARRON- DISSEMENTS.	PARIS (1886-95) Natalité			BERLIN (1886-95) Natalité			VIENNE (1891-94) Natalité		
	légi- time.	illégi- time.	totale.	légi- time.	illégi- time.	totale.	légi- time.	illégi- time.	totale.
Très pauvres .	140,4	66,4	107,8	221,7	47,7	158,0	200	»	»
Pauvres. . . .	128,9	55,4	95,2	206,0	33,8	129,8	164	»	»
Aisés	111,2	41,7	75,2	195,4	32,7	112,6	155	»	»
Très aisés. . .	98,7	38,6	65,6	177,7	25,0	96,2	153	»	»
Riches	93,9	24,5	54,4	146,4	13,1	61,9	107	»	»
Très riches . .	69,1	13,4	35,3	122,0	9,4	45,8	71	»	»
Ensemble. .	117,7	44,0	80,5	186,4	25,6	101,9	153	56	96

1. *Bulletin de la Société d'anthropologie,* 1891, p. 24 et suivantes.
2. Pour Paris et Berlin : natalité légitime ; sur 1.000 femmes ma-

On voit par ce tableau que cette règle est générale et se vérifie pour la natalité illégitime comme pour la natalité légitime. C'est à tort qu'on l'attribuerait à l'émigration estivale, car les résultats sont tout à fait semblables lorsqu'on fait porter l'observation seulement sur les

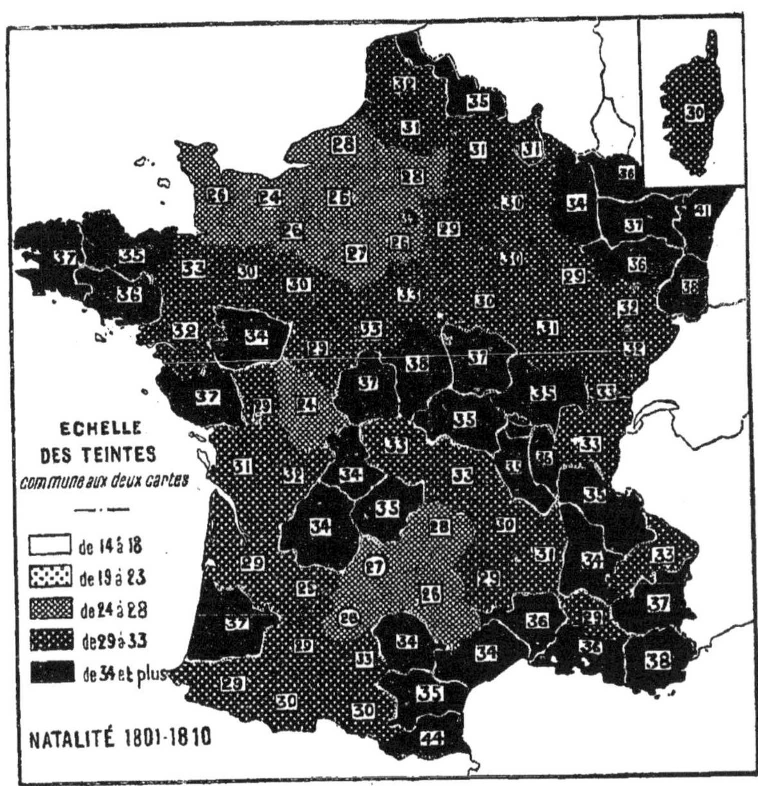

Fig. 23. — FRANCE. — Natalité (1801-1810).

mois d'hiver, ou sur les mois où se fait le recensement.

Ainsi la natalité légitime des arrondissements très riches n'est que la moitié de ce qu'elle est dans les arron-

riées de 1 à 50 ans, combien de naissances légitimes en un an (mort-nés inclus).

Natalité illégitime : sur 1.000 femmes non mariées de 15 à 50 ans, combien de naissances illégitimes en un an (mort-nés inclus).

Pour Vienne : pour 1.000 femmes mariées de tout âge, combien de naissances légitimes en un an (mort-nés inclus).

dissements les plus pauvres, et cela s'observe (avec une natalité d'ailleurs beaucoup plus élevée) à Berlin et à Vienne tout comme à Paris. Des résultats analogues ont été obtenus par des méthodes plus directes à Copenhague par MM. Westergaard et Rubin, dans les Pays-Bas par

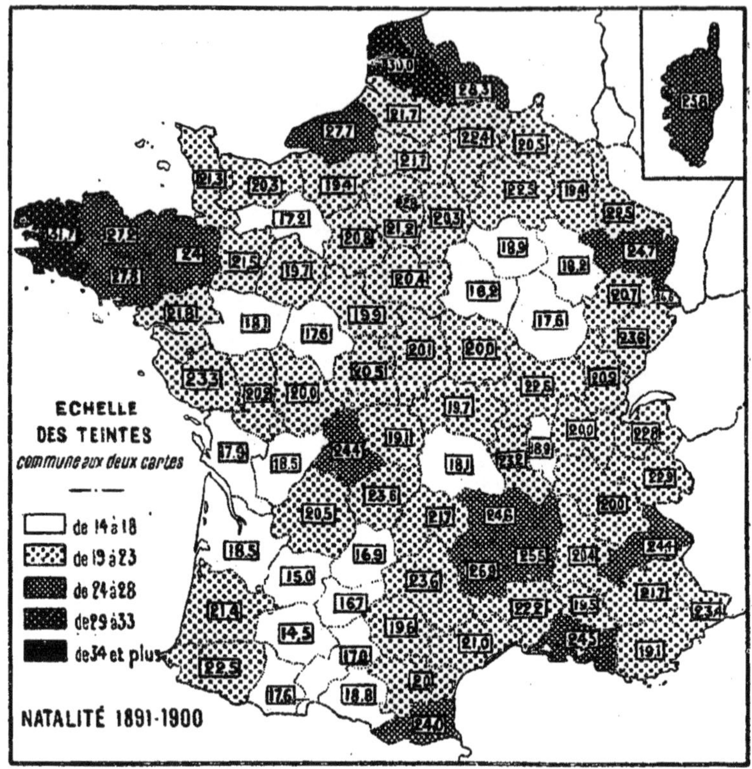

Fig. 24. — FRANCE. — Natalité (1891-1900).

M. Verrijn-Stuart. Mais en ce qui concerne la France, nous sommes éclairés par des recherches plus précises encore.

Une statistique, qui malheureusement n'a été faite que pour la seule année 1898, nous dit le nombre d'enfants, vivants ou représentés, issus de défunts laissant une succession. Les ménages dissous par la mort ayant une durée moyenne de vingt-cinq ans, c'est au nombre des ménages ayant eu cette durée qu'il convient de comparer nos chiffres :

FRANCE (1898) :

Familles de :	Nombre de ménages ayant duré 21 à 25 ans recensés en 1896. Col. A.	Nombre de successions déclarées en 1898. Col. B.	Pour 1.000 $\dfrac{\text{Col. B}}{\text{Col. A}}$
1 enfant.	186.958	93.580	501
2 —	214.999	77.239	359
3 —	167.336	47.942	287
4 —	117.257	28.019	239
5 —	78.615	16.237	207
6 —	50.071	9.275	185
7 — et plus .	52.225	9.061	173

On voit que plus les familles sont restreintes, plus il est fréquent qu'elles laissent un héritage. On en avait beaucoup de preuves indirectes, mais celle qui précède ne laisse place à aucune discussion. Les chiffres suivent une progression décroissante régulière, en sorte que les familles fortunées sont deux fois plus rares parmi les familles de sept enfants que parmi celles de un enfant.

Considérons à présent *le montant total des valeurs successorales*. Un calcul simple nous permet d'en déduire le montant moyen d'une succession dans les familles de un, deux, trois... sept enfants.

Valeur successorale moyenne d'une succession déclarée :

Familles de	Valeur successorale totale.	Part moyenne de chaque héritier [1].
1 enfant	11.465	11.465
2 —	13.720	6.860
3 —	12.885	4.295
4 —	11.011	2.753
5 —	14.695 [2]	2.939
6 —	9.772	1.629
7 — et plus . .	9.004	1.286

1. On suppose qu'aucun legs n'a été fait en dehors de la famille.

2. Ce chiffre est anormal, ayant été extraordinairement grossi par la succession de M. S..., décédé à Paris en laissant une fortune d'environ 40 millions de francs.

La règle générale est donc celle-ci : non seulement les familles restreintes laissent beaucoup plus souvent un héritage que les familles nombreuses, mais encore cet héritage, lorsqu'il existe, est généralement plus considérable.

Il semble, au premier abord, que cette règle souffre une exception qui concerne les enfants uniques. Il est très probable que cette exception n'est qu'apparente, et qu'elle est due tout simplement à la fraude, car il est très facile à un enfant unique de dissimuler une partie de la fortune mobilière, et tous les notaires et receveurs de l'enregistrement savent que, très souvent, ils ne s'en font pas scrupule. Il serait très intéressant de connaître mieux encore le montant des héritages laissés par les familles de un, deux, trois... sept enfants, et de savoir combien il y en a, dans chaque catégorie de ménages, de moins de 2.000 francs; de 2 à 10.000 francs,.... de 100.000 à 500.000 francs et enfin combien il y en a qui dépassent cette dernière somme. C'est là un progrès que nous signalons à l'attention du ministère des Finances.

Pourquoi l'aisance entraîne-t-elle la stérilité.

Ainsi, nous sommes conduits à formuler la règle suivante : « L'aisance entraîne la stérilité. » Il nous faut chercher pourquoi. Parmi les 500 médecins que j'ai consultés, un grand nombre m'ont donné à ce sujet beaucoup de renseignements intéressants ; ils ont cité notamment les proverbes populaires qui, sur ce sujet, formulent, non pas la sagesse, mais la mentalité des nations.

« Le couple vaut mieux que la douzaine » ou encore : « Désir de roi : garçon et fille » sont des proverbes normands qui résument assez bien la morale populaire sur ce point : très souvent les grands-parents parlent de la limitation du nombre des enfants comme d'un acte de haute

raison et de vertu, et trouvent la fécondité inconvenante
et ridicule (Orne). D'un ménage qui a plusieurs enfants on
dit : « Telle est encore enceinte ! Quel malheur ! Ces gens-
là, c'est pis que des animaux » (Orne). Dans la Côte-d'Or,
« il est sans exemple qu'un troisième enfant reçoive le
prénom de *Désiré ;* ce prénom est un brevet d'aînesse; le
second est encore le bienvenu; si le troisième arrive, on
en est bien fâché, mais on l'aime bien tout de même
autant que les autres et quelquefois plus! » « *Femina est
prima ne liberi nascerentur* » (Côte-d'Or), écrit un confrère qui s'exprime dans un latin très élégant.

Dans le Lot-et-Garonne, il n'est plus question de couple,
car « une seconde grossesse passe pour une honte »
d'après un de nos correspondants; « l'homme qui a des
enfants est méprisé même par les femmes », d'après un
autre. Un autre écrit que lorsqu'un ménage a un second
enfant, on vient lui présenter non des compliments, mais
des condoléances; on excuse le mari en disant : « Le
pauvre homme! Il ne se sent pas ! » D'autres fois les
beaux-parents se fâchent et viennent accabler leur gendre
de reproches orduriers. Ils croient de leur devoir d'instruire avec détail leur fils, fille ou gendre de ce qu'il y a
à faire ! (Lot-et-Garonne).

Nous avons dit que parfois la technique coupable est
enseignée par les parents prévoyants. On nous cite quelques exemples dans lesquels la leçon a été faite par le
médecin sous prétexte de santé ou même sans prétexte
(Orne).

On nous signale un très grand nombre de cas dans
lesquels une famille, devenue stérile après une première
grossesse, est redevenue subitement féconde après la mort
de l'enfant qu'il s'agissait de remplacer : plusieurs fois ces
deux périodes de fécondité provisoire se sont succédé à
vingt ans d'intervalle. C'est ainsi que vers 1895, un cons-
crit du Lot-et-Garonne fut exempté du service militaire

parce que son frère avait été tué pendant la guerre de 1870 ! Dans un village de la Côte-d'Or, une épidémie de diphtérie tua quinze enfants ; tous étaient remplacés l'année suivante ! etc.

Plusieurs de nos correspondants insistent sur ce fait connu que c'est surtout dans la crainte de partager sa fortune après que le paysan ne désire qu'un enfant. « Il aime sa terre plus que sa famille. » « Un héritier unique marié à une héritière unique, voilà son rêve. » « Il accepte très bien que son nom disparaisse, et se résigne très facilement, même si son enfant est une fille, à ne pas avoir d'autre héritier. » Telles sont les affirmations que nous recevons de divers endroits. Cette mentalité se traduit fort bien dans divers proverbes qui nous sont signalés. « Assez de veaux pour l'herbage. Ma terre est assez divisée comme cela » (Orne).

Le très distingué D'' Maunoury, médecin de l'hôpital de Chartres, m'écrit la lettre suivante inspirée par une longue pratique médicale en pays beauceron : « Quand on a vécu un peu avec le paysan de la Beauce, on arrive à cette conclusion qu'il n'y a qu'un remède : la liberté de tester. Tout le reste me paraît insignifiant. Mais jamais vous n'obtiendrez cette réforme, car, pour cela, il faudrait porter la hache dans le Code civil, c'est-à-dire, avouer que depuis un siècle, nous tournons le dos à la vérité. »

Cette mentalité populaire nous permet d'affirmer comment l'aisance entraîne la stérilité. Dans les milieux où on pense à sa fortune (c'est-à-dire dans ceux où l'on en possède) on a peu d'enfants, pensant qu'il faudra de l'argent pour les élever ; mais surtout qu'il faudra partager la fortune pour les doter, et la partager à nouveau lorsqu'ils hériteront. Conclusion : on évite d'en avoir.

L'homme qui se charge d'une nombreuse famille, non seulement se charge d'un poids très lourd, mais charge ses enfants. Il veut éviter ce double mal, et je me hâte de dire qu'en bon père de famille, il craint le second plus que le premier.

Cela est tellement vrai que, dès qu'il y a une raison pour que ces préoccupations disparaissent, aussitôt la natalité se relève. La thèse de M. Lancry en donne un bel exemple[1] :

Fort-Mardyck (Nord), près Dunkerque, est une commune constituée par Louis XIV, d'après les principes suivants qui sont encore en usage aujourd'hui : toute famille nouvelle qui se constitue, lorsqu'un des conjoints est né dans la commune et que le mari est inscrit maritime, reçoit en *usufruit* (en usufruit seulement, là est le point) 24 ares et, en outre, une place sur la plage pour la pêche au filet. La commune a reçu de Louis XIV en tout, 125 hectares de terre ; ce qui n'est pas distribué en usufruit est loué 5.000 francs au profit de la commune.

Les ménages concessionnaires ne peuvent concéder qu'à leurs enfants seulement les parcelles de terre qu'ils occupent. Dans aucun cas, la parcelle ne pourra être scindée.

De là résulte qu'elle échappe aux créanciers. Elle est insaisissable, indivisible, inextensible.

Voilà donc une population passablement aisée et pourtant étrangère à toute préoccupation d'héritage. On peut dire qu'elle échappe au Code civil.

Il en résulte que les mariages sont nombreux (environ 11 par an et par 1.000 habitants) et aussi précoces que le permet le service maritime (âge probable du mariage des hommes vingt-quatre ans) ; les naissances illégitimes sont par conséquent très rares (1 sur 60 naissances). Au contraire, la natalité légitime, et c'est là le point important, est extrêmement élevée ; elle atteint 43 par an et pour 1.000 habitants c'est-à-dire qu'elle n'est pas dépassée en

---

1. Voir, en outre : *Curiosités sociales du pays de Dunkerque,* par le Dr Lancry, Dunkerque, 1908.

Europe que par la Russie. Mais ce qui n'arrive pas en Russie, c'est que sur ces 43 enfants nés vivants, 33 atteignent l'âge de vingt ans[1].

J'ai visité ce joli village : tout y dérive de sa constitution. Il est composé par une quantité de petites maisons blanches au milieu d'un jardin de 24 ares. Ces maisons, toutes construites sur le même modèle, sont très bien tenues. Partout une multitude d'enfants. Il suffit de traverser la route de Calais à Dunkerque pour rencontrer des villages très différents. Plus de maisons blanches et plus d'enfants ! « A Fort-Mardyck, ils ont leur concession et n'ont pas besoin de compter », me disait le maire de la Grande-Synthe pour expliquer leur supériorité sur ses administrés.

Voilà donc un pays dans des conditions démographiques excellentes ; il est permis de les rattacher à son organisation si étrange.

Le Dr Lancry, qui a *découvert* Fort-Mardyck (le mot n'est pas exagéré), a décrit des usages analogues, mais moins caractéristiques, dans un grand nombre de pays voisins[2].

Arsène Dumont nous a décrit, dans une région de la France bien différente, un phénomène analogue. Au Fouesnant (Finistère) existait un usage très comparable à celui de Fort-Mardyck. Tout homme qui revenait du service militaire proposait à un propriétaire de lande de lui abandonner, pour un temps très long, une parcelle de cette terre inculte. Il la défrichait, se mariait et avait beaucoup d'enfants ; car il n'avait aucune inquiétude pour ses descendants. La lande était vaste, et il savait qu'eux aussi pourraient en cultiver une parcelle ; le propriétaire y gagnerait d'avoir, au bout d'un certain temps, un champ de rapport au lieu d'une

---

1. La population de Fort-Mardyck était en 1729 de 204 habitants ; en 1851, de 615 habitants ; en 1896, de 1.672 habitants, enfin en 1906, de 1.785 habitants.

Les Fort-Mardyckois sont tous marins : aussi beaucoup voyagent et se marient ailleurs.

2. Il publiera prochainement, avec ma collaboration, un livre sur ce sujet.

terre inculte, et les « domaniers congéables » avaient l'avantage de passer leur vie sans trop de souci. Là aussi, la nuptialité et la natalité sont très élevées (voir page 319).

Ainsi, même en France, dès que disparaît la préoccupation de la fortune à conserver (c'est-à-dire à ne pas partager), la natalité prend un essor considérable.

Le Canada nous offre, à cet égard, un champ d'expériences incomparable. La province de Québec y est habitée par une population principalement française, semblable à la nôtre, animée du même esprit de travail et d'épargne. Mais la loi admet la liberté de tester et les notaires du pays m'ont déclaré que les pères de famille en usent très généralement. Ils ne laissent rien à leurs filles (parce qu'ils pensent que c'est à leur gendre de pourvoir aux besoins de sa famille), rien à ceux de leurs fils qui ont reçu une éducation libérale et qui sont devenus médecins, prêtres, avocats, etc. (parce qu'ils pensent que l'éducation qu'ils ont reçue constitue un patrimoine suffisant) ; parmi leurs autres fils, ils choisissent celui qui leur paraît le plus apte à continuer leur industrie ou leur commerce et c'est à lui qu'ils laissent la majeure partie de leurs biens et la suite de leurs affaires. La conséquence de cet état de choses est que la natalité s'élève dans la population française de la province de Québec, à 48 pour 1 000 habitants, natalité qui dépasse le double de la nôtre, et qui dépasse tout ce que nous voyons en Europe. Cette forte natalité tient principalement à ce que les Canadiens ne voient pas, comme nous, une relation entre le nombre de leurs enfants et la conservation de leur fortune. La loi les délivre de cette préoccupation.

Elle devrait exister ailleurs qu'en France, puisque notre pays n'est pas le seul où la loi prescrive le partage égal. Plusieurs de ces pays, notamment la Belgique et certaines parties de la Suisse, voient leur natalité diminuer [1]. Si c'est

1. Plusieurs autres pays, quoique ayant adopté le code Napoléon dans son ensemble, ont augmenté considérablement la liberté de

en France que cette préoccupation nuit le plus à la natalité, c'est que la France est, plus qu'aucun autre peut-être, un pays de petits propriétaires ; c'est que, plus qu'aucun autre, il est prévoyant et économe.

Considérons au contraire des régions à natalité restreinte ; nous y voyons régner un esprit d'ordre et d'économie exagérée, et une ambition mal comprise des parents pour leurs enfants.

Arsène Dumont a étudié, par exemple, l'île de Bréhat, très jolie contrée du littoral breton. Contrairement au reste de la Bretagne, la population y a très peu d'enfants. C'est que la plupart des habitants sont ou bien d'anciens officiers et sous-officiers de marine, ou d'anciens fonctionnaires, ou bien des aspirants fonctionnaires.

Le même auteur a décrit les intéressantes populations (voir encore la *Géographie médicale de l'île de Ré*, par M. le Dr Drouineau en 1909) des îles de Ré et d'Oléron. Leurs seules passions sont bien innocentes : ce sont la lecture et la danse. La danse, toujours décente, est la préparation au mariage ; les naissances illégitimes y sont très rares. On ne peut imaginer des mœurs plus douces ni plus honorables. Cependant la natalité, dans ces îles, est des plus faibles. C'est que chacun y est plus ou moins propriétaire. Chacun a un bien à protéger ; chacun est ambitieux pour ses enfants.

Arsène Dumont a formulé une règle bien digne d'attention : « Une population a la natalité *non pas* de la classe sociale à laquelle elle appartient, mais de celle à laquelle elle voudrait appartenir. » Ce qu'il a démontré par de nombreux exemples. Par exemple, Lillebonne et Condé-sur-Noireau sont deux petites villes normandes consacrées, l'une et l'autre, à l'industrie textile. Mais à Lillebonne, l'ou-

tester. En Italie, la quotité disponible est de la moitié, quel que soit le nombre des enfants. Dans le grand-duché de Bade et une part de la rive gauche du Rhin, l'usage du fidéi-commis et surtout le *Bauer-höferecht* atténuaient la rigueur du Code (voir pages 140 et suiv.).

vrier est résigné à son sort et n'imagine pas que ses enfants puissent en avoir un autre ; conséquence : natalité élevée. A Condé, l'ouvrier est instruit, liseur, économe, et pense en petit bourgeois ; aussi la natalité y est-elle des plus faibles (voir *Annexe*, p. 321, 325).

Grande fréquence de l'aisance en France.

Les *trois quarts* des Français possèdent quelque chose lorsqu'ils atteignent cinquante ans. A vrai dire, leur propriété est minime dans la majorité des cas, mais enfin elle existe. Puisque tout propriétaire (si petite que soit sa propriété) est au tréfonds de sa conscience plus ou moins conservateur, il est très important de démontrer le fait que je viens d'énoncer.

Il est fondé sur des chiffres récemment publiés par le ministre des Finances. Nous n'avons pas, à vrai dire, une statistique des fortunes, petites ou grandes, possédées par les Français de chaque âge, mais nous avons pour la première fois, la statistique des successions classées selon l'âge des défunts. Comme il n'y a aucune raison pour que les propriétaires meurent plus que les autres (il est au contraire prouvé qu'ils meurent beaucoup moins), ces chiffres nous montrent quelle est la proportion des personnes qui possèdent un bien quelconque. Les voici :

Nombre des décédés en France :

Age des décédés.	Décédés en général (1906).	Décédés laissant un héritage (1906).	Sur 100 décédés combien laissent un héritage.
Moins de 25 ans.	220.632	14.052	6
De 25 à 40 ans. .	69.628	31.942	46
De 40 à 50 ans. .	58.542	36.261	62
De 50 à 60 ans. .	76.692	56.707	74
De 60 à 70 ans. .	121.227	85.712	71
De 70 à 80 ans. .	149.119	89.560	60
Plus de 80 ans. .	84.356	42.076	50
Totaux. . . .	780.196	356.310	»

Considérons seulement la colonne de droite ; elle nous montre que la proportion des défunts qui laissent une succession augmente rapidement avec l'âge. Personne n'en sera surpris : même issus de parents riches, les enfants ne possèdent généralement rien. La proportion des propriétaires est donc très faible (6 p. 100 avant vingt-cinq ans) ; puis elle augmente assez vite. Elle atteint son maximum de cinquante à soixante ans ; à cet âge, les trois quarts des gens ont eu le temps d'hériter, ou mieux encore de se constituer eux-mêmes un petit avoir. Et c'est ce qui me fait dire que les trois quarts des Français possèdent quelque chose lorsqu'ils atteignent cinquante ans.

Il faut ajouter que si les trois quarts des Français ont acquis, vers l'âge de cinquante ans, un certain avoir, cet avoir est minime dans la très grande majorité des cas ; il ne se monte le plus souvent qu'à quelques centaines ou quelques milliers de francs. Qu'on ne s'y trompe pas, néanmoins : si modeste qu'il soit, ce bien minuscule indique que le défunt ne manquait pas du nécessaire, car s'il avait été dans le besoin il aurait consommé cette réserve.

Passé soixante-dix ans, la proportion des possédants diminue, et on ne saurait en être surpris. En effet, un certain nombre de vieillards consacrent à eux-mêmes le fruit de leurs économies, soit qu'ils le dépensent petit à petit, soit qu'ils le placent en viager. D'autres partagent leur bien par anticipation. Le résultat est le même dans ces différents cas : lorsqu'ils meurent, ils ne laissent rien, et pourtant ils avaient eu des ressources, et probablement ils en avaient gardé quelque chose.

Une proportion aussi élevée de possédants ne se trouve pas dans les pays étrangers. Pour arriver à des chiffres aussi comparables que possible malgré la différence des lois fiscales et des manières de compter usitées dans chaque pays, je me suis borné au tableau suivant, dans lequel le nombre des successions est comparé au nombre de décès

survenus après l'âge de quarante ans (le tableau ci-dessus
nous montre que dans 85 cas sur 100, l'auteur de la succession a dépassé quarante ans).

Nombre des successions pour 1.000 décès survenus après 40 ans :

	Successions de plus de 2.000 fr. (ou 2.500 fr.).	Successions de plus de 10.000 fr. (ou 12.500 fr.).	Montant *brut* des successions divisé par le nombre des décès de plus de 40 ans.
France (1907)	364	130	11.605 fr.
Italie (1907-08).	130	37	3.580 »
Espagne (1903).	202	45	3.837 »
Pays-Bas (1906-08)	218	137	16.766 »
Belgique (1906).	278	106	8.020 »
Iles Britanniques (1908-09) .	186 *	88 **	21.008 »
Alsace-Lorraine (1906) . . .	399 *	109 **	8.300 » [1]
Roumanie (1903).	72	15	1.508 »
Autriche cisleithane	—	—	3.922 »
Allemagne (1908) [évaluat. hypothétique]	—	—	9.200 »

On voit que la France est après le Royaume Uni et
après la Hollande, le pays le plus riche de ceux qui figurent
sur notre tableau (dernière col. de droite).

En outre, c'est avec l'Alsace-Lorraine, celui où la proportion des possédants est le plus élevée.

Une propriété, même rudimentaire, suffit sans doute
dans la plupart des cas pour donner à son possesseur le
désir de la garder et de la grossir; elle suffit pour lui
donner une âme de propriétaire.

Juxtaposons nos deux conclusions : « L'aisance entraîne
la stérilité relative » et, d'autre part, « Les trois quarts
des Français possèdent un bien quelconque »; si nous
admettons qu'une telle proportion ne se retrouve pas
à l'étranger, nous y trouvons une explication plausible de
la faible natalité française.

1. 11.228 fr. en 1908.
* 2.500 francs.
** 12.500 francs.

Comment s'est développée la mentalité actuelle.

Un regard en arrière est nécessaire pour comprendre comment a pu se développer en France la mentalité que nous venons de décrire.

Toutes les civilisations primitives qui ont survécu ont admis qu'une paternité nombreuse est non seulement un bonheur, une joie, une bénédiction, mais un *devoir;* et que l'absence de postérité, et spécialement de postérité masculine, est une malédiction qui rend celui qui en est frappé méprisable, et en outre malheureux en cette vie et dans l'autre.

.On ne connaît pas dans l'antiquité de peuple qui ait pensé autrement ; si jamais en a existé un qui ait méconnu cette vérité morale, il a disparu sans laisser de trace, et il est permis de croire que cette absence de principe a dû contribuer à sa disparition.

La religion antique a consacré cette vérité morale au point qu'elle est devenue la base même des cultes primitifs. M. Fustel de Coulanges, dans son livre admirable, a accumulé les preuves qui le démontrent.

On retrouve la même persuasion dans les religions de l'Inde et de l'Extrême-Orient. « Horribles, dit le Zend Avesta, sont les maisons dépourvues de postérité. » Le Bouddhisme a pour fondement le culte des ancêtres ; pour que ce culte puisse exister, il faut une postérité mâle pendant trois générations au moins. L'homme qui n'a pas cette postérité est méprisé pendant sa vie, et très malheureux après sa mort. Un père de famille prudent doit donc avoir beaucoup d'enfants pour que, parmi eux, il y en ait qui soient eux-mêmes pères et grands-pères d'enfants mâles.

« Le Coréen, homme et femme, n'est rien avant d'être marié. Aucun respect ne lui est dû, aucune profession ne lui est accessible. Un père qui n'a pas marié son fils avant vingt ans est considéré comme un mauvais père. » (Commandant Nivelle.)

Un Coréen célibataire se reconnaît à sa coiffure ; il doit garder ses cheveux nattés et ne peut se mêler aux réunions d'hommes. (Dr Matignon.)

On sait que la Bible prescrit dès le début : « Croissez et multipliez », et qu'elle réprouve avec horreur le crime d'Onan. La religion juive a conservé cette prescription dans toute sa rigueur. « La religion israélite, me disait M. Zadoc Kahn, grand rabbin de France, regarde une paternité nombreuse comme étant non seulement une bénédiction, mais un *devoir*. »

Et, en effet, le Talmud déclare que « celui qui empêche de naître est semblable à celui qui tue ».

La religion musulmane n'est pas moins formelle. Le Coran honore la famille nombreuse, et ses prescriptions à cet égard, sont pieusement écoutées. « Les Arabes ont à un haut degré le sentiment de la maternité et de la paternité, disent le Dr Colombani et M. Sayous, directeur de l'École arabe française d'Oran. S'il est écrit chez nous que « tout arbre qui ne produit pas de fruits doit être coupé et jeté au feu », chez eux, ne pas se marier, ne pas procréer et même, étant mariés, n'avoir pas d'enfants, est regardé comme une honte, une malédiction. C'est ce qui explique l'accroissement de la population indigène. Donc le père désirera voir ses fils et ses filles mariés le plus tôt possible, afin que la race se continue. Si des enfants ne naissent pas, le mari est appelé « Tinach » et la femme, « Tinacha », termes méprisants qu'on leur jettera à la face à la moindre occasion. C'est pour cela que dans la loi Coranique, il est permis de prendre jusqu'à quatre femmes. »

« Nous avons demandé, très confidentiellement, disent les mêmes auteurs, si les cas d'avortement ou de stérilité volontaire étaient fréquents. Cette question a paru très déplacée, odieuse même : « Tu ne nous connais donc pas ?

Tu n'as pas vécu de notre vie ! C'est un grand péché que Dieu ne pardonne pas. Si des malheureux commettent cette faute, c'est qu'ils sont frappés de folie. *Le but de la vie est la procréation !* »

La religion chrétienne n'interdit pas le célibat (elle le recommande au contraire), mais à la condition expresse qu'il soit chaste ; elle réprouve les fraudes conjugales. Elle prescrit la dignité du mariage et reste fidèle au *Crescite et multiplicamini* de la Genèse. Elle condamne tout écart de mœurs, et tout ce qui peut y conduire ; il ne suffit pas d'avoir une conduite pure ; il faut que la pensée le reste aussi ; tout ce qui peut la souiller doit être condamné et détruit. Ces principes austères forment une partie de l'idéal chrétien ; c'est sur eux que la société chrétienne repose depuis qu'elle existe.

Or, cet idéal s'est évanoui ! Aucun autre ne lui a été substitué jusqu'à ce jour.

Les idées contraires ont commencé à se répandre bien avant l'affaiblissement des idées religieuses. C'est dans les classes supérieures de la société qu'elles paraissent avoir pris naissance.

Au XVIIe siècle, il faut qu'elles fussent déjà regardées comme acceptables pour qu'une femme aussi parfaitement honnête que Mme de Sévigné ait osé écrire à sa fille cette extraordinaire prescription (13 avril 1672) : « Vous m'obéissez pour n'être point grosse ; je vous en remercie de tout mon cœur ; ayez le même soin de me plaire pour éviter la petite vérole. » Pour bien apprécier cette phrase, il faut se rappeler que Mme de Grignan, mariée à vingt ans en janvier 1669, avait eu une fausse couche en novembre 1669, puis une fille, puis un garçon en novembre 1671. Ainsi c'est à une jeune femme de vingt-trois ans, qui n'avait encore que deux enfants, que sa mère se croyait en droit de donner le moyen de n'être plus grosse !

Le moyen ne valait rien ! (non plus que le moyen d'éviter la petite vérole, car Mme de Sévigné elle-même devait mourir de cette maladie en 1696). Mme de Grignan eut une fille dans chacune des deux années suivantes, et plusieurs autres enfants encore. Ce fut fort heureux pour la gloire littéraire de la France, pour celle de sa mère et pour celle de toute sa famille. Car l'œuvre de Mme de Sévigné et son nom même, nous seraient profondément inconnus si le conseil maudit qu'elle donnait à sa fille avait été efficace. De tous les enfants de Mme de Grignan, en effet, deux filles seulement survécurent ; l'une entra en religion ; l'autre, Pauline de Grignan, née en 1674 (deux ans après la lettre que nous avons citée), devint marquise de Simiane, et prit en 1726 l'heureuse initiative de publier les lettres de cette même grand'mère qui avait voulu l'empêcher de naître ! Elle n'avait pas de rancune !

Le nom de Sévigné et celui de Grignan s'étaient éteints ; c'est grâce à Mme de Simiane qu'ils sont devenus immortels. Mme de Sévigné ne soupçonnait pas cette destinée lorsqu'elle écrivait sa lettre du 13 avril 1672.

Au xviiie siècle, les allusions aux fraudes conjugales sont plus fréquentes. Elles se mettent même en chansons élégamment tournées. Nous pourrions faire de nombreuses citations à l'appui. Nous n'en ferons qu'une, très austère, que le nom de son auteur rend encore plus mélancolique :

Le marquis de Montcalm écrit le 8 mai 1756, au moment où il vient de débarquer au Canada :

« Ce qui paraîtra singulier dans le royaume, et surtout à nos seigneurs de la Cour qui craignent d'avoir plus d'un héritier, c'est qu'un seul homme, un soldat, établi comme colon au Canada, actuellement vivant, a peuplé quatre paroisses, et voit 220 personnes de sa race ».

Ainsi, déjà alors, les premiers Canadiens donnèrent l'exemple de cette magnifique fécondité qui devait, malgré les conditions les plus défavorables, assurer à leur nation une si admirable vitalité. Et déjà alors aussi, la haute société française donnait l'exemple honteux qui fut ensuite imité de proche en proche par les autres couches sociales. La haute société, disons-nous, et elle seule! Car la natalité du reste de la nation était alors fort élevée.

Les statistiques, d'ailleurs rares, que nous avons sur la France au xviii⁰ siècle, montrent en effet une natalité élevée; la natalité s'affaiblit au contraire d'une façon régulière et ininterrompue pendant toute la durée du xixᵉ siècle.

Moheau nous transmet les chiffres suivants :

FRANCE (1770-1774) :

Nombre moyen annuel de mariages. . .   192.180
    —   —   — de naissances . .   928.918
    —   —   — de décès. 793.933
Pour un mariage, il y a. . . .   4,83 naissances.

Ce dernier chiffre constitue une natalité élevée qui se retrouve à peu près dans chacune des généralités que Moheau étudie. Elle dépassait même à cette époque celle des pays de l'Europe sur lesquels nous sommes renseignés. Moheau dit (I, chap. x) que, pour un mariage, il y avait :

En Prusse et Poméranie . . . . 4,23 naissances.
En Danemark, Norvège et Russie. 3,32   —

Voici les renseignements que Moheau donne sur diverses parties de la France (I, chap. xiii) :

Pour un mariage, combien de naissances :

	Fin du xvii⁰ siècle.		Milieu du xviii⁰ siècle.	
Généralité de Rouen . .	(1690-99)	4,20	(1752-62)	4,21
— Alençon .	(1690-1701)	4,15	(1752-63)	4,31
— Bourgogne	(1690-1701)	4,53	(1752-63)	4,81
Principauté des Dombes .	(1690-1701)	3,63	(1752-63)	3,30
Election de Cognac. . . .	(1691-1700)	4,65	(1754-63)	4,54
Généralité de Lyon. . . .	(1690-99)	4,50	(1749-58)	4,49
— Riom. . . .	(1690-99)	4,39	(1748-57)	4,62
— Auch et Pau	(1690-1701)	3,93	(1752-63)	4,47

Ce sont là des chiffres très élevés et qui n'ont guère varié

Résumé du tableau des mouvements de population à Paris depuis 1670 jusqu'en 1820.

ANNÉES	NOMBRE ABSOLU (MOYEN ANNUEL)			EXCÈS		Pour un mariage combien de naissances (légitimes ou non).	POUR 1.000 HABITANTS COMBIEN EN UN AN		
	des mariages. a	des naissances. b	des décès. c	des naissances. d	des décès. e	f	de mariages.	de naissances.	de décès.
1670-1675	3.105	18.016	17.896	120	—	5,80	—	—	—
1676-1677	—	—	—	—	—	—	—	—	—
1678-1684	3.837	17.966	21.225	—	3.259	4,68	—	—	—
1685-1708	—	—	—	—	—	—	—	—	—
1709-1710	3.214	15.272	25.838	—	10.566	4,75	—	—	—
1711-1715	4.429	16.870	15.697	1.173	—	3,84	—	—	—
1716-1720	4.619	18.039	17.723	316	—	3,90	—	—	—
1721-1725	4.155	19.521	17.826	1.695	—	4,70	—	—	—
1726-1730	3.988	18.448	18.463	—	15	4,62	—	—	—
1731-1735	4.059	18.801	17.429	1.372	—	4,63	—	—	—
1736-1740	4.104	19.135	20.886	—	1.751	4,66	—	—	—
1741-1745	4.319	18.266	19.783	—	1.517	4,22	—	—	—
1746-1750	4.240	18.578	18.486	92	—	4,38	—	—	—
1751-1755	4.432	19.519	19.579	—	60	4,40	—	—	—
1756-1760	4.197	19.114	18.707	407	—	4,55	—	—	—
1761-1765	4.432	18.497	18.791	—	294	4,17	—	—	—
1766-1770	4.715	19.219	19.523	—	304	4,07	—	—	—
1771-1775	4.801	19.101	18.860	244	—	3,98	—	—	—
1776-1780	5.295	20.621	19.136	1.485	—	3,89	—	—	—
1781-1785	5.067	19.743	20.257	—	514	3,90	9,7	38	39
1786-1791	5.729	20.272	19.020	1.252	—	3,54	11	39	36
An I-An III	7.253	24.135	26.477	—	2.042	3,32	14	45	49
An IV-An VIII	5.102	21.858	22.250	—	392	4,28	9	40	41
An IX-An XIII	4.072	20.168	21.336	—	1.168	4,95	7	35	37
1806-1810	4.181	18.739	18.423	316	—	4,47	7	30	30
1811-1815	5.089	21.083	21.857	—	774	4,14	8	32	32
1816-1820	6.398	23.679	21.561	2.118	—	3,70	9	32	30

en un demi-siècle. Ils n'avaient aucune tendance à baisser.
Nous sommes beaucoup mieux renseignés sur la ville

de Paris. A partir de 1670, la statistique publiée mois par mois nous est parvenue presque tout entière. Nous la résumons par le tableau ci-joint (p. 122).

Nous n'avons malheureusement aucun recensement pour éclairer les chiffres antérieurs à la Révolution. Nous ne pouvons par conséquent calculer ni la nuptialité, ni la natalité, ni la mortalité, qu'à partir de 1781. On remarque l'élévation des chiffres : pour 1.000 habitants environ 10 mariages, 39 naissances et 38 décès. Ce sont des chiffres très considérables.

Ce qui frappe tout d'abord à l'aspect de notre tableau, c'est que les chiffres absolus ne se modifient guère avec le temps ; il est manifeste que la population n'a pas dû varier beaucoup au cours du xviiie siècle.

On remarque en outre combien il est fréquent que le nombre des décès l'emporte sur celui des naissances. De 1709 à 1788 on ne compte pas moins de 34 années (c'est-à-dire presque la moitié) dans lesquelles la mortalité l'a emporté sur la natalité.

L'année 1709, célèbre par l'extraordinaire rigueur de l'hiver (tellement exceptionnel que la mer gela sur les côtes de France), entre naturellement dans ce chiffre, ainsi que l'année 1710, où les naissances furent très rares, et les décès encore très nombreux ; d'autres périodes, très mauvaises pourtant, n'ont pas fait sur les contemporains la même impression ; telles furent les six années 1738-1743.

Le rapport calculé dans la colonne *f*, nous montre une natalité très élevée [1] avec une très légère tendance à la dimi-

---

1. Le rapport que nous calculons ne fait pas connaître le nombre moyen d'enfants par mariage, puisque nous ne pouvons pas distinguer les naissances légitimes des naissances illégitimes, toujours très nombreuses à Paris.

Mais ce rapport permet d'apprécier la natalité en l'absence du recensement. En effet, en divisant la fraction $\dfrac{\text{naissances}}{\text{population}}$ par la fraction $\dfrac{\text{mariages}}{\text{population}}$, il est clair que nous éliminons le terme *population* qui nous est inconnu.

nution. Notre tableau, qui n'est lui-même qu'un résumé, se résume par les chiffres suivants où nous ne considérons, autant que possible, que des périodes de vingt ans.

PARIS. — *Pour un mariage, combien de naissances :*

1670-1684..	5,2
1709-1720..	4,1
1721-1740..	4,6
1741-1760..	4,4
1761-1780..	4,0
1781-1800..	3,8
1801-1820..	4,3

Ainsi l'abaissement de la natalité ne se faisait nullement remarquer en France au xviiie siècle. Sauf peut-être un peu à Paris, et encore cette tendance est-elle bien peu marquée. La natalité était alors très élevée ; malheureusement la mortalité était très considérable, et l'accroissement de la population était faible. Il semble bien qu'il en était de même à l'étranger.

<h2 style="text-align:center">V</h2>

INFLUENCE POSSIBLE DE LA RÉVOLUTION FRANÇAISE SUR LA NATALITÉ

Nous voici arrivés au seuil du xixe siècle.

C'est au cours de ce siècle que la natalité jusque-là élevée (d'après les documents parisiens, d'après ceux que nous a transmis Moheau, et d'après quelques autres encore) baisse d'un pas presque égal pendant assez régulièrement, 1 naissance par 1.000 habitants en dix ans.

La Révolution et l'Empire ont-ils été cause initiale de ce mouvement qui ne devait plus s'arrêter ? Sous la Révolution, le respect de la maternité est poussé jusqu'à l'affectation, et il est juste d'ajouter que les mariages et les naissances furent extraordinairement nombreux, à Paris du moins, pendant cette période agitée (voir le bas du tableau de la page 122).

Mais la Révolution inculqua dans l'esprit des Français trois dispositions d'esprit qui firent dans le cours du siècle d'incessants progrès :

L'affaiblissement des croyances religieuses ;

L'esprit démocratique ;

L'individualisme (la déclaration des droits de l'homme aurait dû avoir pour pendant la déclaration des droits de la société ; celle-ci a été oubliée).

Puis survient l'empire : son Code civil, et ses guerres épouvantables.

Nous allons analyser le degré d'influence que chacune de ces causes peut avoir eu sur l'affaiblissement de l'esprit de famille. Disons tout de suite que même si on n'attribue à chacune d'elles, isolée, qu'une faible influence, on doit reconnaître que, combinées, elles doivent avoir eu un pouvoir de nuire beaucoup plus énergique :

Il est douteux que l'affaiblissement des croyances religieuses ait suffi à abaisser la natalité. Mais si en même temps que les croyances religieuses s'affaiblissent, l'esprit démocratique inspire à chaque homme le désir de s'élever au-dessus de sa position, il est incité à se charger du moindre poids possible pour soutenir plus librement le combat de la vie ; une religion sincère le détournerait d'un si triste expédient, mais elle ne se maintient que pour la forme, et n'a plus d'influence. Loin qu'un principe supérieur de morale vienne la suppléer, l'individualisme enseigne dogmatiquement que chacun n'a de devoir qu'envers soi-même. Ainsi l'homme ne se sent pas plus de devoirs sociaux que de devoirs religieux et reste entièrement livré aux suggestions de l'ambition.

S'il reporte cette ambition sur ses enfants, s'il les veut plus riches et plus élevés que lui, il trouve au travers de ses projets le Code civil, qui ne lui laisse guère qu'un moyen assuré de réaliser son projet; c'est de limiter le nombre de ses enfants. Il en est du Code civil comme des autres influences dont nous venons de parler : à lui seul, il n'aurait pas pu peut-être, même en un siècle entier, abaisser la natalité française au point où nous la voyons. Il n'a pas eu cette influence déprimante dans la Pologne russe [1] ni en Roumanie, ni dans les Pays-Bas, sans parler des autres pays où il a été adopté ou adapté. Mais établi dans une nation peu religieuse et en outre imbue d'idées démocratiques, il trouvait des conditions adjuvantes nécessaires pour devenir fatal au développement de la nation.

Ainsi il convient, dans l'étude que nous allons faire de chacune de ces influences délétères, de ne jamais raisonner comme si elle était seule.

De l'influence de l'affaiblissement des croyances religieuses sur la diminution de la natalité.

Il est assurément logique d'attribuer à l'affaiblissement des croyances religieuses une influence sensible sur la diminution de la natalité.

On a maintes fois remarqué que la Bretagne, contrée où la religion est encore pratiquée assez généralement, est une des contrées de France où la natalité (quoique *très faible* comparée à celle des pays étrangers) a le moins décliné.

L'observation individuelle nous montre que les familles nombreuses sont généralement pieuses (surtout dans la bourgeoisie, où cette belle fécondité est plus particulièrement consciente et voulue).

Les Franco-Canadiens, si extraordinairement féconds, ont conservé une foi catholique extrêmement ardente.

Nous ne méconnaissons pas la valeur de ces arguments. D'autres peuvent leur être opposés :

1. Où il est en vigueur dans son texte original français, car il n'en existe pas de traduction officielle.

La Belgique, qui s'est donné depuis un quart de siècle un gouvernement catholique, n'en voit pas moins sa fécondité décroître avec rapidité depuis cette époque.

Est-ce bien uniquement parce qu'elle est relativement pieuse que la Bretagne a conservé une fécondité un peu supérieure à la moyenne française ? Son état économique, les professions maritimes de beaucoup de ses habitants, leur rudesse, leur pauvreté, et surtout leur obstiné courage, ne sont-ils pas aussi des facteurs dont il faille tenir compte ?

Mais il est utile d'entendre sur cette question l'opinion d'un écrivain catholique très distingué, M. Fonsegrive, directeur de la *Quinzaine*.

Quand on met sur le compte de la diminution de la foi la diminution des naissances, on énonce en un certain sens une incontestable vérité, mais en un autre sens on se trompe. Oui, si l'on avait la foi saine, normale : par le fait seul qu'on posséderait cette foi et qu'on agirait en conséquence, on ne songerait pas à limiter la vie qui veut naître. Mais on peut très bien avoir la foi catholique, et vivre sans se mettre en opposition expresse avec les règles morales qui en dépendent. Si cette foi tombe sur un terrain mal préparé, sur une nature altérée et anormale, elle produit toujours ses fruits surnaturels de sanctification et de salut ; mais elle ne produit pas tous les fruits qu'elle pourrait et devrait produire dans le domaine de la nature.

C'est un fait, d'abord, que la morale catholique ne condamne pas la chasteté volontaire des époux ; elle ne les oblige pas à avoir un certain nombre d'enfants ; les moralistes catholiques n'interdisent pas la prudence conjugale ; pourvu que toutes choses, quand elles se passent, se passent normalement et que le reste du temps l'abstention soit observée, la morale catholique est satisfaite. On peut donc être catholique pratiquant pieux et fervent même, et n'avoir qu'un ou deux enfants...

Le mal qui nous trouble et nous effraie vient de l'âme ; c'est une maladie de l'esprit et cette maladie n'est autre qu'une crainte, une lâcheté, une peur, un manque de confiance qui paralysent les efforts et qui atrophient la volonté.

La véritable cause de la diminution de la natalité n'est pas d'ordre physiologique ; il faut ajouter : elle n'est pas davantage d'ordre social, ni dépendante du régime législatif et fiscal ; elle n'est pas même, à proprement parler, d'ordre religieux : elle est simplement et uniquement d'ordre moral. Les âmes françaises, à mesure qu'elles ont goûté à la civilisation, se sont amollies et rétrécies, elles ont tourné toutes leurs aspirations vers le mieux être individuel et familial, elles ont rapetissé leurs ambitions, et elles ont en même temps perdu la force d'agir, la confiance qui soulève, le courage qui soutient l'effort...

La religion a un but surnaturel et ses effets sont principalement de l'ordre surnaturel; elle transpose les âmes dans une région divine; mais si elle influe sur les âmes par là même, cependant elle les transpose telles qu'elles sont; les améliorant sans doute, mais ne changeant pas tout à fait leurs qualités et dispositions naturelles.

... Un esprit faux, bien que croyant et pratiquant, bien que recevant les grâces sacramentelles, reste un esprit faux et la pratique des sacrements ne saurait normalement, sauf par un miracle, donner l'aptitude mathématique à celui qui ne l'a pas, non plus que guérir le corps d'une maladie. Les facultés naturelles qui ne tiennent pas à la moralité individuelle, le plus ordinairement demeurent ce qu'elles sont; de même les sentiments, les habitudes de juger et de sentir sur les choses naturelles ; de là vient que les médiocres restent médiocres, que tant d'âmes abreuvées aux sources surnaturelles restent naturellement de qualité inférieure, ce qui scandalise souvent et cependant ne devrait même pas étonner. Par conséquent, si la vertu de religion contient en elle la force, le courage, l'espérance, la force qu'elle donne, le courage qu'elle soutient, l'espérance qu'elle inspire, se rapportent normalement à des objets surnaturels, aux dogmes de la religion, à la vie future ou à ses nécessaires préparations; elle ne donne pas nécessairement le courage purement naturel pour affronter toutes les difficultés économiques et sociales de la vie présente; elle n'inspire pas nécessairement la confiance en cette vie.

Ainsi la foi religieuse n'aurait sans doute pas suffi pour conserver à la France sa fécondité, et l'indifférence religieuse n'aurait pas suffi peut-être à la lui enlever, si elle avait été le seul facteur en jeu. Mais il y en a eu d'autres.

Influence du développement de la civilisation et de l'esprit démocratique.

M. Bertillon père (*Natalité*, p. 89 et suivantes) a attribué, il y a bientôt quarante ans, au développement de la civilisation une forte influence sur la diminution de la natalité.

Après avoir parlé des causes économiques qui agissent sur la natalité, il poursuit ainsi : « Les secondes influences qui commandent à la natalité sont d'ordre moral. Ce sont les *effets de la civilisation*; ils se manifestent notamment par les rapports qui s'établissent entre la natalité et l'enrichissement. Dans certains cas, nous avons vu la civilisation en augmentant la puissance du travail et sa production augmenter du même coup la multiplication des hommes. Nous allons voir maintenant cette même culture en s'universalisant devenir une cause modératrice de la natalité. C'est ce qui s'observe le plus souvent soit dans les civilisations avancées, soit dans quelques classes privilégiées, soit dans la nation entière, mais surtout dans les pays dont la civilisation est le plus universalisée, démocratisée, alors que la masse de la collectivité considérée est gagnée à la contagion de goûts plus relevés. Alors chacun tend à augmenter sa consommation personnelle et plus encore peut-être celle de sa famille, à absorber c'est-à-dire à détruire plus de travail, ou même à conquérir la sécurité par l'accumulation d'un capital. Bientôt l'habitude est prise; cette plus grande consommation familiale et ce besoin de l'épargne deviennent un besoin de premier ordre... »

Déjà en 1855, il avait émis une idée analogue (lettre à Achille Guillard). « Dans les pays les plus émancipés, les producteurs absorbent eux-mêmes le surplus de leurs produits et n'en laissent point de disponibles qui puissent favoriser un accroissement de naissances ».

Arsène Dumont a développé la même pensée dans un volume intitulé : *Civilisation et Dépopulation*.

M. Paul Leroy-Beaulieu a de même attribué l'abaissement de la natalité au développement de la civilisation et de l'esprit démocratique.

Sous ces différentes formules on retrouve la même pensée. Cette opinion est très logique; les hommes peu cultivés satisfont leurs instincts presque inconsciemment; ils ressemblent, toute proportion gardée, aux animaux qui mangent sans se douter du rôle de l'alimentation dans l'économie animale, et qui s'accouplent sans soupçonner qu'ils assurent ainsi la perpétuité de leur espèce. C'est presque le cas de l'homme primitif, qui, tout en sachant à quel but est destiné chacun de ses actes, les accomplit sans les raisonner. On conçoit que l'éducation, l'instruction, l'habitude de réfléchir, de calculer et de prévoir, le rendent plus circonspect et même trop circonspect.

Il ne suffit pas que cette opinion, qui rattache la dépopulation au développement de la civilisation, soit logique ; il faut savoir si elle est confirmée par les faits.

A l'appui de cette opinion on peut invoquer :

1° Le fait que la natalité a diminué en France depuis le début du XIXe siècle, c'est-à-dire depuis que la Révolution a semé dans le pays des idées démocratiques.

2° Que la natalité a baissé un peu plus rapidement dans ces dernières années, qu'elle n'avait fait précédemment ;

3° Que l'abaissement de la natalité est un fait général dans tout l'Occident de l'Europe, mais plus rapide en France que dans les pays moins démocratiques ;

4° Que les régions de l'Europe les moins démocratiques, telles que la Russie, la Serbie, la Roumanie, etc., sont celles où la natalité est la plus élevée.

5° Que l'abaissement de la natalité est au contraire rapide dans les colonies australiennes qui sont acquises aux idées socialistes, la natalité y restant d'ailleurs bien plus élevée qu'en France.

6° Que la natalité paraît faible dans la Nouvelle Angleterre (et non pas dans le reste des États-Unis comme on l'a prétendu par erreur).

7° Que les contrées les plus ignorantes sont les plus fécondes.

8° Qu'une fraction du parti socialiste français se désintéresse de la dépopulation et compte plusieurs personnalités influentes qui professent les théories néo-malthusiennes, (mais d'autres socialistes très éminents méprisent ces théories et les flétrissent en termes énergiques).

9° Que les familles nobles s'éteignent rapidement.

10° Que des monographies de petites collectivités (monographies communales) montrent la natalité élevée des communes composées d'ouvriers peu éclairés et la natalité tout à fait misérable des communes composées d'ouvriers instruits qui se sont fait une âme d'employé (voir *Annexes*, p. 321 et suiv.)

Aucun de ces arguments n'est aussi probant qu'il semble d'abord.

Quelques explications sont donc nécessaires à propos de chacun d'eux.

1° La natalité a diminué en France depuis le début du XIXᵉ siècle et 2° elle a diminué plus rapidement depuis dix ans, qu'elle n'avait fait précédemment. Il suffit d'un regard sur les chiffres pour s'en convaincre (voir p. 2).

On peut certainement rattacher aux aspirations démocratiques, si on le veut, cette décroissance qui se poursuit depuis un siècle et qui s'accélère si fort actuellement, mais combien d'autres éléments ont pu y concourir et y ont certainement concouru !

3° L'abaissement de la natalité est un fait général a tout l'Occident de l'Europe, mais plus rapide en France que dans les pays moins démocratiques — Oui, la natalité diminue dans tous les pays de l'Europe, mais la *mortalité diminue aussi*, et c'est ce qu'on oublie trop, en sorte que l'accroissement de la population est toujours à peu près le même, avec tendance à accroissement.

Nous avons expliqué (p. 66 et suivantes) que cet abaissement de la natalité est une suite ordinaire de l'abaissement de la mortalité. L'abaissement de la natalité restant jusqu'à présent proportionné à la mortalité, il n'est pas besoin de lui chercher une autre explication.

Lorsque sera venue l'époque, encore extrêmement éloignée, où la mortalité aura atteint son minimum, la natalité continuera-t-elle à baisser? Nous n'en pouvons rien savoir; jusqu'à présent, rien ne l'indique.

4° LES RÉGIONS DE L'EUROPE LES MOINS DÉMOCRATIQUES, TELLES QUE LA RUSSIE, LA SERBIE, LA ROUMANIE, LA BULGARIE, ETC., SONT CELLES OÙ LA NATALITÉ EST LA PLUS ÉLEVÉE. — Il est vrai, mais ce sont celles où la mortalité est aussi la plus élevée. L'élévation de la natalité dans ces pays s'explique par l'élévation de la mortalité et réciproquement; le peu de culture de la masse des habitants explique à la fois l'une et l'autre.

5° L'ABAISSEMENT DE LA NATALITÉ EST RAPIDE DANS LES COLONIES AUSTRALIENNES QUI SONT ACQUISES AUX THÉORIES SOCIALISTES. — Il est vrai, et pourtant les conditions démographiques de ces colonies sont entièrement différentes de celles où se trouve la France. Même actuellement, leur natalité, qui est de 25 à 30 naissances pour 1.000 habitants, est incomparablement supérieure à celle de la France (20); quant à l'accroissement de la population, il dépasse en Australie les chiffres les plus élevés de l'Europe (de 14 à 19 pour 1.000 habitants.) Cela est dû à l'extraordinaire faiblesse de la mortalité (de 10 à 13 décès pour 1.000 habitants.

Ainsi : mortalité extrêmement faible ; natalité presque moyenne ; accroissement de population très rapide, ainsi se résume la situation de l'Australasie; ce sont là des caractéristiques très favorables.

Il est vrai qu'autrefois (je veux dire en 1861-70), la situation était bien meilleure encore. Elle était même paradoxale, et sans autre exemple connu. La mortalité était déjà très faible (quoique un peu plus forte qu'à présent), mais la natalité dépassait 40 dans cinq des sept colonies, en sorte que l'accroissement de la population atteignait et dépassait 25 pour 1.000 habitants et par an. C'est un chiffre sans autre exemple (même chez les Franco-Canadiens).

Natalité et Mortalité en Australie dans la seconde moitié du
XIX⁰ siècle et le début du XX⁰ siècle.
Naissances, décès pour 1.000 habitants en un an.

	Population (en milliers d'habitants).		1861-70		1871-80		1881-90		1891-00		1904-05	
	1861	1901	Natalité.	Mortalité.	Natalité.	Mortalité.	Natalité.	Mortalité.	Natalité.	Mortalité.	Natalité.	Mortalité.
Nouvelle-Galles du Sud	351	1.356	41,7	16,5	38,8	15,5	34,5	14,7	30,3	12,3	26,7	11,2
Victoria [1]	540	1.201	41,3	16,9	33,5	15,2	31,7	15,4	28,5	13,9	25,0	12,7
Queensland	30	503	43,6	19,1	38,4	17,3	37,0	16,7	31,4	12,2	26,7	11,4
Australie du Sud . .	125	358	42,3	15,3	37,8	15,4	36.5	13,6	29,0	12,0	24,5	10,8
Australie de l'Ouest .	15	184	36,5	15,8	32,1	15,1	35,7	17,0	20,7	15,8	30,3	12,5
Tasmanie	90	173	31,7	14,6	30,6	16,1	35,0	15,6	31,0	13,0	29,0	10,8
Nouvelle-Zélande. . .	99	773	40,2	13,2	40,7	12,3	33,9	10,5	26,7	10,0	26,6	9,9

1. *Victoria :* En 1854-60, natalité, 38,4 ; mortalité, 19,3.

Les Australiens ne se sont pas maintenus ainsi en dehors
des règles ordinaires de l'humanité. Leur mortalité, quoique très faible, est devenue plus faible encore ; leur natalité
a baissé bien davantage et l'accroissement de la population
a cessé d'être prodigieux, tout en restant supérieur à ce
qu'il est en Europe. Il n'y a donc aucune analogie entre
la natalité des Français et celle des Australiens. Leur situation démographique reste excellente. Ils s'en émeuvent pourtant, ce qui prouve qu'ils sont prévoyants. Ils ont institué
une commission de dépopulation qui a été aussi active que
celle de France a été lente dans ses travaux, mais qui ne
paraît pas avoir jeté beaucoup de lumière sur la question.

6° La natalité parait très faible dans la Nouvelle
Angleterre, mais non pas dans le reste des États-Unis
comme on l'a prétendu par erreur. — Nous disons que la
natalité *parait* très faible dans les États de la Nouvelle
Angleterre parce que, en effet, il est douteux qu'elle le soit
réellement.

Il n'est pas ordinaire que les auteurs d'une statistique
quelconque soient les premiers à proclamer par écrit qu'elle

est tout à fait mauvaise. C'est pourtant ce que les statisticiens de plusieurs États ont eu la franchise d'imprimer à plusieurs reprises en tête de leurs publications.

Lorsque j'étais aux États-Unis (1893), j'ai visité plusieurs d'entre eux, et ils ont bien voulu m'en dire plus long encore qu'ils n'en impriment. Ils estimaient *qu'un tiers* des naissances n'étaient pas enregistrées. Cela tient à ce que l'enregistrement des naissances n'est pas dans les mœurs américaines. Dans presque tous les États il n'y a pas de registre de l'état civil; ces registres n'existent que dans quelques États, presque tous dans la Nouvelle Angleterre, (actuellement, on les institue dans beaucoup d'Etats). Mais les habitants n'en reconnaissent pas l'utilité et très souvent ils ne font pas enregistrer la naissance de leurs enfants. « N'y a-t-il pas, demandai-je, des peines prononcées contre ceux qui y manquent? — *Oh yes, but we do'nt like persecute them!* » c'est le refrain qu'on entend sans cesse aux États-Unis quand il s'agit des lois d'utilité publique.

La statistique des décès, sans être aussi bien faite qu'en Europe, est beaucoup plus complète par la raison que l'existence d'un mort ne peut pas échapper comme celle d'une naissance à la connaissance de l'autorité publique.

Prenons pourtant les chiffres tels qu'ils sont. Nous trouvons une situation démographique qui n'est en rien comparable à celle de la France. La mortalité apparait comme très faible. La natalité n'apparaît pas comme ayant tendance à diminuer. L'excès des naissances sur les décès, quoique médiocre, est loin d'être nul.

Natalité et mortalité dans les États où la registration existe depuis longtemps.

Sur 1.000 habitants en un an :		Naissances.	Décès.	Excès des naissances.
	1851-1861.	24,6	14,9	9,7
	1861-70. .	22,7	16,2	6,5
Connecticut. . .	1871-80. .	24,7	16,4	8,3
	1881-90. .	23,1	17,5	5,6
	1891-1900.	24,1	17,4	6,7

Massachusetts. .	1851-60. .	29,1	18,2	10,9
	1861-70. .	25,7	19,4	6,3
	1871-80. .	25,9	19,8	6,1
	1881-90. .	25,5	19,6	5,9
	1891-1900.	27,3	18,9	8,4
Michigan	1871-80. .	22,5	8,8	13,7
	1881-90. .	22,1	9,4	12,7
	1891-1900.	19,5	10,3	9,2
Vermont	1861-70. .	19,4	14,1	5,3
	1871-80. .	20,8	14,7	6,1
	1881-90. .	19,1	15,7	3,4
	1891-1900.	20,6	16,2	4,4

Laissons de côté ces statistiques insuffisantes et certainement trompeuses, des États à registration, et cherchons ce que peut être la natalité de l'ensemble des États-Unis.

Un certain nombre d'auteurs ne se sont pas beaucoup fatigués pour l'évaluer. Admettant sans hésiter les chiffres publiés par les États de la Nouvelle Angleterre, ils ont admis, sans plus de scrupule, que ceux de tout le reste du continent américain devaient être semblables. Et ainsi s'est établie une sorte de légende sur la faiblesse de la natalité aux États-Unis. On a même écrit des chiffres pour la fixer !

Or, des chiffres, il n'y en a pas, puisqu'il n'y a pas de registres de l'état civil, sauf dans quelques États.

Les statistiques de l'excellent Census américain, et celles non moins soignées de l'émigration, donnent pourtant une base sérieuse au calcul. Plusieurs auteurs américains l'ont fait ; nous préférons l'emprunter à l'*Economiste français*. M. Pierre Leroy-Beaulieu reconnaît (17 janvier 1903) que la natalité des États-Unis est probablement très élevée : « La population des États-Unis (y compris Alaska et Havaï, mais non compris Porto-Rico et Philippines), s'élevait le 30 juin 1900 à 76.303.387 personnes, au lieu de 63.069.756 habitants en 1890..... Sur une augmentation de 13.233.631 habitants, 4 millions proviendraient de l'émigration et plus de 9 millions de l'excédent des naissances sur les décès. ... Le croît naturel aurait été ainsi de

14 p. 100 ou 13 p. 100 par an, proportion à peu près égale
à celle de l'Allemagne, c'est-à-dire très élevée. Il faut observer que ceci n'est guère qu'un minimum.... » En réalité,
l'excédent des naissances sur les décès a dû être de 15 par
an et pour 1.000 habitants, proportion très élevée. Même en
admettant une mortalité très faible, cela prouve une natalité
considérable. Cela est confirmé par le Census de 1910
(16 millions d'hab. de plus qu'en 1900, dont 5,7 immigrés
en sus des émigrés, et 10,4 par excès de naissances ; soit
13 pour 1.000 hab. et par an, comme ci-dessus ; l'excès
réel des naissances sur les décès doit être de 15).

Ainsi la natalité des États-Unis ne peut pas être fixée, mais
il est certain qu'elle est très élevée dans l'ensemble du pays.
Il est probable qu'elle est plus faible dans les États de la
Nouvelle Angleterre, mais cela même n'est pas prouvé.

De ces diverses observations, il résulte que la civilisation
est parfaitement conciliable avec un large développement de
la population. *Jamais* l'accroissement de la population n'a
été aussi élevé qu'à notre époque dans tous les pays de
l'Europe (excepté en France). Cependant ils n'ont jamais
été aussi civilisés et nous ne pouvons pas avoir la préten-
tion outrecuidante d'être plus civilisés qu'eux.

Les idées démocratiques, voire même socialistes, ont
fait en tous pays des progrès très rapides dans ce dernier
quart de siècle, et l'accroissement de la population n'en a
pas été ralenti.

Et pourtant il paraît bien probable qu'elles sont en partie
responsables de la dépopulation de la France. C'est qu'en
France, elles n'agissent pas seules.

7° LES RÉGIONS LES PLUS IGNORANTES SONT LES PLUS
FÉCONDES. — M. Del Vecchio, professeur de statistique à
Gênes, a fait une étude des plus intéressantes sur la relation qui existe entre l'ignorance et la fécondité. (*Gli anal-
fabeti e le nascite nelle varie parti d'Italia*, Bologna, 1894).

Plus l'ignorance est grande, plus la natalité est élevée !
Telle est la conclusion que M. Del Vecchio appuie sur un
très grand nombre de documents. Je ne puis les citer
tous, à mon grand regret, car c'est alors qu'ils prendraient
toute leur valeur. En voici le résumé :

		Sur 100 habitants de plus de 6 ans, combien d'illettrés ?	Sur 1.000 habitants, combien de naissances en 1 an (1876-1887).
Italie Septentrionale.	Districts les plus instruits. . . .	27	35,5
	Districts moyennement instruits. .	39	36,4
	Districts les moins instruits. . . .	55	37,1
Italie Centrale.	Districts les plus instruits. . . .	53	33,9
	Districts moyennement instruits. .	65	36,8
	Districts les moins instruits. . . .	75	37,0
Italie Méridionale.	Districts les plus instruits. . . .	73	37,9
	Districts moyennement instruits. .	81	40,6
	Districts les moins instruits. . . .	85	41,0

Ce tableau est certainement très intéressant. On remarquera que les districts étudiés diffèrent considérablement
au point de vue de l'instruction (surtout dans l'Italie du
Nord) et très peu seulement au point de vue de la fécondité, laquelle est partout très élevée. L'influence fâcheuse
de l'instruction paraît donc assez constante, mais faible.

Une autre remarque s'impose. Les districts les plus
ignorants sont presque toujours les plus pauvres, ceux où
la mortalité est la plus élevée ; ainsi ce tableau revient à
dire que la pauvreté et la mortalité élevée s'accompagnent
d'une natalité élevée, ce que nous savions déjà. Il ne suffit
peut-être pas pour prouver que l'ignorance ait une action qui
lui soit propre.

VI

FAIBLESSE DE LA NATALITÉ
DANS LES « CLASSES DIRIGEANTES »

Le professeur Fahlbeck, de Lund, a prouvé, dans une étude très détaillée qu'il a présentée à l'Institut international de statistique, que la noblesse suédoise disparaît rapidement parce que les mariages y sont très rares et en outre très peu féconds. La Suède est un pays foncièrement aristocratique, et la noblesse y conserve encore un certain prestige (qu'elle perd de jour en jour).

En France, elle n'en a aucun. La classe « dirigeante » est celle des notabilités artistiques, littéraires, politiques ou autres. Le journal l'*Intransigeant* a fait en 1908 une enquête des plus intéressantes pour savoir dans quelle mesure la haute société parisienne est responsable de la dépopulation de la France. Il a publié des listes comprenant au total 445 noms connus, et indiquant le nombre d'enfants de chacun de ces 445 notables. J'ai eu la curiosité de dépouiller ces listes, et je suis arrivé aux chiffres vraiment lamentables qui suivent[1] :

Nombre de personnages notables de Paris qui ont :

0 enfant vivant. .	177 soit au total	0 enfants.
1 — —	106	106
2 enfants vivants.	88	176
3 — —	39	117
4 — —	19	76
5 — —	7	35
6 — —	4	24
7 — —	3	21
8 — —	—	—
9 — —	1	9
10 — —	—	—
11 — —	1	11
Total. . . .	445	575

1. J'ai tenu compte de toutes les réclamations et rectifications pu-

Ainsi, voilà 445 hommes parvenus à la notoriété (et qui pour la plupart ont passé l'âge d'avoir de nouveaux enfants) : à eux tous ils ont élevé 575 enfants. Si tous les imitaient, la France avant trente ans, serait réduite de moitié.

Au lieu de considérer en bloc ces 445 notables, groupons-les suivant le genre de leur notoriété. J'ai publié pour chacun d'eux un tableau semblable au précédent (*Figaro*, 17 août 1909). Je résumerai ces chiffres ainsi :

94 artistes notables ont	104 enfants viv.
133 littérateurs	127 — —
111 politiques	193 — —
23 industriels et commerçants .	39 — —
33 militaires et fonctionnaires .	54 — —
51 autres notables	56 — —
Ensemble 445 notables	575 — —

On voit que le nombre des enfants est misérable, quel que soit le genre de notoriété considérée.

Les littérateurs et les artistes, qui ont assumé la tâche de former l'esthétique de la nation, ont à peine un enfant chacun ! Les autres notabilités en ont à peine davantage (exactement 1,5 chacun).

Notre patrie marche rapidement à sa perte parce qu'elle suit l'exemple de ceux-là mêmes qui devraient l'éclairer et la conseiller.

Sans manquer de respect aux hommes éminents qui ont dirigé la mentalité de notre troisième république, on peut remarquer que la plupart d'entre eux n'étaient pas pères de famille : ni Thiers, ni Jules Ferry, ni Gambetta, ni Lepère, ni Spuller, ni Challemel-Lacour, ni Goblet, ni Floquet, ni

bliées. Toutes protestaient contre des erreurs *en moins*, et j'ai vu que d'autres erreurs *en moins* avaient été commises, sans donner lieu à rectification. Tandis que je n'ai pas eu connaissance d'erreurs *en plus*. « Je crois que l'*Intransigeant* a exagéré la dépopulation » a dit mon ami M. Frantz Jourdain. C'est bien aussi mon avis. Je ne crois pourtant pas ces erreurs assez importantes pour modifier ma conclusion générale.

Waldeck-Rousseau, (pour ne citer que les principaux, et ne pas parler des vivants) n'ont connu les joies, les douleurs et les charges de la paternité. Parmi leurs collègues, beaucoup n'avaient pas d'enfants ou n'en avaient qu'un. Il en est de même aujourd'hui. Est-ce l'effet du hasard ? Non ! ces hommes appartiennent à la « classe dirigeante », que les chiffres ci-dessus nous ont appris à connaître.

Un écrivain belge très distingué, M. Louis Frank, a donc eu raison d'écrire cette phrase : « Le gouvernement français est un comité de célibataires dirigeant un pays qui se dépeuple ».

VII

INFLUENCE DES LOIS SUCCESSORALES

Nous avons vu que les familles qui possèdent une propriété quelconque sont celles parmi lesquelles les familles suffisamment nombreuses sont les plus rares.

C'est qu'en effet l'une des causes les plus incontestables de l'extrême faiblesse de la natalité française (elle est de 21 naissances pour 1.000 habitants, au lieu de 36 dans la plupart des pays étrangers) est la crainte que le père de famille éprouve de voir sa fortune s'émietter après sa mort. Cette crainte n'est pas chimérique : supposons qu'un homme à force de travail ait créé un fonds de commerce, une industrie quelconque ou une usine, et qu'il ait consacré, pour le grand profit de la nation, toutes ses économies au développement de cet établissement ; si cet homme n'a qu'un enfant, il a cette perspective attrayante de voir son fils, au besoin son gendre, perpétuer le nom de sa maison, accroître sa prospérité et arriver à cette réputation que rêve et que doit rêver tout négociant. S'il a plusieurs enfants, au contraire, la loi, pour le punir de cette utile fécondité, l'oblige le plus souvent à vendre (à vil prix probablement, comme dans toute vente forcée) l'établissement, propriété indivisible. L'un des enfants veut-il le racheter ? Il ne le peut, car il n'a pas l'argent nécessaire pour rembourser ses frères. Donc l'établissement passera à quelque successeur inconnu. Alors, pourquoi lui donner tant de soins ? Mais il est un moyen bien simple de dissiper ce cauchemar ; c'est de n'avoir qu'un enfant.

Conçu dans la classe bourgeoise, ce genre de raisonnement a gagné celle des paysans. Le petit propriétaire rural calcule, sur ses doigts, le nombre de ses enfants : il voit d'avance, partagé entre plusieurs, ce lopin de terre qu'il a arrondi à force de ruses, à force de sacrifices. D'avance, il voit l'impitoyable arpenteur détruire ce bel ouvrage, planter des bornes au milieu du champ, et le notaire tirer au sort les lambeaux d'un bien qu'il a passé sa vie à unifier. Mais il est un moyen bien simple d'échapper à ce tourment posthume : c'est de n'avoir « qu'un seul et unique héritier ! »

La statistique (voir p. 102 et 109) et l'étude monographique (voir p. 327) des familles s'accordent à reconnaître l'état psychologique que nous venons de décrire. On comprend qu'il soit très fréquent dans un pays tel que le nôtre, où la propriété est très divisée (voir p. 116) et où l'esprit de prévoyance est presque général.

Le péril extrême que nous courons justifierait les mesures les plus radicales. Il ne faut plus qu'un Français ait intérêt à n'avoir qu'un seul et unique héritier. Il faut donc réformer profondément nos lois successorales. Il faut qu'elles soient aussi favorables au développement de la population qu'elles le sont à l'étranger. Cela même ne suffit pas ; il faut qu'elles le soient davantage, car nous avons à réagir contre une tradition mauvaise.

Les réformes à faire concernent :

1° La distribution des biens considérés par rapport à leur valeur ;

2° La distribution des biens considérés par rapport à leur nature.

Nous examinerons successivement ces deux chapitres[1].

I. DE LA DISTRIBUTION DES BIENS CONSIDÉRÉS PAR RAPPORT A LEUR VALEUR. — Il n'y a pas de grands pays dans le monde dans lequel le père de famille soit, à cet égard, aussi prisonnier de la loi qu'il l'est en France.

Les législateurs italiens[2], autrichiens[3], allemands[4], etc., portent la quotité disponible à la moitié. Le législateur italien (art. 805 du code italien), n'a pas voulu suivre, sur ce point, le code Napoléon. Le code autrichien, de même que le nouveau code allemand, fixe la réserve des descendants à la moitié de leur part *ab intestat* (art. 2303 du code allemand). De plus, l'exhérédation est admise pour causes déterminées et, notamment, pour conduite déshonorante ou immorale contre la volonté du *de cujus*, disposition qui augmente encore la liberté du père de famille.

En Autriche et en Allemagne, ces dispositions sont heureusement complétées par le système du *Bauerhof* dont nous parlons plus loin (p. 146).

Chacun sait qu'en Angleterre et aux Etats-Unis, la liberté entière est laissée au père de famille. Ce système a été adopté, notamment, par le Bas-Canada, pays français

---

1. Les éléments du présent chapitre sont empruntés aux ouvrages suivants :
   Bulletin de l'Alliance nationale pour l'accroissement de la population française (vol. I, *passim*.).
   Liberté testamentaire chez les peuples modernes, par M. Raoul de la Grasserie (*Réforme sociale*, 1898).
   Etude (du même auteur) sur la quotité disponible d'un père de famille (*Bull. du Comité des travaux histor. et scientif.*, 1893).
   Influence des lois successorales sur l'expansion de la race, par M. E. Cheysson, de l'Institut (*Réforme sociale*, du 16 décembre 1903).

2. 32 naissances par 1.000 habitants en 1907 (au lieu de 20 en France), l'Italie s'accroît de 359.000 habitants par an.

3. 36 naissances par 1.000 habitants en 1907 (au lieu de 20 en France), l'Autriche-Hongrie s'accroît de 559.000 habitants par an.

4. 32 naissances par 1.000 habitants en 1907 (au lieu de 20 en France). L'Allemagne s'accroît de 882.000 habitants par an.

dont la législation est ordinairement empruntée au code français. Le père de famille use largement de cette liberté[1] ; il choisit son principal héritier parmi ses enfants qui sont, le plus souvent, très nombreux[2] ; on assure que ce choix est généralement judicieux et qu'il n'en résulte aucun inconvénient.

Le code civil espagnol du 24 juillet 1889 contient à cet égard des dispositions très remarquables :

Art. 808. — Les deux tiers de l'avoir successoral du père et de la mère constituent la réserve des enfants et descendants légitimes. Néanmoins, ils pourront disposer de l'un des deux tiers formant la réserve pour la donner par préciput à leurs enfants et descendants légitimes. Le tiers restant sera de libre disposition.

Art. 823. — Le père et la mère pourront disposer, en faveur d'un ou quelques-uns de leurs enfants ou descendants, d'un des deux tiers formant la légitime.

Cette portion se nomme *majora*.

Ce système se complète par des dispositions analogues à celles du *Bauerhof* allemand et autrichien (voir p. 146).

C'est du système espagnol que se rapproche le système suivant, mis en discussion par M. l'ambassadeur Poubelle, ancien professeur des Facultés de droit, ancien préfet de la Seine, et sur lequel nous ne saurions trop attirer l'attention. On laisse au père de famille le droit de disposer de la réserve à sa guise, à condition que cette réserve soit partagée entre ses héritiers en ligne directe, d'après le nombre de leurs enfants lors de son décès. Le texte qui consacre ce droit pourrait, par exemple, être rédigé ainsi :

« Tout ascendant a le droit de répartir, jusqu'à concurrence de moitié, la réserve de l'article 913 du code civil, entre les

----

1. Je m'en suis convaincu personnellement quand j'étais au Canada, en interrogeant les notaires de langue française, tant à la campagne qu'à la ville (voir p. 112).

2. Natalité des Canadiens français : 42 naissances pour 1.000 habitants en 1902 (au lieu de 21 en France).

réservataires ; d'après le nombre des enfants de chacun d'eux, lors de son décès. Les dispositions entre vifs et testamentaires ainsi ordonnées ne seront pas sujettes à réduction par suite de la naissance d'autres enfants, postérieurement au décès du disposant[1]. »

Nous venons de passer en revue les codes de tous les grands pays européens. Tous sont plus libéraux que le nôtre. Tous[2] font que le père de famille n'a pas, comme en France, un intérêt majeur à restreindre le nombre de ses enfants.

On peut se demander si la liberté suffirait pour corriger les détestables mœurs familiales qui, par la force du temps, se sont généralisées dans la nation française, et s'il suffirait qu'une postérité nombreuse cessât d'être une cause de ruine ; peut-être est-il nécessaire qu'elle soit une cause de richesse.

C'est cette pensée qui a fait imaginer à M. Robert Doucet[3] un système qu'il justifie ainsi :

« Il n'y a qu'à adopter une interprétation de la volonté présumée du défunt, légèrement différente de celle qui est admise actuellement. Le code civil répartit les biens du *de cujus*, comme il est vraisemblable que celui-ci l'aurait fait lui-même s'il avait testé, c'est-à-dire en se basant sur l'affection et les devoirs ; il attribue donc cette fortune à ses parents, en commençant par les plus proches. Ce ne serait point changer le principe que de répartir la succession en tenant compte, avant tout, des besoins de chacun des héritiers, car il est toujours permis de supposer que le défunt aurait songé à ces besoins ; très souvent, les parents favorisent ceux de leurs descendants qui ont de lourdes charges de famille, aux dépens des autres. Rien ne serait donc plus juste que de généraliser ces cas en appliquant les mêmes idées aux successions *ab intestat* dont l'ordre est réglé par la loi. »

---

1. *Bulletin de l'Alliance nationale pour l'accroissement de la population*, vol. I, p. 367 (séance de mai 1902).

2. Y compris les pays russes, dont nous ne parlons pas pour plus de brièveté.

3. M. Robert Doucet, *Revue politique et parlementaire* du 10 janvier 1901.

M. Robert Doucet aboutit donc à proposer le texte suivant :

« Lorsqu'un individu meurt *ab intestat* et laisse plusieurs héritiers majeurs de trente ans, la part des dits héritiers sera répartie entre eux, proportionnellement au nombre d'enfants légitimes qu'aura chacun d'eux, au jour d'ouverture de la succession ; ceci sans préjudice de la part revenant aux autres héritiers mineurs de trente ans.

« Tout testament pourra déroger aux dispositions ci-dessus.

« L'article 913 du code civil ne peut être invoqué par les célibataires majeurs de trente ans ou par leurs ayants droit. »

M. le général Toutée, dans une communication célèbre faite à l'Institut, le 27 décembre 1902, a développé une idée analogue, mais en rendant obligatoire la répartition que M. Robert Doucet ne prescrivait que pour les successions *ab intestat*. Voici le texte proposé par M. le général Toutée :

« Toutes les successions donnent lieu à partage. A chaque héritier sont attribuées, en outre de sa part, autant de parts égales à la sienne qu'il a d'enfants vivants ou représentés. Tout enfant unique appelé à ses ascendants ou de leur chef reçoit, à ce titre, la moitié de leur héritage, l'autre moitié allant à celui ou à ceux auxquels la succession reviendrait à son défaut » (et modifications en conséquence, des articles 745 et 913[1]).

La Commission de dépopulation, au ministère de l'Intérieur, s'est montrée convaincue de l'influence néfaste de nos lois successorales, mais, fidèle à une règle de conduite qu'elle a jugé utile de s'imposer, elle s'est bornée à formuler un conseil général, sans vouloir préciser les détails.

Sur la proposition de MM. Atthalin, conseiller à la Cour de cassation et Lyon-Caen, doyen de la Faculté de droit de Paris, elle a adopté le texte suivant :

« Quand le défunt laisse des descendants, fixation de la réserve à une fraction de la part héréditaire *ab intestat*, de

1. Voir aussi Raoul de La Grasserie, *Revue moderne*, 1895 ; H. Mazel, *Réf. soc*, 1er fév. 1903. Le système Toutée ôte aux cadets le privilège exorbitant dont ils jouissent aujourd'hui (p. 148).

manière qu'elle ne varie pas avec le nombre des réservataires et élargissement de la quotité disponible lorsque le bénéficiaire est un des enfants du disposant. »

Ce texte tend à rapprocher la loi française de celle des autres pays, et notamment de la loi espagnole. Ce serait un grand progrès, mais sans doute insuffisant. Le projet du général Toutée nous paraît bien préférable.

II. DE LA DISTRIBUTION DES BIENS CONSIDÉRÉS PAR RAPPORT A LEUR NATURE. — Le sentiment qui pousse l'homme à assurer ici le maintien de l'œuvre de sa vie est très respectable ; il est, en outre, très utile au point de vue économique : un bien rural arrondi et d'un seul tenant est d'une exploitation plus fructueuse, et on peut dire que sa conservation importe au pays tout entier. Il y a des avantages sérieux à ce qu'il reste, autant que possible, dans la famille.

Aussi le désir de la conservation du bien de famille est-il ressenti dans tous les pays ; de plus en plus, il est encouragé par les sociétés modernes, sous des formes d'ailleurs très diverses.

Il serait sans doute inutile d'expliquer en quoi consiste le *Bauerhöferecht*, qui fait qu'un bien rural (la ferme et les biens qui en dépendent), enregistré comme *Bauerhof*, devient indivisible, tantôt en vertu de la coutume, tantôt en vertu de la volonté du testateur. L'institution du *Höferecht* s'est considérablement étendue en Allemagne ; traditionnelle dans plusieurs régions (notamment dans la Saxe, le Hanovre et autres pays), elle a été consacrée par des lois spéciales successivement dans l'Oldenbourg en 1874, à Brême en 1876, dans le Hanovre en 1880, dans le Luxembourg en 1881, en Westphalie en 1882, dans le Brandebourg en 1883, en Silésie en 1884, dans le Slesvig-Holstein en 1886, en Hesse-Cassel en 1887, dans le Duché de Bade (pays de code Napoléon) en 1888, etc. Enfin, le code civil allemand lui a donné une nouvelle consécration.

L'Autriche a adopté, par la loi du 1er avril 1889, une disposition tout à fait analogue pour les biens ruraux d'une moyenne étendue. Trois ans sont accordés pour le remboursement des parts dues aux cohéritiers.

L'institution célèbre du *home stead* américain procède du même principe.

Le code espagnol renferme (art. 1056 et 1057) une disposition analogue au *Höferecht* allemand ; il autorise le père de famille qui veut conserver une exploitation agricole, industrielle ou commerciale, à la laisser à un seul de ses enfants, à charge de payer aux autres leur part en argent ; de même, le père peut librement distribuer le patrimoine en nature dans un partage.

La même nécessité trouve sa satisfaction (sous une forme d'ailleurs toute différente) dans plusieurs autres pays.

Elle a été ressentie même par plusieurs des auteurs du code Napoléon :

Cambacérès (28 décembre 1793), Maleville, Bigot de Préameneu, Portalis (séances du 20 janvier et du 10 février 1803) développèrent cette pensée que « le partage égal détruit les petites fortunes, et qu'un petit héritage, coupé en morceaux, n'existe plus pour personne ». Les cours d'appel de Paris, Limoges, Montpellier, etc., firent des remarques analogues. Le premier Consul lui-même fut tout d'abord disposé à respecter l'autorité paternelle, au moins pour les fortunes modiques. « Leur trop grande division met fin à leur existence, dit-il, surtout si elle entraîne la vente de la maison paternelle qui est pour ainsi dire le point central. » Mais cette considération le cédait, dans son esprit, à celle tout à fait égoïste qu'il a exposée, trois ans plus tard (5 juin 1806), à son frère Joseph. « Je veux avoir, à Paris, cent familles, toutes s'étant élevées avec moi, et restant seules considérables... Ce qui ne sera pas elles, va se disséminer par l'effet du code civil... C'est ce

qui m'a porté à établir le code civil. » Avant de céder à
cette volonté despotique, le Conseil d'État avait donc
ressenti la nécessité de ne pas morceler les héritages
modiques [1]. On en trouve encore une trace (tout à fait théo-
rique d'ailleurs) dans le code : par une singulière contradiction elle est exprimée et reconnue dans l'article même
où se trouve prescrit le système opposé. On sait, en effet,
que l'article 832 est ainsi rédigé : « Dans la formation et la
composition des lots, on doit éviter, autant que possible,
de morceler les héritages et de diviser les exploitations. Et

---

1. Cette égalité même, est une chimère! Le Code, sans le savoir, n'a
pas organisé le partage égal : il a prescrit, pour les cadets, un privilège
exorbitant.

Supposons, en effet, une famille normale : un père, marié vers trente
ou trente-cinq ans, et mourant vers soixante-dix ou soixante-quinze ans,
en laissant trois enfants que nous supposerons également instruits et
intelligents ; vraisemblablement son aîné aura de trente-cinq à qua-
rante-cinq ans, et son troisième enfant, dix ans de moins. Chacun
d'eux, de par le Code, hérite de 100.000 francs par exemple, soit
4.000 francs de revenu. Toutes choses égales d'ailleurs, le cadet survi-
vra de dix ans à son aîné, et recevra de ce seul fait 40.000 francs de
plus. Premier avantage, le moindre d'ailleurs de ceux que la loi lui
confère !

Le cadet, en effet, atteignant à peine la trentaine, trouve dans cette
petite fortune un levier admirable pour s'établir : il pourra acheter un
fonds de commerce, créer une industrie ; il est très normal qu'il en tire
10 à 15.000 francs par an. Il se marie, c'est-à-dire que, selon les habitudes (déplorables d'ailleurs) de la bourgeoisie française, il épouse
une femme dont l'apport est à peu près égal au sien. Voilà donc notre
cadet établi sur le pied de 20 à 30.000 francs de revenu.

Bien différent est le sort de son aîné, que nous supposons tout pareil
à lui, mais plus âgé de dix ans. Ayant environ quarante ans, il y a
longtemps qu'il a entrepris sa carrière ; n'ayant pas à la main le levier
puissant que constitue un capital, il a dû se contenter d'une position
subalterne : employé à 2.000 ou 3.000 francs, voilà son lot. Il serait
fâcheux qu'il fût resté célibataire jusqu'à quarante ans; il s'est donc
marié, mais pauvrement. Lorsque, sur le tard, lui sont arrivés les
100.000 francs qui ont si bien profité à son cadet, il aurait eu tort de
les exposer dans le commerce, car ce n'est pas à quarante ans qu'on
apprend à commander. Il est donc voué à la médiocrité.

Voilà donc l'effet normal, ordinaire, de ce Code prétendu égalitaire
que les Français regardent comme une des précieuses « conquêtes de
la révolution » (ce qui constitue une erreur historique ; mais l'erreur
morale est bien plus sotte et plus désastreuse).

A la liberté de tester, il a préféré (sans même le savoir) instituer pour
le cadet un privilège exorbitant. Si on ne s'en aperçoit pas davantage,
c'est qu'en réalité le Code a empêché ce troisième enfant que j'ai
supposé, de naître dans les classes possédantes. Il l'a tué ! Belle opération !

il convient de faire entrer dans chaque lot, s'il se peut, la même quantité de meubles, d'immeubles, de droits ou de créances de même nature et valeur ».

Il est visible que la première partie de l'article est en contradiction formelle avec la seconde. On sait que cet article, cause de licitations et de partage ruineux, a été condamné même par les panégyristes du code civil ; en Alsace-Lorraine, il a été aboli aussitôt après l'annexion (lois du 1er décembre 1873 et du 14 juin 1888). Rappelons que, tout récemment encore, son abrogation était réclamée par plusieurs conseils généraux dont celui de la Seine[1]. L'article 815 qui (entrave et limite l'indivision des propriétés) rend encore plus difficile la conservation des héritages dans les familles quelque peu nombreuses.

La France est peut-être le seul grand pays dans lequel l'unité des exploitations et des héritages soit combattue (avec regret d'ailleurs) par la loi. Nous avons vu que l'évolution moderne tend à conserver le foyer familial et l'exploitation qui en dépend.

On sait que c'était une des plus grandes préoccupations de Frédéric Le Play et de son école. Par leurs observations, et notamment par leurs monographies, Le Play et ses élèves (parmi lesquels nous nommerons M. Cheysson, de l'Institut), ont montré combien il est nécessaire de conserver le bien ancestral pour conserver la famille et combien de maux sont résultés de la rupture de cette double chaîne (notamment en Savoie, lorsque le code français fut substitué au code sarde).

En France même, la loi du 30 novembre 1894 et celles du 11 avril 1908 et du 11 juillet 1909 ont été dictées par les besoins d'une société démocratique ; leur action est limitée aux habitations à bon marché et aux biens très

---

1. Dans celui-ci, tout au moins, le projet de vœu était présenté et signé par des représentants de tous les partis politiques sans distinction. Il a été voté à l'unanimité (séance du 27 mars 1900).

petits ; elle pourrait, avec avantage, être étendue à tous les biens[1].

La Commission de dépopulation, a exprimé le vœu de voir la loi française se rapprocher de celle des pays étrangers (mais sans vouloir entrer dans les détails). Elle a donc adopté (23 décembre 1908) le vœu suivant, proposé par MM. Atthalin et Lyon-Caen :

« Liberté du père dans la distribution et dans l'attribution de ses biens à ses enfants sous la seule condition que la réserve soit respectée en valeur ; faculté pour le père d'ordonner le maintien à long terme de l'indivision entre ses enfants. »

Les lois autrichienne, allemande, espagnole, américaine, etc., que nous avons rappelées plus haut, sont plus radicales et plus efficaces.

CONCLUSION. — Nous avons vu que, dans tous les grands pays du monde, la législation est faite de façon à concilier les deux ambitions les plus naturelles que l'homme puisse avoir : le désir de se survivre dans son bien et dans son œuvre, et le désir de se survivre dans sa postérité.

En France, la loi l'empêche de concilier ces deux ambitions ; elle le force de choisir, et l'expérience prouve qu'il fait le choix le plus nuisible à sa patrie : à la conservation de son bien, il sacrifie la conservation de sa race.

La France n'est pas, à ce point de vue, au même niveau que les autres pays Européens, qui donnent au père de famille une grande latitude pour distribuer ses biens entre ses enfants, tant en valeur qu'en nature.

---

1. On sait que cette loi, par son article 8, a institué un nouveau droit successoral pour toutes les maisons dont la valeur ne dépasse pas certaines limites fixées par la loi. Pour ces maisons, la loi, faisant brèche au droit commun, permet l'indivisibilité, supprime la nécessité de la vente judiciaire, organise une procédure familiale devant le juge de paix, sans formalités et sans frais, pour l'attribution de la maison à l'un des membres de la famille.

VIII

EXAGÉRATION DE L'ESPRIT D'ÉPARGNE

Une des formes les plus répandues de l'individualisme excessif de notre époque est l'exagération de l'esprit d'épargne. Rien de plus louable assurément que l'esprit d'épargne ; on a dit avec raison que c'est une des forces de la France. Mais l'excès en tout est un défaut. M. A. de Foville s'est demandé si on ne l'avait pas trop encouragé.

Il serait très intéressant de comparer l'intensité de l'esprit d'épargne avec la diminution de la natalité. L'étude des caisses d'épargne à ce sujet ne dit qu'une partie de la vérité, car on doit se rappeler que l'épargne prend les formes les plus variées ; les caisses d'épargne n'en sont que la moindre. Nous n'avons aucun moyen de savoir dans quels départements sont achetées les valeurs mobilières, etc.

Voici l'état général des caisses d'épargne en Europe à la fin de 1902. (Ces chiffres comprennent l'ensemble des caisses d'épargne postales et des caisses dites ordinaires ; pour la Norvège et les Pays-Bas, les Banques d'épargne, etc.).

	Montant total des sommes déposées (millions de marks).	Sur 1.000 habitants, combien de :	
		Livrets.	Marks déposés.
Prusse	6.728	26,3	18.866
Belgique	600	29,7	8.962
Danemark	825	50,9	33.455
Angleterre	4.027	26,0	9.678
France	3.556	29,0	9.126
Italie	1.908	19,4	5.789
Pays-Bas	313	25,0	5.861
Norvège	376	32,0	16.798
Autriche	3.370	18,7	13.738
Russie	1.985	3,1	1.408
Suède	619	35,8	11.902
Hongrie	1.288	6,9	6.688

Ce tableau est intéressant, à notre point de vue, à cause de la relation incontestable qui existe entre la natalité et la passion de l'épargne. Cependant, on voit que la France n'est pas parmi les pays où les Caisses d'épargne ont le plus de clients. Mais le livret de Caisse d'épargne n'est pas la seule forme de l'épargne ni même sa principale forme, surtout à notre époque. Les valeurs mobilières en sont une autre, beaucoup plus importante.

Un auteur finlandais, M. Tallqvist[1] a étudié l'influence de l'épargne et de la prévoyance sur la natalité par les recherches les plus variées et les plus originales : par exemple, il a calculé, pour chaque département français, combien sur cent incendiés assurés, il y avait de sinistrés non assurés. Il a résumé sa recherche par les chiffres suivants (les départements dans lesquels la population urbaine dépasse 40 p. 100 de la population totale sont exclus).

	Non assurés, sur 100 assurés.	Naissances en 1 an, sur 1.000 femmes de 15 à 50 ans (1877-81).
24 départements...	de 6 à 30	148,3
33 — ...	de 32 à 96	173,7
18 — ...	112 et plus	206,1

Ainsi plus les *non assurés* sont nombreux, plus la fécondité est élevée ; en d'autres termes, moins l'esprit de prévoyance est développé, plus la natalité a tendance d'être élevée.

M. Tallqvist a mis en relation la fréquence des livrets de caisse d'épargne et la fréquence des naissances :

---

1. *Recherches statistiques sur la tendance à une moindre fécondité des mariages*, par J.-V. Tallqvist (1 vol., 140 p., Helsingfors, 1886). M. de Felice a refait les calculs de M. Tallqvist pour une période récente, et a reconnu leur constance.

	Sur 1.000 habitants, combien de livrets de caisse d'épargne en 1880.	Sur 1.000 femmes de 15 à 20 ans, combien de naissances en 1 an (1877-81).
22 départements . .	10- 44	187,1
20 — . .	49- 72	180,2
18 — . .	75-114	170,0
10 — . .	115-144	155,1
8 — . .	156-196	148,1
8 — . .	203-256	134,8
France entière. . .	104	164,3

On voit que plus les livrets de caisse d'épargne sont fréquents, plus est faible la natalité. L'auteur a varié ses recherches avec beaucoup de prudence ; il a tenu compte de l'éloignement des Caisses d'épargne dans les divers départements, du développement de l'industrie dans chacun d'eux, etc... Toujours ces chiffres ont donné la même réponse.

Ce fait n'est pas spécial à la France, M. Tallqvist l'a recherché et l'a retrouvé en Suisse, en Angleterre, en Danemark, en Suède, en Norvège, en Italie, en Prusse.

Partout les résultats sont analogues. Voici, par exemple, comment se résument ses recherches en Prusse :

	Sur 1.000 habitants combien de livrets de caisse d'épargne (1881).	Sur 1.000 femmes de 15 à 50 ans, combien de naissances en 1 an (1879-83).
6 districts.	15- 33	310,4
6 —	41- 84	290,3
6 —	94-114	284,2
12 —	119-190	271,3
5 —	196-250	249,9
Prusse entière . . .	113	281,8

La natalité des divers groupes de districts est beaucoup plus forte et, de plus, elle diminue moins vite qu'en France d'un groupe à l'autre, mais pourtant, en Prusse presque comme en France, on la voit s'affaiblir à mesure que l'on considère une généralisation plus grande de l'esprit d'épargne. On la voit aussi diminuer en Prusse, à mesure que dans une contrée l'impôt sur le revenu produit davantage.

D'où vient donc qu'en France seulement, la natalité s'abaisse au point de compromettre gravement l'avenir du pays ? Cela ne tient-il pas à ce que chez nous le nombre des épargnants est plus grand qu'ailleurs (voir page 116). N'est-il pas à croire que, dans notre France depuis longtemps républicaine et depuis plus longtemps démocratique, le sentiment qu'Arsène Dumont appelait la « capillarité sociale » ne soit plus généralisé que dans les autres pays? Cette expression ingénieuse, adoptée par plusieurs écrivains distingués, est entrée dans le vocabulaire courant. Cette capillarité sociale, notre regretté collègue la définissait ainsi :

Tout homme tend à s'élever des fonctions inférieures de la société à celle qui sont au-dessus. Guidée par un instinct infaillible et fatal, chaque molécule sociale s'efforce, avec toute l'énergie qui peut lui rester disponible, — sa conservation une fois assurée, et sans se soucier de ses semblables autrement que pour les dépasser, — à monter sans cesse vers un idéal heureux qui la séduit et l'attire comme l'huile monte dans la mèche de la lampe. Plus le foyer est ardent et brillant, plus cette capillarité sociale est dévorante[1].

Quand l'espoir de s'élever vers une classe supérieure à la sienne est entrée dans l'esprit d'un homme, il tend à la réaliser par tous les moyens : l'un des premiers consiste, en France, à diminuer le nombre de ses charges et celui de ses enfants. M. Ars. Dumont l'a démontré par un grand nombre d'exemples étudiés sur nature en étudiant, sur place le plus souvent, les groupes de population les uns après les autres, dans d'intéressantes monographies communales (voir *Annexes*, p. 318).

Voici quelques passages d'un article qui a fait le tour de la presse allemande, et qui méritait ce succès[2] :

1. *Natalité et civilisation*, par Arsène Dumont, p. 106.

2. Je l'ai lu pour la première fois dans le *Courrier de Franconie* de Nuremberg (27 avril 1908). Mais peut-être était-il emprunté à un autre journal.

« Les Français s'en tiennent absolument à leur système
de deux enfants, quelles que soient les prédications qu'on
leur adresse. A cela est lié le goût de l'épargne, car le
système des deux enfants n'a d'autre fondement que le
goût de l'épargne. Bien moins, infiniment moins, peut-on
accuser les Français et Françaises d'être toujours bien vêtus
et de fréquenter les bals et les fêtes ; ceux qui ont attribué
quelque valeur à cette cause sont des malveillants, qui
ne connaissent de Françaises que celles des boulevards.

« Non, l'économie est la cause qui restreint la population française. L'économie, dans les écoles françaises, est
depuis bien longtemps prêchée comme la première des vertus, et cette prédication a eu pour résultat qu'aucun peuple ne soutient la comparaison avec la France à cet égard.
On s'étonne, à l'étranger, de la richesse de la France, mais
cette richesse n'est autre que de l'argent épargné. Et, est-
ce véritablement une nation riche, que celle qui cache des
sous dans des coffres ou dans des bas ? N'est-elle pas plus
riche si elle dispose de son argent, si elle s'en sert pour
entreprendre quelque chose, si par un bon emploi elle le
double ou le décuple ? Sans doute, l'esprit d'entreprise ne
va pas sans déceptions, mais au total, il permet de marcher
de l'avant.

« Le Français est, de tous les peuples qui me sont connus, même l'Espagnol, celui qui a le moins d'esprit d'entreprise. Le millionnaire français, tout comme le paysan
ou l'ouvrier français, n'a qu'un désir : épargner, et, avant
tout, ne rien risquer.

« La France peut emprunter à 3 p. 100 tant qu'elle
veut. On se plaint, en Allemagne, de la peine qu'on a à
emprunter à 4 p. 100, mais est-il sûr que ce soit mauvais
signe ? lorsque les entreprises privées prospèrent, on peut
facilement et sûrement placer son argent à un taux plus
élevé, et on ne veut plus entendre parler du taux misérable qu'offrent les États. Excès d'argent peut passer peut-

être pour signe de santé, mais non de croissance. Si l'industrie française faisait les progrès de l'industrie allemande, les Français ne donneraient pas leur argent pour 3 p. 100.

« Le même esprit d'économie, le même défaut de confiance en soi et d'esprit d'entreprise, rive les Français au système des deux enfants. Le père de famille allemand se dit simplement : « Si j'ai donné à mes enfants une éducation, s'ils ont appris une profession, ils peuvent eux-mêmes songer à eux, comme je l'ai fait moi-même », et il a confiance que ses enfants feront vaillamment leur chemin.

« Mais le Français a aussi peu de confiance en ses enfants qu'en lui-même, et il a en lui-même très peu de confiance.

« Confiance en soi et esprit d'entreprise se tiennent. Le Français n'entreprend et ne risque rien parce qu'il n'a pas confiance en lui. Ce qu'il veut donner à ses enfants, ce n'est pas seulement le moyen de faire leur chemin, mais un nid tout fait et une table toute servie...

« Pour changer cela, il faut changer le point de vue, qui, depuis des siècles est celui du peuple français. Il faut faire comprendre au Français, qu'épargner vaut moins que gagner, et qu'il est mieux d'augmenter son revenu que de restreindre ses dépenses. Tant que MM. Piot et Bertillon n'y seront pas parvenus, leurs efforts resteront stériles. »

Faut-il donc croire que l'on fait fausse route en recommandant à tous la prévoyance et l'économie ? En tout cas, n'a-t-on pas dépassé le but ?

La Commission de dépopulation l'a pensé car elle a voté la conclusion suivante qui a été formulée (15 décembre 1905) par M. de Foville :

« Quand les pouvoirs publics poussent à l'excès les encouragements donnés à l'esprit de prévoyance individuelle et familiale, ils risquent de contribuer à la restriction de la natalité. »

Il vaudrait mieux recommander le travail et surtout les bonnes mœurs et l'esprit de famille sans lequel il n'y a pas de nation possible.

IX

AFFAIBLISSEMENT DE L'ESPRIT D'ENTREPRISE

L'épargne devrait avoir pour but l'entreprise.

On comprend très bien l'homme qui, méditant une entreprise, accumule le capital, petit ou gros, qui lui permettra de la mettre sur pied. Ce n'est pas le cas de la plupart des Français ; ils économisent pour le plaisir d'économiser, et de mettre un écu sur un autre.

Un grand nombre d'auteurs se sont plaints que l'esprit d'entreprise fût de plus en plus rare en France. Nous n'en citons que deux, très distingués l'un et l'autre, mais professant sur presque toutes choses, les idées les plus opposées :

M. L. L. Vauthier, ingénieur civil, qui fut pendant dix-huit ans conseiller municipal (et même excellent conseiller) de la ville de Paris comme représentant l'un des arrondissements les plus populeux (Buttes-Chaumont), attribuait la faiblesse de la natalité française à l'affaiblissement du courage et de l'esprit d'entreprise.

Et, d'autre part, voici comment s'exprime M. Fonsegrive, directeur de la *Quinzaine*, revue catholique :

« Notre tempérament national était jadis hardi, confiant, volontiers aventureux. Le Français était chevaleresque, libéral et magnanime. Il semble, à le voir agir, que ses traits caractéristiques aient changé. Qui reconnaîtrait dans la bourgeoisie française, dans cette classe moyenne aujourd'hui triomphante, en laquelle semble s'incarner toute la nation, l'héritière des croisés, des hardis colonisateurs du xviie siècle, des soldats de la Révolution et de l'Empire ? La bourgeoisie française a rétréci l'âme nationale à la mesure de ses conceptions. Il y a en elle à la fois la prudence du petit boutiquier de jadis, la ténacité de l'ouvrier, la timidité de l'ancien serf, quelque chose aussi de l'esprit des anciennes sectes persécutées...

» A force d'entendre vanter sa prévoyance économe, à force de la vanter elle-même et de l'estimer partout, la bourgeoisie française a pris le moyen pour le but. L'économie s'est transformée en parcimonie, et le souci de l'épargne a pris la forme de l'avarice....

» Et le bourgeois ne place pas mieux ses enfants que son argent : pourvu que celui-ci lui rapporte un petit intérêt il se contente, et de même, pourvu que ses enfants aient une position sûre ou prétendue telle, si mesquine qu'elle puisse être, il se tient pour satisfait. Peu importent la mesquinerie, l'étroitesse de la vie, pourvu qu'il y ait sécurité. La bourgeoisie aime, selon un de ses proverbes familiers, faire feu qui dure. Elle est avec La Fontaine pour la fourmi contre la cigale, et avec La Fontaine encore, elle dit qu'un tiens vaut mieux que deux tu l'auras; l'un est sûr, l'autre ne l'est pas. C'est l'esprit mesquin, parcimonieux, étroit, calculateur de la petite bourgeoisie d'autrefois qui est devenu l'esprit national. *L'idéal de la France était jadis dans le chevalier, il se trouve maintenant dans le fonctionnaire et le retraité.* »

C'est cet état d'esprit que M. le Professeur Jean Izoulet a appelé ingénieusement *l'interrègne de l'idéal*, et dont M. Viviani, ministre du Travail, reconnaissait l'existence dans une phrase célèbre : « Du moment que la croyance est ravie à la conscience, l'idéal est éteint ! A l'idéal primitif il peut substituer un idéal nouveau...! » (Sénat, nov. 1906).

Cet idéal nouveau quel sera-t-il ?

Jusqu'à ce que cesse « l'interrègne », l'idéal nouveau que propose au peuple un grand nombre de ses conducteurs, c'est l'individualisme. « Que chacun ne songe qu'à soi et tout le monde sera heureux ! ». Telle est la formule; elle peut avoir les plus déplorables conséquences, notamment en ce qui concerne la natalité.

Comment s'est faite cette substitution ? Comment, à une nation hardie, vaillante, aventureuse, s'est substituée une nation acharnée à l'économie, timorée et peu entreprenante ? Pourquoi ce changement désastreux s'est-il opéré?

Un de mes amis, qui ne m'a pas autorisé à le nommer, m'a dit souvent en conversation, qu'à son avis, les guerres du premier Empire en sont la cause. Ces guerres effroyables qui ont écrémé pendant un quart de siècle la nation française, et qui ont tué par une véritable sélection à rebours les plus audacieux et les plus vaillants de ses enfants sans leur laisser le temps d'avoir une postérité, n'auraient laissé subsister que des enfants d'infirmes, pour ainsi dire ; ainsi s'expliqueraient que les caractères énergiques et entreprenants soient devenus plus rares et que l'excessive prudence soit devenue le caractère dominant de l'esprit national. Cette opinion, qui n'est, aux yeux de son auteur, qu'une hypothèse très vraisemblable, n'a jamais été imprimée [1].

<h2 style="text-align:center">X</h2>

LES FAMILLES NOMBREUSES NE SONT NI HONORÉES NI PROTÉGÉES.

Ni l'État, principal intéressé dans la question, ni les particuliers n'acquittent suffisamment le devoir qu'ils ont d'honorer et de secourir les familles nombreuses. Beaucoup de gens ignorent qu'elles sont très méritoires. Pis encore ! on se moque d'elles (voir page 203).

---

1. On peut la rapprocher des recherches très ingénieuses de Tchourilov, statisticien russe mort prématurément en 1878. Il a étudié la statistique des conseils de revision militaire pour voir si les guerres du premier Empire n'avaient pas multiplié en France le nombre des infirmes. On conçoit que tous les hommes valides ayant été mêlés aux terribles guerres impériales, et beaucoup ayant péri, il ne soit plus resté dans leurs foyers que des hommes trop malingres pour être soldats. Ce sont eux qui ont engendré les générations nouvelles. Tchourilov cherchait si ces générations nouvelles n'avaient pas hérité des tares de leurs aînées. (*Revue d'anthropologie*, 1877.)

Ce que ce statisticien russe admettait en ce qui concerne la valeur physique, on peut le supposer en ce qui concerne la valeur morale.

Une idée analogue, mais un peu différente, a été exposée par M. Salone, professeur d'histoire, à la Commission de dépopulation.

Il est plus cruel encore de penser qu'on ne les secourt presque jamais quand elles sont dans le malheur ; aucun privilège sur les autres malheureux ne leur est assuré.

De toutes les misères humaines, la plus intéressante, sans contredit, est celle d'une veuve d'ouvrier chargée de nombreux enfants. Non seulement la charité conseille de la secourir, mais l'intérêt social l'ordonne. Car elle est le seul soutien de ses enfants, et ces enfants sont l'espoir de la nation. Or, on ne fait rien pour elle, ou presque rien !

Cette indifférence de la société pour la veuve chargée d'enfants est criminelle. Elle est, en outre, stupide. Il est logique de croire qu'elle contribue à diminuer le nombre des naissances.

L'ouvrier qui sait que, s'il meurt, sa famille réduite à la plus horrible misère mourra de faim (nous allons voir que c'est exactement le cas), est tout naturellement conduit à restreindre le nombre de ses enfants de façon que sa veuve ne soit pas chargée d'un poids trop lourd et ne soit pas condamnée à mort. Ce n'est pas faute de courage qu'il aura pris cette funeste résolution, c'est par nécessité. Il faut l'avouer, *il aura eu raison !*

La société subit, en pareil cas, le sort qui échoit tout naturellement à ceux qui ne paient pas leurs dettes : on ne leur fait pas crédit. Elle a institué le mariage pour obtenir les enfants nécessaires à sa conservation ; ces enfants, on peut donc dire qu'elle les demande. Par là même, elle contracte l'obligation d'en prendre soin si les parents viennent à manquer. Si elle faillit à cette obligation, il serait très logique que les familles pauvres prissent leurs précautions en conséquence. On ne pourrait pas les en blâmer !

L'abandon cruel et honteux des veuves chargées de nombreux enfants devrait donc être une cause très importante de l'abaissement de la natalité ; et si la raison gouvernait toutes les actions humaines, on devrait dire que c'est la principale; car c'est presque la seule qui soit vraiment logique. En vain on répondrait que les autres nations ne sont guère plus généreuses pour ces malheureuses veuves. En France, il y a des causes adjuvantes (irréligion, esprit démocratique, prévoyance, fureur d'épargne, etc.) qui n'existent pas au même degré dans les autres pays.

Jamais la veuve chargée d'enfants n'est responsable de son malheur. Que peut-on lui reprocher ? Elle s'est mariée, elle a eu des enfants, elle a eu le malheur de perdre son mari. Quoi de plus simple que cette histoire banale ? Quoi de plus régulier, de plus parfaitement honorable ? La voilà donc, simplement ouvrière, à la tête de quatre ou cinq enfants en bas âge. Comment les nourrir ? Son travail n'y peut pas suffire, car les soins à leur donner suffisent à absorber son activité. Elle est donc, elle et ses innocents enfants, réduite à la plus profonde misère, sans qu'il y ait aucunement de sa faute. Et on ne fait rien pour elle ! Son cas, très vulgaire pourtant n'est pas prévu. Que deviendra-t-elle ?

Ce qu'elle devient, l'histoire effrayante que voici va nous en donner une idée ; elle s'est passée pendant l'hiver 1900-1901 ; il s'en passe d'analogues tous les jours.

La veuve Giron, qui comparut alors en police correctionnelle sous la prévention d'abandon d'enfants dans un lieu solitaire, était une jeune couturière de trente-cinq ans qui, mariée à un brave ouvrier, avait eu sept enfants. Son mari mourut après une maladie assez longue qui avait épuisé les ressources du petit ménage. Impossible de faire de la couture avec sept petits enfants sur les bras, donc impossible de payer le propriétaire. Expulsée, ne voulant pas mendier, ne sachant où aller, elle alla se réfugier dans les bois de Garches, où elle vécut en sauvage pendant plusieurs mois, vivant de ce qu'elle trouvait. De ses sept enfants, cinq sont morts à ce régime. Elle résolut alors de demander un secours à l'Assistance Publique; on lui demanda son adresse : « A Garches ! répondit-elle — Adressez-vous donc à Versailles, car Garches est en Seine-et-Oise. » A Versailles on l'éconduisit de même en la renvoyant à Paris. Elle prit alors le parti — horriblement douloureux, mais très sage — d'abandonner ses deux enfants survivants dans un couloir de l'Assistance Publique. Ainsi, ils ne mourraient pas comme les cinq autres!

C'est pour ce fait qu'elle fut poursuivie. Les juges n'ont pas pu se résoudre à condamner cette mère malheureuse; ils ont cherché une subtilité pour l'acquitter. Mais cet acquittement n'est pas une solution!

Est-ce vraiment dans un pays civilisé que se voient de pareilles atrocités! Mieux aurait valu égorger ces cinq petits innocents que de les laisser agoniser de froid et de faim dans les bois de Garches.

Cette histoire, si horrible qu'elle soit, n'a rien que de très ordinaire. L'Académie des sciences morales et politiques vers 1906 vérifiait le récit d'une histoire presque identique à celle de la veuve Giron. Le *Bulletin de l'Alliance nationale pour l'accroissement de la population* en contient quantité d'autres, à peu près aussi épouvantables (I, 61, 280, 350; II, 28, 271, 291, 551, etc., etc.). Et, en effet, il n'y a rien de plus banal que de voir un ouvrier mourir prématurément en laissant plusieurs enfants sur les bras de sa femme. Une société qui ne prévoit pas un cas aussi fréquent n'a aucun droit de se dire civilisée.

Or, jusqu'en 1895, l'Assistance publique de Paris refusait systématiquement le moindre secours aux veuves chargées d'enfants. Les rédacteurs du règlement n'avaient pas prévu le cas!

Les femmes, en effet, n'étant pas électeurs, n'intéressent personne! Le législateur consent bien, en ce moment même, à compromettre le crédit de la France pour assurer des retraites à tout le monde, mais pourquoi irait-il s'occuper de femmes et d'enfants qui n'ont pas de bulletin de vote? (Voir p. 303.)

Une seule personne en France a compris que la France a une dette à payer aux familles chargées d'enfants, surtout lorsque leur chef, leur seul soutien, a disparu. C'est l'admirable Mme Carnot, d'inoubliable mémoire. Pendant la présidence de son mari, elle distribuait chaque année une dizaine de mille francs « aux veuves d'ouvriers les plus chargées d'enfants ». Plus tard, elle leur a donné toute la part disponible de sa fortune sous forme d'une fondation à l'Académie des sciences morales et politiques. Cette fondation, qu'elle a grossi plus tard par un legs considérable, a été augmentée encore à plusieurs reprises par ses fils, notamment par le capitaine Carnot et par un anonyme.

Mme Carnot a fait ce qu'elle a pu, mais son œuvre reste encore à faire. La fondation Carnot distribue chaque année des primes, de 200 francs chacune, à un nombre infime de veuves chargées d'enfants : 99 en 1909. Que c'est peu à côté de ce qu'il y a à faire! Outre que 200 francs une fois donnés ne sont pas une ressource, mais seulement une marque d'intérêt, il faut songer qu'il y a en France 320.000 veuves (de tout âge et de toute condition) ayant quatre enfants ou plus ! Quelle énorme disproportion !

Le très noble exemple donné par Mme Carnot contribua sans doute à faire comprendre à l'Assistance publique de Paris l'impardonnable lacune que présentait son règlement. Aussi le décret du 15 novembre 1895, par son article 21, admettait que des secours annuels fussent accordés aux femmes veuves ou abandonnées ayant des charges exceptionnelles de famille. Ce nouveau règlement fut assez peu appliqué pendant deux ans. Depuis cette époque, il l'a été plus sérieusement, mais bien insuffisamment encore.

Je résumerai ainsi les chiffres :

*Nombre moyen annuel des femmes veuves ou abandonnées,
secourues à Paris pour charges exceptionnelles de famille :*

Nombre d'enfants à la charge des veuves secourues.	1898-1900.	1901-1905.	1906-1908.
1 enfant..............	10	20	?
2 —	194	416	1.207
3 —	466	821	975
4 —	342	489	469
5 —	147	215	199
6 —	66	98	60
7 — et plus ...	32	36	17
	1.257	2.095	2.927

On voit que le nombre de veuves secourues est plus
élevé aujourd'hui qu'autrefois. Mais combien il est faible et
combien le règlement est médiocrement appliqué !

Le règlement alloue des secours aux veuves ayant des
charges exceptionnelles de famille. Or, les trois quarts de
celles qui reçoivent ce secours n'ont que deux ou trois
enfants. Ce ne sont pas là des charges « exceptionnelles ».

On comprendrait cette extension du sens des mots si
toutes celles qui ont des charges plus lourdes recevaient
des secours. Mais il s'en faut de beaucoup qu'il en soit
ainsi. Admettons que ce soit une charge exceptionnelle que
d'avoir plus de trois enfants. Il y a à Paris 15.000 veuves
au moins qui supportent cette charge (le chiffre exact est
15.170 et il est un peu au-dessous de la vérité). Sur ce
nombre, il y en a 745 qui sont secourues, c'est-à-dire
5 sur 100. N'est-ce pas très peu ?

On répondra que toutes ces veuves ne sont pas privées
de ressources. Ne comptons donc que celles qui, ayant
plus de trois enfants, vivent dans les quartiers ouvriers de
la périphérie. Elles sont toutes très malheureuses. Nous
en trouvons 10.223, dont 633 seulement sont secourues,
soit un peu plus de 5 p. 100. C'est tout à fait insuffisant [1].

1. Le directeur actuel de l'Assistance publique de Paris, M. Mesu-
reur, veut remédier à cette situation honteuse. Il y est fortement
engagé par le Conseil municipal, et notamment par le très distingué
M. Ambroise Rendu. A La Rochelle, toutes les veuves ayant 2 enfants
ont un petit secours (1907).

La rareté des secours donnés, leur extrême insuffisance (15 ou 20 francs par mois), permettent de dire qu'en France on ne fait presque rien en faveur des veuves d'ouvriers chargées d'enfants. Or, la nation a intérêt à les aider. Il importe que le père de famille pauvre sache avec certitude que s'il donne à la France des enfants, la France, en échange de ce précieux service, assurera l'existence et l'éducation de ces enfants si leur père meurt prématurément. Les abandonner, les laisser mourir faute d'aliments, ce n'est pas seulement un crime social abominable, c'est, en outre, la plus funeste des fautes.

La société a des devoirs presque aussi formels à l'égard des familles trop nombreuses pour que le gain du père suffise à les faire vivre. Nous expliquons plus loin (p. 284) que quelques conseils généraux l'ont compris dans ces derniers temps et que l'État paraît vouloir entrer dans la même voie.

Dans un ordre d'idées un peu différent, nous rappellerons que toutes les grandes compagnies de chemins de fer, le chemin de fer de l'État et un certain nombre de compagnies plus petites accordent des allocations de famille à leurs employés les plus humbles, lorsqu'ils ont des charges de famille importantes. Les règlements varient beaucoup de Compagnie à Compagnie ; il serait trop long de les énumérer ici avec détail ; pour fixer les idées, on les résumera (imparfaitement d'ailleurs) en disant qu'un employé gagnant moins de 2.000 francs (ou chiffre voisin) reçoit 50 francs (ou chiffre voisin) par an pour chaque charge de famille au-dessus de trois (ou chiffre voisin).

L'État est entré dans la même voie : les douanes, les contributions indirectes, les postes, le Mont-de-Piété de Paris, le ministère de la Marine, plus récemment la Ville de Paris et le département de la Seine, etc., accordent des allocations de familles analogues (voir p. 341).

De nombreux départements (Basses-Alpes, Vienne, Seine-et-Marne, Seine-et-Oise, Finistère, Hérault, Côtes-du-Nord, etc.), accordent des allocations de famille à leurs cantonniers ou aux instituteurs (Seine-et-Oise, Yonne).

L'abbé Lemire a fait adopter une résolution qui en étendra le bienfait à tous les employés de l'État. Cette résolution n'a rencontré que des adhésions ; elle a été votée à l'unanimité.

XI

DIFFICULTÉS QU'ÉPROUVENT LES FAMILLES NOMBREUSES A SE LOGER

A Paris, il est très difficile à une famille quelque peu nombreuse de trouver à se loger à peu près suffisamment, même si elle est aisée ; si elle est pauvre, cela lui est impossible. C'est ce que je vais préciser par quelques faits et quelques chiffres.

La conclusion pratique est celle-ci :

Puisque, en matière de logements ouvriers, les besoins sont immenses et les ressources limitées, il faut courir au plus pressé ; en d'autres termes, faire le plus de bien possible avec le moins d'argent possible. Il faut donc, avant tout, préparer des logements convenables et de prix modéré pour les familles nombreuses (plus de trois enfants). On peut être assuré que tous seront occupés par des familles très dignes d'intérêt.

Les pouvoirs publics se conduisent comme s'ils cherchaient à aggraver le mal. Voici une histoire grotesque et lamentable qui le prouve :

Une commission d'hygiène de la banlieue ayant appris qu'une famille composée de dix-huit personnes, ne disposait que de deux pièces, lui intima l'ordre de déguerpir, et, pour comble, intenta un procès au propriétaire.

« Où voulez-vous que j'aille avec mes seize enfants, dit le chef de cette malheureuse famille ? Certes, je ne demande pas mieux que d'avoir un logement plus large ; mais le premier élément de l'hygiène, puisque hygiène il y a, c'est de manger. Pour faire manger mes seize enfants, mon salaire suffit à peine. Si, réellement, vous vous intéressez à leur santé, aidez-moi à les élever, et surtout ne les expulsez pas du seul logis que je puisse leur donner ! » D'autre part, le propriétaire disait qu'il avait cru bien faire en accueillant cette famille si intéressante dans sa maison ; tant d'autres refusent de louer aux familles nombreuses !

Les hygiénistes sont des philanthropes féroces et déconcertants. Le propriétaire — malgré la bonne volonté du tribunal, qui renvoya deux fois l'affaire — fut condamné à un franc d'amende ! Pour éviter de nouvelles condamnations, il s'empressa de jeter à la rue les seize enfants.

Nous pouvons citer plusieurs histoires analogues.

Moralité : les familles nombreuses doivent loger à la belle étoile. Tel est le logement aéré que prescrivent Messieurs les hygiénistes !

Ce conseil sauvage est suivi, par force ! Les exemples en sont innombrables. En 1908, la mère d'une famille de sept enfants accouchait de son huitième enfant sous un pont à Montgeron, parce que, depuis deux mois, elle n'avait pas d'autre abri. Précédemment, cette famille, qui est donnée comme recommandable, vivait dans la forêt de Sénart, comme une famille de fauves. Elle avait été expulsée, et n'avait pas trouvé de logement. (Voir *Annexes*, p. 340). Nous allons, d'ailleurs, montrer que même les familles moins malheureuses éprouvent pour se loger convenablement les plus grandes difficultés. Le plus souvent elles sont très mal logées.

En termes généraux, sur 100 Parisiens, il y en a 14 qui sont « mal logés ». Voici ce qu'il faut entendre par là : si un logement comprend deux chambres et une cuisine (total : trois pièces), et qu'il contienne six personnes, nous les comptons comme suffisamment bien logés ; cela montre que nous ne sommes pas difficiles à contenter ;

pour que nous commencions à trouver, au contraire, mal logés les habitants de ces trois pièces, dont une cuisine, il faut qu'ils soient au nombre de sept !

Ne nous plaignons pas trop. Dans les grandes capitales étrangères, et dans plusieurs grandes villes françaises, la population est encore plus mal logée.

Donc, sur 100 Parisiens, il y en a 14 qui sont dans des logements trop étroits (1901) ; telle est aussi la proportion que l'on trouve en ce qui concerne les ménages composés de trois, de quatre ou de cinq personnes. Que ces ménages habitent dans les quartiers où la population est généralement aisée, ou qu'ils habitent dans les quartiers pauvres, la proportion des « mal logés » reste toujours à peu près la même (sur 100 de ces ménages, il y en a 15 à 20 « mal logés »).

Considérons les familles un peu plus nombreuses, celles de 6 ou 7 personnes (les deux parents et quatre enfants) ; la proportion des mal logés monte à **27** p. 100 dans les quartiers aisés ; elle atteint 44 p. 100 dans les quartiers « pauvres » et 48 p. 100 dans les quartiers « très pauvres » (Gobelins, Vaugirard, Montmartre, Buttes-Chaumont, Ménilmontant).

Considérons des familles véritablement nombreuses, c'est-à-dire composées de huit à dix personnes (ce qui suppose six enfants ou plus), la proportion des « mal logés » atteint **36** p. 100 dans les quartiers aisés ; 67 p. 100 dans les quartiers pauvres et de 71 p. 100 dans les quartiers très pauvres !

On peut espérer que le Métropolitain permettra aux familles nombreuses logées trop étroitement dans le centre de la ville d'aller chercher au loin des logements plus spacieux. Il est clair qu'il ne peut rendre ce service à celles qui sont déjà logées dans des quartiers excentriques. Cherchons donc quel est leur nombre : dans les dix arrondissements de la périphérie, il y a 15.246 familles de six personnes et plus qui sont logées dans des conditions aussi déplorables au point de vue de l'hygiène qu'au point de vue de la morale. Ces 15.246 familles comprennent 108.328 personnes [1].

Ces résultats ne sont pas particuliers à Paris. Ils se retrouvent partout. Partout, les familles nombreuses sont extrêmement mal logées. Je fixerai cette vérité par quelques chiffres :

Sur 1.000 ménages composés de N personnes, combien sont « mal logées » (plus de 2 personnes par pièce) :

	St-Étienne	Dunkerque	Cherbourg	Reims
Ménages de 3 personnes .	245	194	251	86
— 4 — .	203	152	174	58
— 5 — .	697	531	499	420
— 6 — .	691	533	488	413
— 7 — .	739	672	578	598

J'ai fait la même recherche dans une trentaine de villes françaises et j'ai trouvé des résultats plus ou moins analogues [2]. Les deux tiers ou trois quarts des familles nombreuses sont logées dans des conditions d'encombrement et de promiscuité aussi déplorables au point de vue de l'hygiène qu'au point de vue de la morale.

C'est à elles, *à elles seules*, que les logements à bon marché, actuellement construits, devraient être tout d'abord réservés.

Une société de Dames bienfaisantes paraissait l'avoir compris. Elles ont fondé la *Société anonyme des logements à bon marché pour familles nombreuses.* Cette société possède quatre vastes immeubles entièrement habités, et elle veut en construire d'autres. C'est une très belle œuvre assurément. Malheureusement son titre est

1. *Bull. de l'All. nat.* 1905. Lire aussi le journal le *Matin, passim* déc. 1908.
2. *Revue d'Hygiène,* mai 1908.

trompeur ; elle n'est pas exclusivement réservée aux familles nombreuses. Les actionnaires de cette société ont renoncé par leurs statuts à toucher plus de 3 p. 100 de leur capital, ce qui est très modéré et très généreux, mais ils veulent les toucher, en quoi ils ont parfaitement raison, car c'est à cette condition expresse que leur œuvre est viable et susceptible de grandir. Voici les principales caractéristiques de deux de leurs immeubles (l'un, rue du Télégraphe, tout en haut des Buttes-Chaumont ; l'autre, rue Belliard, au fond de Montmartre).

	Télégraphe.	Belliard.
Prix total de l'immeuble (terrain inclus).	400.000 fr.	500.000 fr.
Nombre de personnes	495	607
Dont enfants.	344	420
Nombre moyen d'enfants par logement	4,7	4,4

Il résulte de ces chiffres que l'on a dépensé environ 815 francs de premier établissement pour loger une personne ; c'est fort peu, car en matière de logements à bon marché, on admet le chiffre de 1.000 francs. Si on a pu faire plus de bien avec moins d'argent, c'est justement parce que l'on n'admet que des familles avec des enfants. Il est clair que pour loger une famille de six personnes, il faut moins de dépense que pour loger deux familles de trois personnes. Le résultat serait encore plus brillant si on était resté fidèle au titre de la Société, et si on avait strictement respecté la règle formulée tout d'abord de n'admettre que les familles *de plus* de trois enfants. On ne l'a pas fait ; un tiers des logements de ces deux immeubles ne sont pas occupés par une famille « nombreuse ».

De même, les maisons (Paris, Lille, etc.) qui accueillent « de préférence » les familles nombreuses, sont envahies par les familles restreintes. Il faut donc une règle absolue.

C'est ainsi que l'*ŒEuvre d'Assistance pour l'habita-*

tion avec jardin, de Nancy, a compris sa mission. Cette œuvre possède quatre immeubles d'une valeur totale de 80.000 francs et elle en construit d'autres en ce moment même. Sous l'influence de son Président, M. L. Lallement, elle n'y admet que des familles ayant au moins cinq enfants (quatorze familles composées de 120 personnes ; plus récemment, 18 familles, 166 personnes), ainsi le logement d'une personne revient à 666 francs seulement. J'ai vu ces logements, ils sont larges et commodes ; à chacun d'eux est joint un petit jardin ; il y a un lavoir commun et autres accessoires. Toutes ces familles quoique très pauvres, paient très exactement leur loyer, condition essentielle pour que l'œuvre grandisse et s'étende.

Il existe notamment à Lille, à Nantes, à Rouen, etc., quelques œuvres du même genre (par exemple, à Mont-Gargan, près de Rouen : loyer, 325 francs; 5 enfants au moins). Elles sont trop rares.

Toutes les entreprises de logements à bon marché devraient, pour commencer tout au moins, être *exclusivement* réservées aux familles nombreuses (j'entends aux familles ayant plus de trois enfants). Et cela pour les motifs suivants :

1° Parce que, dans l'état actuel des choses, il est spécialement impossible à ces familles de se loger convenablement ;

2° Parce que la dépense par tête sera moindre que pour des familles moins nombreuses ; on fera donc plus de bien pour la même somme d'argent ;

3° Enfin et surtout parce que ces familles sont les plus intéressantes. Il importe qu'en France on proclame, autrement qu'en paroles, que les familles de plus de trois enfants ont droit au respect et à la protection publics.

XII

PLUSIEURS LOIS RÉCENTES NE SONT PAS FAVORABLES A LA NATALITÉ. — LOIS SUR LES ACCIDENTS PRO-FESSIONNELS.

Le législateur français ne devrait jamais rédiger une loi sans songer à l'influence qu'elle pourra avoir sur la natalité.

Il manque constamment à ce devoir. La loi militaire, la loi sur l'assistance aux vieillards (où M. Piot a pourtant réussi à introduire un amendement intéressant), la loi sur les retraites ouvrières, enfin plusieurs lois actuellement en discussion, notamment la loi sur l'impôt sur le revenu, etc., lui en ont donné l'occasion sans qu'il l'ait saisie.

La loi sur les accidents du travail, non seulement n'a pas contribué à améliorer la natalité, mais elle a pu (dans une faible mesure d'ailleurs) contribuer à la diminuer. On sait que cette loi met à la charge du patron les pensions à payer à la veuve et aux enfants d'un ouvrier mort d'accident, tandis que la mort accidentelle d'un ouvrier célibataire ne coûte absolument rien à son patron si cet ouvrier n'a pas d'ascendants et très peu de chose s'il en a. Elle lui coûte très cher et peut le ruiner si l'ouvrier est marié, s'il est père d'une nombreuse famille.

Il existe actuellement, à peu près dans tous les pays des lois pour secourir les ouvriers victimes d'accidents professionnels. Dans aucun autre, nous n'avons vu que l'emploi des célibataires fût ainsi encouragé à l'exclusion des pères de famille.

La conséquence de cette erreur de la loi française s'impose à l'esprit : l'industriel a intérêt à n'employer que des célibataires et très souvent il agira en conséquence.

On a prétendu que les patrons n'oseraient pas prendre l'odieuse décision qui consiste à retirer aux ouvriers pères de famille le moyen d'élever leurs enfants, et il est juste de dire qu'ordinairement ils n'avouent pas publiquement cette infamie.

Mais, petit à petit, ce qui tout d'abord semblait monstrueux, paraît moins criminel, puis tout à fait normal. Voici l'étrange annonce que le hasard nous fait lire dans un journal local, l'*Union Républicaine du Jura* :

ON DEMANDE des ouvriers ajusteurs, célibataires. S'adresser à M. Chamois-Dorrival, mécanicien à Poligny (Jura).

Cet industriel, on le voit n'y met aucun détour. Il est évident qu'on le surprendrait fort si on qualifiait sa conduite comme elle mérite de l'être.

Il est vrai que les compagnies d'assurance contre les accidents professionnels ont annoncé par une lettre du 28 mars 1899 (après un an de réflexion) : « Que les industriels assurés paieraient exactement la même prime pour tous les ouvriers, quelles que soient la nationalité ou la situation de famille de ceux-ci ». Les industriels assurés n'ont donc pas le moindre intérêt à exclure les uns plutôt que les autres.

Il n'en est pas de même pour les industriels *non* assurés. Or, ceux-ci resteront toujours très nombreux. Ce sont d'une part les très gros industriels ayant un énorme personnel et qui ont avantage à être leur propre assureur. Mais ce sont surtout les très petits industriels qui n'emploient que un ou deux compagnons, tels que par exemple un maréchal ferrant de village. Les courtiers d'assurance ne vont pas perdre leur existence à les aller prêcher. Il faut trop de temps pour aller dans les moindres communes et trop de temps surtout pour pénétrer dans la cervelle têtue d'un artisan de village qui n'aime pas à voir son argent sortir. Il préférera n'engager que des célibataires.

Nous avons voulu avoir une idée de la fréquence de ces demandes d'ouvriers sans enfants, qui constituent de véritables attentats contre l'avenir de la nation. Nous nous sommes donc fait adresser celles du même genre qui ont paru dans les journaux de province pendant le mois de septembre 1902. Nous en avons reçu 95 ; si on en déduit celles qui se ressemblent (et font probablement double emploi) il en reste 71. La plupart de ces annonces ont pour but de trouver un domestique de ferme, un cocher, un jardinier, etc. En voici une à laquelle les autres ressemblent plus ou moins :

ON DEMANDE un ménage sans enfants, le mari sachant soigner et conduire un cheval, la femme sachant traire et soigner basse-cour.

Un autre chiffre nous fait craindre que les ouvriers sans enfants ne soient très souvent préférés à des pères de famille. C'est l'infime proportion des enfants dans les familles des ouvriers tués :

Total des accidents professionnels survenus du 1er juillet 1899 au 31 décembre 1905 :

Nombre des ouvriers tués.	10.660
Dont, ont laissé une veuve.	8.288
Nombre des enfants qu'ils ont laissés . .	12.788
Sur 100 ouvriers tués, combien ont laissé une veuve	78
Nombre d'enfants que laisse en moyenne un ouvrier tué	1,2

Ainsi, il y a à peine un peu plus *d'un* enfant par ouvrier tué. La proportion est infime. Une seule explication se présente à l'esprit : c'est que l'on exclut très souvent, des industries soumises à l'action de la loi, les ouvriers chargés de famille : on les prive de leur gagne-pain, justement parce qu'ils en ont plus besoin que les autres !

On a prétendu que si le nombre des enfants laissés par

les tués était si faible, cela tenait à ce qu'un grand nombre d'enfants se laissaient estropier ou tuer par imprudence, ce qui tendrait à abaisser la moyenne. Déjà, le tableau ci-dessus montre bien clairement qu'il n'en est pas ainsi, puisque les quatre cinquièmes des ouvriers tués sont mariés. Les chiffres suivants que nous trouvons dans le *Bulletin de l'Office du Travail*, prouvent, plus évidemment encore, que les ouvriers victimes d'accidents professionnels sont presque tous adultes. Ce tableau indique l'âge des tués et blessés de la façon suivante, pour l'ensemble de la période, qui va du 1er juillet 1899 au 31 décembre 1905, et qui comptait au total 79.268 tués ou blessés. Parmi eux, il y avait :

Moins de 16 ans	2.193 masc. et	421 fém.
16 ans et plus.	73.879 —	2.775 —
Total.	76.072 masc.	3.196 fém.
Sur 100, combien de moins de 16 ans	2,9 —	13 —

Le défaut de la loi a été signalé aussitôt après sa promulgation. M. Dubuisson, député, avait proposé de l'amender en conséquence (23 juin 1898). L'amendement de M. Mirman (27 juin 1898), préférable encore, prescrivait qu'en cas d'accident mortel frappant un célibataire, le patron eût à payer une indemnité dont aurait bénéficié la caisse de garantie instituée par la loi du 9 avril 1898.

La Commission instituée pour examiner cet amendement l'avait adopté. Puis on a cessé d'en entendre parler en France.

Mais en Italie, cet amendement ne fut pas oublié. La loi italienne du 29 juin 1903, revisant la loi sur les accidents professionnels, paraît s'en être inspirée. L'article 9 *bis* de cette loi explique comment l'indemnité due par le patron doit être répartie entre les ayants droit de l'ouvrier tué. Puis, cet article s'exprime ainsi : « A défaut des ayants droit dont il est question aux paragraphes *a, b, c, d* (c'est-à-dire s'il n'y a pas d'ayants droit), l'indemnité est dévolue au fonds spécial établi à l'article 26. »

C'est-à-dire que l'indemnité est versée tout de même, et que le patron n'a aucun intérêt à n'embaucher que des célibataires.

En France, les ménages ouvriers étaient seuls à avoir une natalité suffisante. Nous trouvons déplorable que la loi du 9 avril 1898 tende à la restreindre.

Nous ne croyons pas qu'il faille exagérer sa mauvaise influence. Elle est réelle pourtant. Cet exemple montre, avec beaucoup d'autres, que le législateur français néglige trop l'effet que les lois qu'il édicte peuvent avoir sur la natalité.

XIII

CAUSES ACCESSOIRES
DE L'ABAISSEMENT DE LA NATALITÉ

De la nuptialité.

Sans doute, on peut espérer que si le nombre des mariages était plus élevé, en France, la natalité s'en ressentirait.

Cependant, ce n'est pas faute de mariages que les naissances sont rares en France. La nuptialité y est assez peu différente de celle des pays étrangers ; ce que montrent les chiffres suivants dans lesquels nous comparons, pour plus d'uniformité, le nombre des mariages à la population *mariable,* et non pas à la population générale.

Combien de mariages en un an :

	SUR 1.000 HOMMES non mariés, de 20 ans et plus.			SUR 1.000 FEMMES non mariées, de 15 ans et plus.		
	1866-75.	1876-85.	1886-95.	1866-75.	1876-85.	1886-95.
Allemagne	93[1]	80	82	58[1]	48	48
Prusse.	87	84	87	54	50	50
Bavière	73	64	66	49	41	40
Saxe.	103	108	109	59	58	58
Wurtemberg. . .	82	70	70	51	40	38
Pays-Bas. . . .	73	73	68	47	46	43
Belgique. . . .	56	55	59	42	40	41
France.	70	63	61	49	45	43
Espagne [2]	—	74	81	—	43	50
Italie.	64[3]	70	—	46[3]	49	49

1. Période 1872-75 seulement.
2. Chiffres inférieurs à la vérité.
3. Province de Rome non comprise.

On voit que la nuptialité française a un peu baissé pendant les trente ans observés, et que finalement elle s'est montrée un peu inférieure (mais de peu) à celle de la plupart des autres pays.

Mais notre tableau s'arrête à 1895 ; depuis cette époque, le nombre des mariages n'a pas cessé de se relever en France, comme nous le verrons un peu plus loin.

Voici un autre tableau qui montre quel est, dans la plupart des pays européens, le nombre des célibataires obstinés :

Sur 1.000 hommes de plus de 50 ans, combien sont célibataires (vers 1891) :

Allemagne	75
Prusse	67
Saxe	44
Bavière.	144
Wurtemberg	77

<pre>
Bade   100
Danemark   70
Norvège.   86
Suède.   86
Écosse   115
Irlande 160
Autriche   113
Hongrie.   36
Suisse   149
Pays-Bas   109
Belgique   163
France   101
Espagne   57
Italie 110
</pre>

Ce tableau nous donne à peu près les mêmes indications que le précédent. Les célibataires obstinés sont, il est vrai, un peu plus nombreux en France que dans l'Allemagne du Nord, mais moins nombreux qu'en Autriche [1].

Si donc la natalité française est incomparablement inférieure à celle de tous les autres pays sans exception, cela tient à l'insuffisance de la fécondité des ménages.

Cette infériorité si affligeante de la France ne s'explique pas par l'âge au mariage :

Age moyen (années et centièmes d'années) au jour du mariage (1896-1900, sauf indication contraire) :

	Ensemble des nouveaux époux.		Seulement les célibataires contractant mariage, c'est-à-dire en excluant les mariages de veufs.	
	Masc.	Fém.	Masc.	Fém.
Angleterre et Galles. . .	28,38	26,21	26,63	25,14
Danemark (1890-94)	30,00	26.80	—	—.
Norvège (1861-65)	30,98	28,11	29,22	27,24
Suède.	30,23	27,22	28,67	26,67
Finlande	29,33	25,67	29,33	25,67
Autriche (1881-85). . . .	30,90	26,80	—	—
Hongrie (1881-85)	28,60	23,40	—	—
Suisse (1881-85)	30,90	27,30	—	—
Prusse	29,30	26,20	—	—
Bavière (1881-85)	30,60	27,60	—	—

1. Ce calcul n'est malheureusement pas possible pour l'Angleterre.

Wurtemberg (1881-85) . .	31,30	27,80	—	—
Belgique (1881-85)	30,60	25,70	—	—
France	29,65	25,20	27,88	23,50
Italie	29,83	24,83	27,50	23,80
Serbie	24,10	21,34	21,75	19,71
Nouvelle-Galles du Sud .	28,87	23,95	—	—
Queensland	28,91	24,22	27,79	23,22
Australie Occidentale . .	29,11	25,04	28,38	24,62

On voit que l'âge au mariage en France ressemble beaucoup à ce qu'il est dans les autres pays (la Serbie mise à part, avec les autres pays slaves qui ne figurent pas sur notre tableau). Les pays anglais ont un âge du mariage un peu moindre, les pays scandinaves ou allemands, un âge généralement un peu plus élevé ; en somme, les différences sont très peu importantes.

On doit noter comme un signe favorable que l'âge au mariage (au premier mariage) s'abaisse en France. Au contraire, il s'élève un peu en Angleterre :

AGE MOYEN AU MARIAGE

(Mariages de veufs, veuves et divorcés exclus).

	France.		Angleterre et Galles.	
	Masc.	Fém.	Masc.	Fém.
1851-55	28,33	24,10	—	—
1856-60	28,60	24,25	—	—
1861-65	28,39	23,95	—	—
1866-70	28,17	23,75	25,77	24,44
1871-75	28,33	23,75	25,71	24,80
1876-80	28,13	23,50	25,76	24,35
1881-85	27,93	23,26	25,95	24,45
1886-90	27,91	23,26	26,27	24,72
1891-95	27,90	23,60	26,53	24,98
1896-1900	27,88	23,50	26,63	25,14
1901-1905	—	—	26,90	25,37

Ainsi :

Les mariages sont à peu près aussi nombreux en France qu'à l'étranger. Leur nombre augmente beaucoup depuis quelques années. Malheureusement, ils sont incomparablement moins féconds. Et pourtant, ils se contractent à un âge au moins aussi jeune qu'à l'étranger. L'âge au mariage des deux sexes a tendance à s'abaisser.

Ces conclusions montrent qu'on aurait tort de fonder grand espoir, au point de vue de la natalité, sur un relèvement du nombre des mariages. Ils ne peuvent pas devenir beaucoup plus nombreux, et d'ailleurs il importe peu que leur nombre s'accroisse un peu, s'ils doivent continuer à devenir de moins en moins féconds.

Ces réserves une fois faites, il faut reconnaître que le mariage a été longtemps (et est encore) entravé en France par des dispositions légales très incommodes. On vient d'en supprimer beaucoup. Les résultats de ces simplifications ont été des plus remarquables. Elles prouvent *que les lois peuvent avoir sur les mœurs* beaucoup plus d'action qu'on ne le dit généralement.

La loi du 21 juin 1907, si incomplète qu'elle soit (car les futurs époux de plus de trente ans sont presque seuls à en bénéficier) a eu pour effet d'augmenter très sensiblement le nombre des mariages. Des lois analogues ont eu le même effet favorable en Belgique et plus anciennement en Bavière. Il ne faudrait donc pas rejeter en principe l'espoir que des lois bien faites aient un effet aussi favorable sur le nombre des naissances; cet espoir est difficile à réaliser sans doute, mais il n'est pas chimérique.

C'est ce motif qui nous a déterminé à donner à ce chapitre quelque développement.

Complication excessive des formalités à remplir pour contracter mariage.

Même après la loi du 21 juin 1907, il est vrai de dire que dans aucun pays les formalités nécessaires pour contracter mariage ne sont aussi nombreuses qu'en France. En Angleterre et surtout aux États-Unis, elles sont réduites au minimum, sans qu'on ait remarqué qu'il en résulte aucun inconvénient sérieux. Dans quelques-uns des États de la grande république américaine, on peut même dire qu'il n'y a pas de formalités du tout. Dans l'État de New-York entre beaucoup d'autres, le seul fait de vivre ensemble pendant un certain temps, confère les droits et les devoirs du mariage.

En France, la loi a pour effet de multiplier le nombre des unions libres, en raison des difficultés et des frais nécessités par le mariage. Ce n'est pas seulement la dépense à faire qui éloigne du mariage, c'est surtout la difficulté, la longueur et le nombre des démarches nécessaires pour rassembler les papiers réclamés par un législateur trop exigeant. Un homme d'affaires y perdrait beaucoup de temps ; un ouvrier, même avec du temps et de l'argent, ne peut que très difficilement y parvenir [1].

Dans le cas le plus simple, celui où les deux futurs conjoints majeurs ont tous leurs parents vivants, présents et consentants, le nombre des pièces à fournir s'élève au moins à 7, et la dépense au moins à 6 ou 7 francs [2].

Si les parents sont vivants et consentants, mais non présents, le nombre des pièces à fournir s'élève au moins à 11, et la dépense s'élève au moins à 25 francs [3].

Si les parents sont morts, le nombre des pièces à fournir [4] devient tellement considérable (il s'élève à 19) et la dépense tellement élevée (50 francs au moins dans le cas le plus simple) que plusieurs maires de Paris ont renoncé

1. Les chiffres qui suivent ont cessé d'être exacts pour les futurs conjoints de plus de trente ans, puisque la loi du 21 juin 1907 les dispense de prouver le consentement de leurs parents. Ils restent vrais pour les futurs conjoints de moins de trente ans, c'est-à-dire pour la grande majorité.

2. Deux actes de naissance datant de moins de trois mois; deux certificats de résidence; plusieurs certificats de non-opposition des mairies où ont eu lieu les publications; un livret militaire.

3. Les pièces précédentes et, en outre, quatre actes de consentement, faits par-devant l'officier de l'état civil (du moins dans les cas les plus simples), actes dont chacun coûte 4 fr. 35 au moins.

4. Les pièces précédentes (moins les actes de consentement), plus douze actes de décès.

systématiquement à les demander. Abusant de l'article 115 du Code civil, ils inscrivent d'office, dans l'acte de mariage, que le futur conjoint et ses témoins ont affirmé sous serment qu'ils ignorent le lieu du décès des grands-parents, ce qui, le plus souvent, constitue une consécration officielle du faux serment[1].

Il est extrêmement fréquent que les grands-parents ne puissent être retrouvés. A Lille (d'après une statistique dressée en 1889 et citée à la tribune par M. Trarieux, garde des Sceaux), sur 1.653 mariages, 596 futurs conjoints ont dû rechercher 2.384 aïeuls et aïeules; ils en ont découvert 30; un seul acte respectueux dut être notifié. « Ainsi, dit M. l'abbé Lemire, pour un cas unique, où l'exigence de la loi présentait quelque utilité de principe (car, en réalité, l'acte respecteux ne produit jamais l'effet que lui attribue le législateur), on avait imposé la recherche de 2.384 ascendants, et la production de 2.354 actes de décès, de notoriété ou l'absence! »

Si l'un des futurs conjoints est étranger (cas fréquent à Paris, où le dixième de la population est étrangère, et dans les autres grandes villes et départements frontières), le nombre des pièces à fournir est encore plus élevé, car chacune d'elles se complique de traductions par interprètes jurés, de légalisations, de frais de chancellerie, etc., etc., qui font que, même dans des cas relativement

---

1. C'est ainsi qu'un de mes amis s'est trouvé forcé de prêter un faux serment. Sa surprise fut grande d'entendre lire, au cours de la cérémonie de son mariage, qu'il avait juré qu'il ignorait où étaient morts ses grands-parents et que ses témoins avaient prêté le même serment. Il voulut protester; le maire lui coupa paternellement la parole : « C'était une phrase de style, qui se retrouvait sur tous les actes de mariage, qui ne prouvait rien et n'engageait à rien! » En un mot, ce maire — homme extrêmement honorable, doyen des maires de Paris et député de la Seine — s'est trouvé contraint, par la loi que nous combattons, à faire publiquement l'apologie du parjure et du faux en écriture publique, et il en faisait autant à chaque mariage depuis plus de vingt ans! Il fallut signer! Et cette déclaration monstrueuse, déshonorante et fausse, se trouve conservée dans les archives de la ville de Paris!

simples, les frais s'élèvent à plusieurs centaines de francs. Quelquefois, le mariage est purement et simplement impossible [1].

On objecterait en vain que les indigents sont exemptés des frais nécessités par ces formalités. Ils y sont astreints dans le cas que nous venons d'examiner. D'ailleurs, les gens du peuple sont détournés du mariage, non pas tant par les dépenses que par la multiplicité des démarches. La déclaration d'indigence exige des démarches nouvelles, parfois assez longues et toujours humiliantes. Loin de faciliter le mariage, elle le complique.

Et nous n'avons supposé, jusqu'ici, que des cas relativement simples, ceux dans lesquels les parents sont décédés ou consentants et où les futurs conjoints sont majeurs.

Cet excès de formalités n'est pas compatible avec une société démocratique. Depuis très longtemps, elles provoquent les plaintes des officiers de l'état civil, et aussi celles des œuvres de bienfaisance qui se sont donné pour but de faciliter le mariage des ouvriers. Leur effet le plus visible est de favoriser le concubinage ; trop souvent elles conduisent leurs victimes les plus intéressantes au désespoir et au suicide.

La solution la plus simple et la plus radicale serait d'appliquer au mariage le droit commun. D'après le droit commun, l'autorité paternelle, tout en restant pour la vie

---

1. Ce fut le cas pour deux jeunes Français qui voulaient se marier à Paris. Le père de l'un d'eux, simple ouvrier, était parti pour le Far-West américain. Il avait envoyé son consentement, parfaitement clair et bien spécifié, par la poste. Mais ce consentement aurait dû être donné par-devant le consul de France; le siège du consulat le plus proche était à plusieurs centaines de kilomètres de la résidence de cet homme; il ne put pas réunir la somme nécessaire pour faire un tel voyage. Les futurs conjoints (le mot est impropre puisqu'ils ne purent se marier) intéressèrent à leur cause le garde des Sceaux en personne; rien n'y fit : le mariage ne put pas se faire.

Les gouvernements étrangers sont plus influents en France que le gouvernement français lui-même. Plusieurs pays étrangers ont obtenu, pour leurs nationaux, dispense de ces formalités minutieuses, vexatoires et inutiles.

une obligation morale pour les enfants, cesse à la majorité de constituer une obligation légale. Dans presque tous les pays civilisés, la liberté entière du mariage est reconnue. Les inconvénients de cette législation, s'ils existent, sont considérés comme bien moindres que ses avantages.

En Allemagne (nouveau code), en Angleterre, en Danemark, en Russie, en Portugal, en Belgique (loi de 1896), en Luxembourg (loi de 1897), l'enfant, après vingt et un ans, a toute liberté pour se marier. Il en est de même en Suisse, après vingt ans, aux Pays-Bas et en Espagne après vingt-trois ans, en Autriche après vingt-quatre ans. Même mineurs, les enfants peuvent recourir à la justice contre le refus de leurs parents, en Angleterre, en Italie, en Russie.

D'autre part, en Allemagne, Autriche, Italie, Belgique, les parents ont recours devant les tribunaux contre le mariage de leurs enfants, si ceux-ci ont moins de vingt-cinq ans ; si les motifs invoqués sont fondés, le juge peut ordonner de surseoir à la célébration du mariage.

La France est le seul grand pays où l'autorisation des aïeuls soit nécessaire.

Nous venons de voir que presque tous les pays admettent, en matière de mariage, le droit commun, c'est-à-dire la liberté à partir de la majorité. Le Code italien, calqué pourtant sur notre Code civil, n'exige pas la formalité de l'acte respectueux ; il réserve seulement aux ascendants (art. 82) le droit d'opposition au mariage du fils majeur de vingt-cinq ans ou de la fille majeure de vingt et un ans. Ceux-ci n'ont donc pas à donner la preuve du consentement de leurs parents, et on ne le leur demande pas en France. (Circulaires du ministre français de la Justice, du 26 janvier 1876 et du 10 mars 1883.)

Ne peut-on pas concéder aux Français la faveur que le ministre de la Justice, par sa circulaire du 27 mars 1890, accorde aux seuls étrangers : « Lorsque le consentement

des ascendant ne pourra être obtenu dans la forme authen-
tique, dit le ministre, l'officier de l'état civil aura mis
suffisamment sa responsabilité à couvert s'il peut se faire
représenter et annexer à l'acte de mariage un consentement donné par lettre ou par acte sous-seing privé. »
Qu'il est commode lorsqu'on vit en France, de n'être pas
Français !

Des heureux effets des lois simplifiant les formalités à remplir pour contracter mariage en France, en Belgique, en Bavière.

L'abbé Lemire, le très distingué député du Nord, a fait
voter, le 21 juin 1907, une de ces lois modestes et bienfaisantes, dont on ne parle guère et qui font beaucoup de
bien. Cette loi simplifie assez sensiblement les formalités
nécessaires pour se marier. Elle a produit des effets extrêmement remarquables. Disons tout de suite que, en six
mois, elle a déterminé plus de 17.000 personnes à se
marier ! Grâce à elle, l'année 1907 est (après trois autres
années tout à fait anormales) l'année la plus fertile en
mariages qu'il y ait eu depuis plus de cent ans.

Et on prétendra que les lois ne peuvent rien sur les
mœurs ! l'action, ici, a été immédiate et considérable.

Le bienfait de la loi s'est fait sentir aussitôt. En 1907,
il y a eu 314.903 mariages, chiffre qui ne s'était pas vu
depuis les années 1872 et 1873 (où ont eu lieu les mariages
retardés par la guerre). Si on remonte plus haut, on ne
trouve un chiffre supérieur qu'en 1813 où le mariage était
le seul refuge contre la conscription. Sauf ces trois années
ultra-exceptionnelles, on peut dire que jamais les mariages
n'ont été aussi nombreux qu'en 1907.

La preuve que c'est bien l'abbé Lemire qui a déterminé
ce mouvement, c'est que les mariages n'ont été nombreux qu'après la promulgation de la loi. Auparavant ils

étaient un peu moins nombreux que pendant l'année précédente.

Nombre de mariages célébrés en France.

	1er Semestre	2e Semestre	Total
1° Avant la loi.	—	—	—
1901	156.226	147.243	303.469
1902	152.890	141.896	294.786
1903	152.386	143.610	295.996
1904	152.454	146.267	298.721
1905	153.812	148.811	302.623
1906	154.800	151.687	306.487
1907	154.081	—	—
2° Après la loi du 21 juin 1907.			
1907	—	160.822	314.903
1908	162.495	153.433	315.928
1909	156.294	151.657	307.951
1910	156.761	—	—

Ainsi l'année 1907 s'annonçait comme médiocre au point de vue des mariages. La loi du 21 juin 1907 a changé tout cela : elle a déterminé en six mois 8.793 mariages, autrement dit, l'union de 17.586 personnes. (Il convient de remarquer en passant que toujours il y a plus de mariage pendant la première moitié de l'année que pendant la seconde. Telle est l'influence du printemps fleuri!) Ce mouvement a continué, en s'affaiblissant, pendant les années suivantes. Au total, on peut estimer qu'en trois ans, l'abbé Lemire a déterminé le mariage de environ 48.000 personnes.

Y a-t-il donc tant de gens que leurs parents empêchent de se marier? Non, certes non! mais la recherche des paperasses rebute les gens du peuple; pour eux les solutions les plus rapides et les plus simples sont les meilleures.

La logique indique que c'est dans les villes, que la loi Lemire a dû avoir le plus d'influence. Dans les villages, en effet, les parents sont rarement absents, et les registres de naissance et de décès ne sont pas loin. Dans les villes, au contraire, il y a plus souvent, dans la liasse des papiers à apporter, des actes qu'il faut faire venir de loin, et qui parfois sont introuvables. Aussi est-ce dans les grandes villes que la loi nouvelle a été la plus bienfaisante :

Nombre de mariages en 1907 :

	1er semestre (avant la loi)	2e semestre (après la loi)
Département de la Seine. . .	19.088	21.859
Lyon	1.880	2.092
Marseille	1.780	2.034

Or, les chiffres des années précédentes montrent que, dans ces villes comme ailleurs, les mariages sont d'ordinaire un peu plus nombreux pendant la première partie de l'année que pendant la seconde. S'il en est autrement en 1907, c'est grâce à la loi nouvelle.

A Paris, c'est presque exclusivement dans les arrondissements populeux que son effet s'est fait sentir. Cela s'explique bien facilement : les gens aisés peuvent être agacés par des formalités excessives, mais ils s'en tirent toujours : les gens du peuple n'y comprennent rien et facilement ils y renoncent. Ainsi s'expliquent les chiffres suivants :

Nombre de mariages célébrés à Paris :

	Avant la loi. 36 semaines correspondantes de 1906.	Après la loi. 36 semaines (juin 1907 à mars 1908).	Différence.
Arr. très riche (8e).	678	726	+ 48
— riches (1er, 7e, 9e, 16e) .	2.957	3.001	+ 44
— très aisé (6e)	639	707	+ 68
— aisés (2e, 3e, 4e, 5e, 10e, 17e).	5.304	5.912	+ 608
— pauvres (11e, 12e, 14e, 15e).	4.752	5.415	+ 663
— très pauvres (13e, 18e, 19e, 20e).	4.896	5.641	+ 745
	19.226	21.402	+ 2.176

On voit que la loi n'a eu qu'une influence très faible dans les arrondissements riches ; elle a été très efficace dans les arrondissements « pauvres » et surtout dans les arrondissements « très pauvres » où elle a tellement augmenté le nombre des mariages que pour six mariages qui avaient lieu avant la loi, il y en eut sept après elle. On voit que la loi est très bienfaisante et qu'elle est très démocratique.

Et pourtant elle n'est pas complète ! M. l'abbé Lemire aurait voulu que l'on fît en France ce qu'on a fait en Belgique, avec un plein succès, c'est-à-dire qu'on rentrât, en matière de mariage, dans le droit commun, autrement dit, qu'on dispensât les conjoints majeurs d'apporter le ballot de paperasses démontrant le consentement ou la mort de leurs parents (loi du 30 avril 1896).

Les résultats de cette loi belge ont été excellents, ils se résument ainsi :

1° Les mariages sont beaucoup plus nombreux ;

2° Ils sont contractés plus jeunes ;

3° Les naissances illégitimes sont plus rares ;

4° Ces trois résultats sont durables, car on les observe déjà depuis douze ans.

C'est ce que je vais prouver :

BELGIQUE. — *Sur 1.000 habitants de plus de quinze ans, combien de mariages en un an :*

1° Sous le régime du Code civil français :

1881-85.	20
1886-90.	20
1891-95.	21

2° Sous le régime de la loi du 30 avril 1896 :

1896-1900.	24
1901-1905.	24

Ainsi il y a environ un cinquième de mariages de plus que sous le régime de notre Code civil ; de plus, ces mariages sont contractés plus jeunes :

Belgique. — *Sur 1.000 hommes non mariés de chaque âge,
combien de mariages en un an :*

	Avant la loi.	Après la loi.
De 18 à 20 ans	34	46
De 21 à 24 —	271	322
De 25 à 29 —	362	340
De 30 à 34 —	150	146
De 35 à 49 —	139	117

On voit que si les mariages sont devenus plus nombreux,
c'est surtout aux jeunes gens de vingt et un à vingt-quatre
ans que cela est dû. Cela dispense ces messieurs de multiplier les enfants naturels :

Belgique. — *Sur 1.000 femmes non mariées combien de naissances
illégitimes en un an :*

1° Sous le régime du Code civil français :

1881-85	19
1886-90	19
1891-95	19

2° Sous le régime de la loi du 30 avril 1896 :

1896-1900	17
1901-1905	14

La différence est énorme; elle est presque d'un tiers :
pour trois naissance illégitimes qu'il y avait sous le régime
du Code civil, il n'y en a plus que deux depuis que la loi
a permis aux jeunes gens de se marier sans avoir à produire tout un dossier de papier timbré.

Ainsi, cette loi belge a fait coup double : elle a décidé
beaucoup de gens à se marier et à se marier jeunes. Et de
plus elle a amélioré les mœurs de ceux et de celles qui,
malgré elle, sont restés célibataires. La nouvelle loi française, quoique beaucoup plus timide, a eu des effets que la
loi belge me faisait espérer (et que j'annonçais d'avance
dans le *Matin* du 27 août 1907), mais que je n'attendais
pas aussi considérables.

La Bavière présente un exemple encore plus curieux :

La législation bavaroise, en vertu d'idées philanthropiques mal conçues, interdisait autrefois le mariage des pauvres. La nuptialité était faible ; la natalité (en partie illégitime) était faible ; la mortalité, faible aussi (voir p. 80).

Cette loi fut abrogée (partiellement par la décision ministérielle du 28 mai 1862, entièrement par la loi du 16 avril 1868). Aussitôt la nuptialité s'élève, et la natalité s'élève considérablement (de 7 points). Nous avons déjà vu les effets de cette loi en ce qui concerne la natalité et la mortalité. Nous allons voir que les effets sur la nuptialité furent encore plus considérables que ceux de la loi Lemire ou que ceux de la loi belge.

Mariages, naissances et décès en Bavière.

	Nombres absolus (moyennes annuelles)			Pour 1.000 habitants combien en un an		
	des mariages.	des naissances vivantes.	des décès.	de mariages.	de naissances.	de décès.
1831-40	27.561	145.541	120.670	6,6	34,1	28,3
1841-50	29.423	152.607	124.182	6,6	34,1	27,8
1851-60	29.205	152.354	126.995	6,4	33,2	27,8
1861-70	41.513	176.886	142.717	8,7	36,9	29,8
1871-80	42.155	203.445	155.531	8,4	40,3	30,9
1881-90	37.465	199.773	152.831	6,9	36,8	28,3
1891-1900 . . .	45.216	213.561	149.198	7,7	36,5	25,4

On voit que le nombre des mariages qui était de 29.205 par an avant l'abrogation de la loi, s'élève à 41.513 pendant les dix ans où elle est simplement améliorée et à 42.155 pendant les dix ans qui suivent son abrogation complète. En d'autres termes, la nuptialité était de 63 mariages annuels pour 10.000 habitants lorsque la loi était en vigueur. Elle s'élève à 86 et à 83 pendant les vingt ans qui suivent son amélioration ou son abrogation.

La natalité a suivi le mouvement. Il n'y avait que 152.354 naissances par an sous l'empire de la loi (soit 33 pour 1.000 habitants). Ce chiffre s'élève à 176.887 pendant les dix ans où la loi est améliorée (soit 36,8 pour 1.000 habitants et à 203.484 (soit 40,2 pour 1.000) pendant les dix ans qui suivent son abrogation. En résumé la natalité a augmenté d'environ un quart de sa valeur première ; pour quatre naissances qu'il y avait naguère, il y en a eu cinq depuis l'abrogation de la loi.

La Commission de dépopulation a donc eu grandement raison d'adopter, sur le rapport de MM. Atthalin et Lyon-Caen (16 décembre 1908), les conclusions suivantes :

« La Sous-Commission approuve pleinement la loi du 21 juin 1907, constate les effets qu'elle a déjà produits, mais estime que les facilités qu'elle donne pour contracter mariage ne sont pas suffisantes. Elle demande que le législateur réduise encore les formalités et les frais actuellement nécessaires pour se marier.

Elle propose notamment :

Que l'âge auquel les futurs conjoints sont tenus de justifier du consentement de leurs parents, âge fixé à 30 ans par la loi de 1907, soit encore abaissé, par exemple à 25 ans, ou plus bas encore, comme il l'est dans les pays étrangers.

Que le consentement des ascendants puisse être donné devant d'autres officiers de l'état civil que celui du domicile des ascendants.

Que les charges fiscales qui pèsent encore sur la délivrance des pièces nécessaires au mariage soient supprimées.

Que l'on étende, dans la mesure du possible, les facilités données pour la constitution du dossier. »

La Commission a adopté encore (16 décembre 1908), sur ma proposition, le vœu suivant :

« Que le ministre de l'Intérieur invite les municipalités à prendre les mesures nécessaires pour que le mariage puisse être célébré le dimanche. »

Il est facile de justifier la minuscule réforme qui précède. Il n'y a aucune raison pour forcer les ouvriers à perdre une journée de salaire le jour de leur mariage. C'est pour éviter d'en perdre deux qu'ils se marient de préférence le samedi. J'y vois la preuve que beaucoup d'entre eux préféreraient le dimanche. « Quand tu verras un sentier dans mon parc, disait l'empereur Alexandre à son jardinier, hâte-toi d'en faire un large chemin ; tu seras certain qu'il sera fréquenté. »

Une conclusion plus générale peut être tirée des chiffres relatifs aux mariages et aux naissances que nous avons empruntés à trois pays différents. Ils montrent que l'adage *Quid leges sine moribus ?* est exagéré. Les lois peuvent beaucoup sur les mœurs. Elles peuvent considérablement pour le mal, hélas ! mais beaucoup aussi pour le bien.

Ce que des lois ont pu pour augmenter le nombre des mariages, d'autres lois le pourraient sans doute aussi, à condition d'être bien faites, pour augmenter le nombre des naissances.

Causes économiques de l'affaiblissement de la Natalité.

Si l'on s'en rapportait aux déclarations faites par les intéressés, on croirait facilement que c'est faute de ressources que les familles se restreignent, et que la France périt. Telle est la déclaration qui nous a été faite dans les quelques centaines de lettres qui nous ont été envoyées spontanément à la suite d'articles de revues et de journal (voir aux *Annexes* p. 327).

Il est manifeste que ces correspondants se trompent, très sincèrement d'ailleurs. La France est un des pays les plus riches du monde (voir page 116) ; il n'est donc pas admissible qu'elle soit trop pauvre pour élever ses enfants comme le font les autres nations civilisées. Outre que la France est très riche, elle doit aux progrès de la civilisation de s'enrichir sans cesse davantage, car jamais les moyens de satisfaire les besoins de la vie n'ont été aussi abondants et faciles à obtenir qu'à notre époque. Il n'est donc pas admissible que la France soit, faute de richesse, dans l'impossibilité d'élever autant d'enfants qu'elle en avait il y a 60 ou 80 ans.

D'ailleurs, ce sont les familles aisées qui ont le moins

d'enfants. Si nos correspondants disent que c'est faute d'argent qu'ils n'ont pas d'enfants, c'est parce qu'il est bien rare qu'on se trouve assez riche. Les ressources ne manquent guère, mais chacun voudrait voir les siennes plus élevées.

Il ne semble donc pas que ce soit faute d'argent que les Français ont si peu d'enfants, mais à cause de l'envie que chacun a d'en épargner pour en avoir davantage et pour pouvoir en laisser davantage à ses enfants — ou à son enfant.

Ceci dit, on doit reconnaître que les causes qui restreignent les ressources ou augmentent les dépenses d'une famille, ne peuvent avoir qu'une fâcheuse influence sur le nombre de ses enfants. On ne doit pas, à mon avis, leur attribuer une influence prépondérante, mais on doit au moins les mentionner comme causes accessoires.

Les droits protecteurs, lorsqu'ils frappent des matières de luxe, ne peuvent avoir aucune influence directe sur la natalité. Il n'en est peut-être pas de même lorsqu'ils frappent des objets de première nécessité, tels que le blé ou la viande. Ces aliments que l'on écarte se seraient transformés en êtres humains; on peut donc se demander si en les arrêtant à la frontière, ce ne sont pas de nouveaux concitoyens que l'on a en quelque sorte empêchés d'entrer.

C'est dans ce sens que M. Neymarck a fait adopter par la commission de dépopulation (section de natalité) la proposition suivante :

Les impôts de consommation, les droits de douane, plusieurs de nos impôts indirects sont pour les familles nombreuses, une véritable pénalité fiscale. On a moins d'enfants quand les charges pour les élever sont plus lourdes.

M. Yves Guyot pense également que les droits protecteurs constituent « pour les familles prévoyantes des obstacles économiques à la natalité ».

Les impôts indirects, surtout lorsqu'ils pèsent sur les

objets de première nécessité, sont d'autant plus lourds que
la famille est plus nombreuse, ce qui est visiblement très
injuste. On *doit* donc à ces familles une compensation
pécuniaire pour le tort qu'on leur a fait en les frappant en
raison même de leur fécondité. C'est un point qu'on a souvent développé dans ces derniers temps ; nous pensons que
c'est avec raison.

Les impôts directs ont probablement une influence déprimante de même ordre. Ces impôts pèsent à peu près tous
sur le logement ; or il faut visiblement un plus grand
logement pour une famille nombreuse que pour une famille
restreinte. Ainsi, l'impôt direct, tout comme l'impôt indi-
rect, constitue une sorte d'amende spécialement infligée à
la fécondité.

Est-ce une cause réelle de l'abaissement de la natalité?
Elle n'est que secondaire assurément, mais à ce titre elle
ne doit pas être omise.

Aussi a-t-on souvent demandé (notamment M. Peytral,
alors ministre des finances, le 9 juillet 1888 il y a plus de
vingt ans) que les familles nombreuses fussent dégrevées.
D'autres ont raillé ces dégrèvements comme trop faibles
pour avoir une influence quelconque. Ils auraient, en tout
cas, l'avantage d'être équitables. Ils auraient en outre un
effet moral salutaire en montrant que l'État honore et pro-
tège la fécondité parce qu'il a besoin d'elle. Si on veut que,
outre cet effet moral qui est très important, ces dégrèvements aient un effet matériel sensible, il n'y a qu'à les
faire très considérables. On le peut (p. 267).

Des réformes socialistes ayant pour effet de diminuer la
part du capital pour augmenter d'autant la part du travailleur, auraient-elles quelque effet sur la natalité? Je ne puis
me prononcer sur cette question, faute d'éléments pour
l'étudier. Cependant, la rémunération du capital n'a cessé
de diminuer depuis un demi-siècle au moins; car l'intérêt

normal de l'argent était autrefois de 5 p. 100, et il n'est plus aujourd'hui que de 3 ou 3 1/2 p. 100. Cette diminution s'est faite au profit de la main-d'œuvre dont les salaires ont augmenté. Cela n'a pas empêché la natalité de décroître dans notre pays. Augmenterait-elle si le capital venait à être rémunéré moins encore, ou à ne l'être plus du tout ?

M. Paul Leroy-Beaulieu en a admis la possibilité ; en effet, le capital devenant moins rémunérateur et moins précieux, le père de famille reconnaîtra peut-être que l'avenir de ses enfants dépend plus de leur éducation et de leur valeur personnelle que de la fortune qu'il pourra leur donner ; on peut admettre que dès lors il cessera d'être obsédé par la pensée de grossir cette fortune, et que, s'occupant moins d'elle, il s'abandonnera à la joie de se voir revivre dans une nombreuse postérité. Cela paraît très logique en effet.

M. Neymarck paraît plutôt d'un avis différent. Il pense — sans d'ailleurs en avoir donné aucune preuve — que l'abaissement de l'intérêt de l'argent a dû contribuer à faire décroître la natalité, à cause de la gêne qu'il a infligée à un certain nombre de rentiers dont les revenus ont baissé. Il est vrai que leur capital, loin de baisser aussi, s'est plutôt accru ; mais le rentier prévoyant ne vit pas de son capital, il vit de son revenu, et celui-ci a décru. Ne peut-on pas objecter que cet argent, perdu par le rentier, n'est perdu que pour lui, et profite à d'autres ? La gêne du rentier n'est donc pas sans contre-partie.

Certains auteurs jouissant d'une autorité notable, se plaignent des « difficultés croissantes » de l'existence qui entraveraient le développement de la population. Je ne puis partager cet avis : jamais l'existence n'a été aussi facile qu'à notre époque ; sans insister sur toutes les commodités que l'industrie moderne met à la portée de toutes les bourses, n'examinons que le sort des classes pauvres : jamais elles n'ont été aussi heureuses. Depuis les bateaux à vapeur, jamais il n'y a eu ni famine, ni même disette en France ; autrefois, la disette survenait à chaque mauvaise récolte. Jamais le linge n'a été à aussi bon marché. La laine, importée aujourd'hui en abondance par les pays les plus lointains, a considérablement baissé de valeur, et à sa suite les vêtements chauds. Ainsi les vivres et les vêtements sont beaucoup plus faciles à obtenir qu'ils ne l'étaient naguère.

Mais on insiste en disant que « les besoins ont augmenté ». Ce n'est là qu'une expression vicieuse. Il est manifeste que les besoins de la vie ont toujours été les mêmes ; depuis que l'humanité existe, l'estomac a conservé la même capacité, et la température du corps est restée de 37 degrés ; aujourd'hui comme naguère, il faut 2.000 calories par jour à un homme au repos. Donc il faut les mêmes aliments et les mêmes vêtements.

Lorsqu'on dit que les besoins augmentent, on veut donc parler des besoins factices ; s'ils se proportionnaient aux ressources de chacun, il ne serait pas raisonnable de dire qu'ils restreignent ces ressources. Malheureusement les besoins factices se proportionnent moins aux ressources qu'aux ambitions.

XIV

AUTRES CAUSES ACCESSOIRES OU ILLUSOIRES DE L'ABAISSEMENT DE LA NATALITÉ

Le DIVORCE ne nous paraît pas être une cause d'abaissement de la natalité. Tout au plus pourrait-on dire qu'il agit sur elle indirectement en compromettant parfois la dignité du mariage. Cette action indirecte, si elle existe, est certainement très faible. Qu'il nous suffise de remarquer l'extrême fréquence du divorce dans la Saxe, qui est pourtant l'un des pays du monde où la natalité est la plus élevée, et de remarquer aussi que la natalité a décru pendant tout le cours du XIX⁰ siècle quoique le divorce ait été aboli de 1816 à 1883. De 1883 à 1900, la diminution de la natalité française n'a pas été, malgré l'existence du divorce, plus rapide qu'elle n'avait été précédemment. Elle est devenue beaucoup plus rapide depuis 1900, mais il n'est pas démontré que l'existence du divorce y ait contribué. Son action, si elle existe, n'est donc que très indirecte et d'importance véritablement négligeable.

C'est donc avec raison, à notre avis, que la Commission de dépopulation, sur le rapport de MM. Atthalin et Lyon-Caen, a adopté la conclusion suivante :

« Il est possible que la multiplication du nombre des divorces et la diminution du nombre des naissances tiennent à des causes morales identiques ou analogues, sans qu'on puisse affirmer que la seconde a sa cause dans la première. Il paraît vraisemblable que l'un des remèdes à la dépopulation ne peut se trouver ni dans l'extension du divorce ni dans sa suppression ou dans les restrictions qui pourraient y être apportées. »

L'influence de l'ALCOOLISME sur l'abaissement de la natalité ne nous paraît pas mieux démontrée.

On entend souvent dire, notamment par les hommes qui ont assumé la tâche méritoire de combattre l'alcoolisme, que ce vice est l'une des causes de la dépopulation de la France. C'est ainsi que M. le Dʳ Legrain écrit : « l'alcoolisme doit être considéré comme une des causes les plus puissantes de la dépopulation ».

Je ne partage pas cet avis. L'alcoolisme et la dépopulation sont deux fléaux redoutables, mais deux fléaux parfaitement distincts.

L'opinion contraire s'appuie sur les arguments suivants :

L'alcoolisme augmente à mesure que la natalité s'abaisse. Cela est malheureusement vrai; la quantité d'eau-de-vie consommée en France a quadruplé depuis le règne de Louis-Philippe, mais cela ne prouve pas que les deux mouvements soient liés l'un à l'autre. Au contraire, si on examine leur distribution sur la carte de France, on voit que l'alcoolisme est surtout répandu dans le tiers septentrional de la France qui comprend à vrai dire les départements très malthusiens de l'Orne, de la Manche, et quelques autres encore, mais qui comprend aussi la Bretagne et les départements du Nord, départements où la natalité est moins misérable que dans le reste de notre pays. D'autre part, la vallée de la Garonne, où la natalité est excessivement faible, n'est pas une région très atteinte par l'alcoolisme.

Pour lier les deux questions, on invoque aussi l'influence désastreuse de l'alcoolisme sur la descendance de l'alcoolique. Très souvent, dit-on, ses enfants sont dégénérés, mal constitués et meurent jeunes. L'alcoolisme augmenterait donc la mortalité infantile.

On pourrait ainsi rattacher l'alcoolisme à la dépopulation de la France si celle-ci était due à une mortalité excessive. Mais il n'en est pas ainsi. La mortalité en France n'est pas très forte (voir p. 64). La dépopulation a pour seule cause l'extraordinaire faiblesse de la natalité. Or les alcooliques ont le plus souvent beaucoup d'enfants[1]. J'accorde que, parmi ces enfants, un certain nombre meurent et grossissent la mortalité, mais encore une fois celle-ci n'est pas en cause.

Puisque la dépopulation est due uniquement à la rareté extrême des naissances et que les alcooliques ne contribuent pas à cette rareté, il ne faut pas la leur attribuer.

Les deux vices qui rongent notre pays ont donc des

---

1. Je tiens cette affirmation d'un grand nombre de médecins que j'ai interrogés sur la natalité; ceux de l'Orne, département où les ivrognes sont nombreux, ont été notamment affirmatifs. Cela se comprend: c'est par excès de prévoyance que les Français n'ont pas d'enfants; or les alcooliques sont les moins prévoyants des hommes.

effets distincts, mais peut-être pourrait-on leur trouver quelques causes communes. Le défaut de volonté forte, l'affaiblissement du caractère peuvent causer l'un et l'autre vice. Nous avons parlé des « clartés du ciel éteintes » en parlant de la natalité. Un chroniqueur philosophe a pu dire tristement que l'ouvrier les remplace par les becs de gaz du marchand de vin. Ici encore, il s'agirait de l'état d'âme inquiétant que M. Izoulet appelle « l'interrègne de l'idéal ».

Tel est le seul lien qui paraisse exister entre l'alcoolisme et l'abaissement de la natalité, c'est-à-dire entre les deux fléaux qui tuent la France.

La VANITÉ, dont on accuse si facilement le Français et, notamment, le bourgeois français, est au moins aussi développée à l'étranger que chez nous. Chacun sait combien en Angleterre les différentes classes sociales restent soigneusement distinctes ; un bourgeois de la *high class* n'enverra jamais ses enfants dans une école de la *middle class ;* à Vienne, un homme qui se respecte ne consentira pas à circuler dans une voiture à un cheval ; il lui faut deux chevaux pour montrer son importance[1] ; il se croirait diminué si, dans une gare de chemin de fer, on lui voyait porter la moindre valise. En France, personne ne s'étonne de voir circuler un avocat ou tout autre homme bien élevé avec une serviette de maroquin sous le bras ; en Italie, cela ne leur serait pas possible, car il ne leur faudrait pas laisser supposer qu'ils n'ont ni voitures, ni domestiques pour porter leurs papiers. Ce sont là des traits de vanité

---

1. J'ignorais cette bizarrerie lors de mon premier séjour dans cette ville si aimable et si artistique. Aussi n'ai-je pu m'expliquer le malaise visible où je mis un Viennois de mes amis en l'invitant à monter dans mon fiacre pour aller au théâtre. Comme c'était le soir, il s'y décida pourtant, mais à ma grande surprise il fit arrêter la voiture, malgré une pluie battante, au milieu de la place ! Qu'aurait-on pensé de lui si on l'avait vu sortir d'une voiture n'ayant qu'un cheval ! Mieux valait être crotté et mouillé : Tout cela ne me fut expliqué que plus tard.

qui n'ont pas d'analogues dans nos mœurs courantes.
Il ne semble donc pas que la vanité sotte qui engagerait
les Français à limiter leurs charges de famille pour pouvoir
se livrer à des dépenses disproportionnées avec leurs
ressources, puisse être invoquée comme cause de dépopulation.

« L'AFFINEMENT DE L'INDIVIDU » a été invoqué par plusieurs auteurs. M. le Dr Maurel, professeur à la Faculté de
Médecine de Toulouse, a soutenu avec talent qu'une alimentation trop azotée amenait l'arthritisme et, à sa suite,
la stérilité involontaire. Il pense que cette situation est
plus fréquente en France qu'ailleurs (mais j'ai montré que
la stérilité absolue ne paraît pas plus fréquente en France
et notamment à Paris que dans diverses villes étrangères
où cette recherche a pu être faite, voir p. 94).

Feu mon ami le Dr Gaëtan Delaunay soutenait une
thèse analogue à celle de M. Maurel, et la généralisait considérablement ; il ne craignait pas d'invoquer des exemples
empruntés au règne végétal ; il rappelait que, dans certaines plantes suralimentées, les fleurs se doublent et
deviennent stériles, etc.

Les zootechniciens, si intéressés à la reproduction des
animaux de ferme, ne paraissent pas avoir remarqué rien
de pareil dans le règne animal. Mais il est bien connu
que, chez certains animaux domestiques, l'instinct de la
paternité est affaibli. Les canards domestiques, par
exemple, se désintéressent de leurs œufs et on est obligé
souvent de les faire couver par des poules ; si les canards
sauvages agissaient de même, leur espèce aurait depuis
longtemps disparu. Peut-être peut-on comparer, à certains
égards, l'homme civilisé à un animal qui ne vit plus à
l'état sauvage.

Dans cet ordre d'idées, je rappellerai que la mortinatalité
est plus élevée dans les classes riches que dans les classes
pauvres, ainsi que je l'ai établi d'après les statistiques de

Paris, de Vienne et de Berlin (p. 96) ; un auteur hollandais, M. Verrijn Stuart, est arrivé par une méthode plus directe, à la même conclusion ; il attribue le fait, comme je l'avais fait, à l'éducation claustrale et peu hygiénique que reçoivent le plus souvent les filles de la bourgeoisie. La misère aussi et le surmenage sont des causes de mortinatalité ; l'excès de bien-être paraît être au moins aussi nuisible à ce point de vue.

Ainsi l'affinement de l'individu serait une cause de stérilité d'après le Dr Maurel. Il entraîne, d'après les statistiques que je viens de rappeler, un excès de mort-nés.

Ceci nous conduit à examiner la CRAINTE DE SERVITUDE DE LA MATERNITÉ et les préoccupations esthétiques de la femme qui craint de se déformer, comme cause de dépopulation. Assurément, ces préoccupations existent assez souvent dans la classe bourgeoise, chez certaines femmes mal élevées et oublieuses des devoirs de leur sexe. Mais on n'a pas pu dire que ces craintes immorales soient plus fréquentes chez les Françaises que chez les femmes des autres pays. En tout cas, elles sont spéciales à la femme bourgeoise. Les ouvrières et surtout les campagnardes ont tant d'autres causes de déformation précoce, qu'elles ne s'en occupent guère.

Le CÉLIBAT n'est pas plus fréquent en France qu'à l'étranger (voir p. 177).

Le CONCUBINAT non plus. Assurément, il est moins fécond qu'un ménage légitime ; mais il n'est pas plus fréquent en France qu'ailleurs. Le malheur de notre pays est que le mariage régulier s'abaisse lui-même au rang du concubinat. Les Français ne comprennent pas que ce qui fait la dignité de l'union des deux sexes, c'est l'amour fécond.

XV

ALTÉRATION GRAVE DE L'ESTHÉTIQUE MORALE

De toutes les causes énumérées ci-dessus, est résultée une altération grave de l'esthétique de la nation.

Emile Zola — qui pourtant a sa part de responsabilité dans ce fléchissement des idées morales — en était très frappé. Dans son beau roman : *Fécondité*, il revient souvent sur cette idée :

« Si la France se dépeuple, dit-il, c'est qu'elle veut. Il faut donc simplement qu'elle ne veuille plus. Mais quelle besogne ! Tout un monde à refaire ! (1ʳᵉ partie, Livre I).

« On ne révolutionne un peuple que par la conception changeante de la beauté (3ᵉ p. L. III).

« L'idée de beauté varie. Vous la mettez dans la stérilité de la femme, aux formes longues et grêles, aux flancs rétrécis. Pendant toute la Renaissance elle a été dans la femme saine et forte, aux larges hanches, aux seins puissants. Chez Rubens, chez Titien, même chez Raphaël, la femme est robuste, Marie est vraiment mère... Et remarquez qu'il s'agirait justement de changer cette idée de la beauté, pour que la famille restreinte, en honneur aujourd'hui, fasse place à la famille nombreuse, qui deviendrait la seule belle... Selon moi, l'unique remède décisif est là, au mal grandissant de la dépopulation. »

« La femme, dès qu'elle est enceinte, devient auguste. C'est elle qui est le symbole de toute grandeur, de toute force, de toute beauté. La vierge n'est que néant, la mère est l'éternité de la vie. Il lui faut un culte social, elle devrait être notre religion. Quand nous saurons adorer la mère, la patrie d'abord, puis l'humanité seront sauvées... C'est pourquoi je voudrais que l'image d'une mère allaitant son enfant soit la plus haute expression de la beauté humaine. Ah ! comment donc persuader à nos Parisiennes, à toutes nos Françaises que la beauté de la femme est d'être mère, avec un enfant sur les genoux ? Le jour où cette mode-là prendrait, comme celle de la coiffure en bandeaux ou celle des jupes étroites, nous serions la nation reine, maîtresse du monde !

« Qu'on refasse un monde avec cette beauté triomphante de la mère qui allaite l'enfant, dans la majesté de son symbole ! » (6ᵉ p. L. V).

Le peuple français n'y est guère préparé. Il y a trois siècles qu'il se moque des familles nombreuses.

Le personnage ridicule de Mme Gigogne a été imaginé en 1602 par les Enfants *sans soucy,* troupe de baladins alors célèbre. Ce rôle était primitivement tenu par un homme. Mme Gigogne accouchait sur le théâtre de 16 enfants. Il n'en fallait pas davantage pour amuser la foule. Mme Gigogne (plus tard mère Gigogne) figure sur les théâtres inférieurs (et notamment ceux de la foire Saint-Germain) jusque vers 1760, pour devenir plus tard une simple marionnette encore populaire de nos jours. Elle a donc sa place dans une histoire des mœurs françaises tout comme Cadet-Roussel, Robert-Macaire, Joseph Prud-homme, etc. La plupart des personnages de comédie populaire ne conservent leur vogue que pendant une génération ou deux; il est remarquable que depuis trois siècles déjà, la foule ait trouvé plaisir à se moquer d'une puissante fécondité.

Comment changer l'idéal moral, l'idéal esthétique de la nation? Les artistes, les littérateurs devraient prendre cette tâche à cœur, mais nous avons vu, hélas, que le plus souvent ils n'y songent guère ; d'ailleurs leurs œuvres ne s'adressent qu'au petit nombre. Comment donc parvenir à l'âme et au cœur de la multitude?

Les auteurs des romans-feuilletons ont sur elle une action que l'on ne soupçonne pas assez. Les directeurs des journaux populaires à grand tirage savent de quelle importance est pour eux le choix de leurs romans-feuille-tons, car le tirage du journal en dépend : cela prouve avec quelle passion ces feuilletons sont lus. Ils ont une action certaine sur l'esthétique populaire. Malheureuse-ment une haute moralité n'est pas, pour eux, un élément de succès.

Les traités de morale que l'on met entre les mains des élèves des écoles ne parlent nulle part de respect dû à une famille nombreuse. J'ai même eu le regret de voir que quelques-uns enseignent que, pour être heureux, il faut avoir peu d'enfants.

Ces causes diverses conduisent tout naturellement l'homme à oublier ses devoirs envers ses semblables, et même, s'il a l'âme peu cultivée, à oublier ses devoirs envers lui-même.

Cet abaissement de l'esprit public s'est produit très lentement. Il est reflété par la littérature de chaque époque.

Le théâtre, autrefois, évitait tout ce qui pouvait excuser les mauvaises mœurs ou les rendre sympathiques. On doit faire aujourd'hui un effort de mémoire pour se rappeler que le *Chandelier* d'Alfred de Musset, les *Lionnes pauvres* d'Augier, la *Visite de Noces* de Dumas, etc., lorsqu'ils parurent à la scène, scandalisèrent le public. Depuis cette époque, il en a vu bien d'autres !

Le théâtre mérite un autre reproche au moins aussi grave : il est rare qu'il y soit question de familles ayant plus d'un enfant, et beaucoup plus rare encore qu'il y soit question de familles ayant plus de deux enfants. Quant aux familles nombreuses, elles ne paraissent jamais sur la scène que comme grotesques.

Si les familles représentées sur la scène sont presque toujours des familles très restreintes, cela tient surtout aux nécessités du théâtre ; on doit éliminer d'une pièce bien faite tous les personnages inutiles : l'amour filial étant suffisamment symbolisé par un seul personnage, on ne doit donc pas en mettre deux ; de même l'expression de l'amour fraternel ne nécessitant que deux personnages, on ne doit pas, en règle ordinaire, commettre la faute d'en mettre trois.

Il n'en est pas moins vrai qu'ainsi, le théâtre habitue le public à cette notion fausse qu'une famille normale ne comporte qu'un seul enfant, deux au plus.

Les cafés-concerts, dont la musique légère et facile fixe dans la mémoire des refrains ineptes et immoraux, font une besogne bien plus malfaisante. Malheureusement leur succès est de plus en plus grand, comme le montrent les chiffres suivants (nous ne citons que de cinq en cinq ans pour abréger).

Recettes brutes des cafés-concerts et concerts à Paris :

1893.	4.854.000 fr.
1898.	5.705.000 —
1903. . . . . , ...	6.456.000 —
1907.	8.148.000 —
1909.	9.142.000 —

Ainsi leur clientèle a doublé en seize ans. Neuf millions de francs (non compris 6.802.432 francs dans les Music-Halls)! C'est à ce chiffre que s'élevait en 1850 la recette totale de tous les théâtres de Paris. On est étonné de penser qu'un aussi grand nombre de spectateurs puisse trouver plaisir à d'aussi plates grossièretés.

C'est une conséquence, — et aussi une cause, — de l'abaissement des mœurs. Il se manifeste par bien d'autres signes :

Un homme ne rougit nullement d'être resté obstinément célibataire. Parfois même on se félicite hautement et publiquement de l'être irrévocablement. En voici un exemple assez pittoresque. En novembre 1905, une trentaine de vieux célibataires poitevins se réunissaient à Chénevelle (Vienne) et célébraient avec gloriole leur misogynie. Toute la ville fut en fête : on pavoisa, on banqueta, on dansa. « Gaîté, joie, bonne humeur, chansons plus ou moins grivoises, nous dit la chronique locale, rien n'a manqué à ces agapes originales organisées depuis cinq ans ». Quand donc rougira-t-on d'être célibataire, puisque nous sommes à une époque où l'on s'en targue comme d'une précieuse supériorité ?

En dehors des gravures purement pornographiques dont

nous parlons plus loin, il convient de citer les caricatures.
M. Ch. Richet, professeur de la Faculté de médecine de
Paris, s'amuse à collectionner les caricatures des principaux pays. Il a déclaré à la Commission de dépopulation,
que celles qui se publient en France ont un caractère
licencieux qu'on ne retrouve pas dans celles des pays
étrangers. S'il en est ainsi, n'est-ce pas la preuve que le
sentiment de gêne qu'une plaisanterie licencieuse excite
chez les gens bien élevés, est plus développé dans les
pays étrangers qu'en France ?

D'après M. le professeur Ch. Richet, les villes univer-
sitaires allemandes ou anglaises ont un aspect entièrement
différent de ce qu'on voit en France. La corruption, si elle
existe (ce qui est d'ailleurs probable), a du moins la
pudeur de se cacher ; elle est certainement moins répandue.

La littérature malsaine était naguère élégante et peu
nuisible parce qu'elle ne s'adressait qu'au petit nombre et
à des esprits qu'on pouvait croire trop éclairés pour se
laisser corrompre. Petit à petit, elle est devenue plus ordu-
rière. On avait émis l'idée que le public se lasserait de
plaisanteries aussi monotones ; on s'est absolument trompé.
C'est vers 1880 et les années suivantes que se sont créés,
encouragés par la liberté de la presse, les journaux pornographiques. Ils ont été dans le principe sévèrement poursuivis et punis. Mais leur succès était tel, que leurs auteurs
avaient intérêt à braver la sévérité de la justice, qui d'ailleurs s'est lassée.

Or, voici une statistique faite vingt-trois ans plus tard,
en 1903 et qui montre le déplorable succès de ces feuilles
malpropres. Le ministère de l'Intérieur a voulu se rendre
compte du degré de diffusion des feuilles pornographiques.
Il a donc rédigé une liste des quinze journaux illustrés
qui se sont fait une spécialité des gravures licencieuses.
Il a invité les commissaires de police à s'informer auprès
des marchands de journaux du nombre de numéros qu'ils

vendaient de chacune de ces feuilles. Cette enquête fut faite dans 25 villes (parmi lesquelles Paris et Marseille n'étaient pas comprises), et formant un total de deux millions et demi d'habitants.

Or, le nombre des journaux pornographiques qui y sont vendus s'élève au chiffre formidable de 201.000 par numéro, soit un acheteur sur 12 habitants environ. Ce n'est pas tout : un acheteur suppose généralement plusieurs lecteurs; avant d'être vendus, ces innombrables numéros ont été exposés; les gravures licencieuses qui les illustrent ont été regardées par des passants.

En réalité, la proportion de 1 *acheteur* sur 12 habitants, si élevée qu'elle soit, suppose un nombre d'amateurs bien plus considérable encore. Les publications pornographiques constituent donc, pour la population urbaine tout au moins, un redoutable agent de corruption.

Telles sont, à notre avis, les causes nombreuses qui ont lentement préparé l'esprit public à recevoir, sans protester, l'abominable propagande des néo-malthusiens, propagande que nous décrivons plus loin.

Il est bien difficile, sinon impossible, de mesurer l'influence de ces causes par des chiffres. M. le professeur Gide a présenté à la commission de dépopulation un rapport excellent sur « l'influence de l'immoralité publique (littérature licencieuse, inocographie, spectacle, etc...; prostitution) et l'influence des sentiments religieux et des convictions morales sur la natalité ».

« La conclusion de ce rapport, dit M. Gide, est que l'influence de la moralité publique sur la natalité est considérable, et pourtant j'avoue que je me trouve presque dans l'impossibilité d'en fournir les preuves. Par leur nature, ces causes échappent à toute statistique. Comment chercher par des chiffres si les images obscènes qui s'exhibent dans les kiosques de journaux ou le succès d'une pièce comme le *Billet de logement*, peuvent influencer sur la natalité ? Il n'est donc pas possible de traiter cette question par la méthode d'observation des faits, la seule qui soit scientifique, et il est à craindre qu'un rapport sur ce sujet ne dégénère en une sorte de leçon de morale ou de sermon. »

Et, en effet, c'est seulement de la méthode *a priori* (qu'il déclare mauvaise) que M. Gide a été contraint de faire usage dans son rapport :

« Supposons, dit-il, un pays dans lequel toutes les causes d'immoralité aient atteint leur maximum de développement, et dans lequel l'influence des sentiments moraux et religieux soit à son minimum, une Sodome ou une Gomorrhe, et demandons-nous quelles conséquences se produiraient vraisemblablement au point de vue de la natalité.

« Je crois qu'on y verrait un petit nombre de mariages et un grand nombre de célibataires, parce que les hommes trouveraient en dehors du mariage, des jouissances plus variées et plus raffinées que les relations conjugales.

« Pour la même raison, l'âge du mariage serait tardif. Le nombre des divorces y serait grand, car le mariage tendrait à se régler sur les unions libres. Les maladies vénériennes seraient très répandues, en rapport avec le développement de la prostitution. C'est pourquoi il y aurait beaucoup de mariages physiologiquement stériles. Ces maladies produiraient une grande mortinatalité, un grand nombre de fausses couches, une forte mortalité enfantine dans les premiers jours qui suivent la naissance. On verrait sans doute aussi la pratique des avortements et des fraudes sexuelles. Ces pratiques seraient fréquentes en raison même de la fréquence des relations illicites, toutes situations dans lesquelles une grossesse est particulièrement redoutée. Quant à l'avortement, il n'a le plus souvent pas d'autre but que de suppléer à une fraude sexuelle qui n'a pas réussi... »

C'est en développant ces pensées que M. le professeur Gide arrive aux conclusions suivantes :

« Toutes les causes énumérées — littérature, spectacles et iconographie licencieuse, prostitution — tendent à affaiblir la natalité dans la mesure même où elles surexcitent la recherche des jouissances sexuelles. Elles concourent à cet affaiblissement de la natalité :

« 1° En faisant de la volupté, et non de la procréation, le mobile unique de l'acte sexuel;

« 2° En supprimant ou en retardant le mariage, qui est le mode d'union sexuelle le plus fécond;

« 3° En stérilisant la puissance génératrice par les maladies vénériennes ou les vices contre nature ;

« 4° En supprimant le fruit, soit volontairement par l'onanisme et l'avortement, soit involontairement par la procréation d'enfants impropres à la vie.

Inversement toutes les causes qui tendent à combattre ou à enrayer l'immoralité, telle que nous venons de la définir, doivent tendre à augmenter la natalité dans la mesure même où elles réussissent à réfréner l'instinct sexuel.

« Parmi ces causes, figurent certainement les commandements religieux et les doctrines morales qui érigent en devoir la chasteté pour les deux sexes jusqu'au mariage, la fidélité et le respect mutuels pour les deux époux dans le mariage. »

La littérature casuistique, celle qui dissèque une histoire romanesque pour aboutir à quelque conclusion immorale ou scandaleuse, n'est pour un homme cultivé qu'un amusement ingénieux. Elle devient très nuisible lorsqu'elle s'adresse à la foule. Les littérateurs qui ont ainsi excusé l'avortement, le néo-malthusianisme, l'infanticide, etc., n'ont pas vu que par la même méthode, tous les crimes peuvent être innocentés. Le parricide même a été chanté par Fr. Coppée (*Severo Torelli, Pour la Couronne*) ; ces jeux d'esprit ont parfois des suites terribles. Lorsque sous prétexte de fraternité et de solidarité sociale, on a prôné la désertion, la destruction de la propriété d'autrui, le vol, l'incendie et l'assassinat, on pouvait croire que personne ne se laisserait égarer par d'aussi monstrueuses infamies ; les égarés sont pourtant nombreux et féroces.

C'est qu'en effet, les règles de morale doivent être absolues ; elles ne doivent pas être discutées. Dès qu'on les raisonne, elles n'existent plus ; car si on admet qu'on puisse les discuter, les passions qu'elles contrarient suggéreront toujours quelque subtilité pour les contester. Le meilleur traité de morale ne comporte donc que quelques lignes. L'une d'elles est la suivante : *Tu ne tueras pas ; celui qui empêche de naître est semblable à celui qui tue.* Le peuple qui oublie ce principe traditionnel, se condamne à mort.

QUATRIÈME PARTIE

PROPAGANDES CRIMINELLES

I

PROPAGANDE FAITE
POUR RÉPANDRE LE NÉO-MALTHUSIANISME[1]

Regard rétrospectif.

La pensée sacrilège de créer une propagande populaire pour répandre les pratiques néo-malthusiennes n'est
pas née en France, mais en Angleterre, ensuite dans les
Pays-Bas, puis en Allemagne. La France n'a fait qu'imiter
ces trois pays.

Sans doute, on a vu en France, sous Louis-Philippe,
des préfets conseiller à leurs administrés de limiter le nombre
de leurs enfants (Allier, en 1838, Somme en 1842[2], etc.,)
C'était à l'époque où la statistique démographique n'existait
pas, et où certains économistes, faute des lumières de cette
science, se laissaient égarer par la fausse doctrine de Malthus.

---

1. Les pages qui suivent étaient écrites, mais non publiées, lorsqu'a
paru l'excellent petit volume de Mᵐᵉ Leroy-Allais : *Une campagne criminelle* (1909), recueil d'observations faites *de visu* par une femme de
cœur. Son livre, très documenté, confirme et complète cette 4ᵉ partie.

2. Dans le même ordre d'idées, le Conseil municipal de Versailles,
en 1852, créant un prix de tempérance de 1.000 francs, prescrivait de
tenir compte des autres qualités domestiques du lauréat et notamment du *nombre modéré de ses enfants.*

On peut rappeler aussi qu'en 1851, sur le rapport de l'illustre Ville-
main, l'Académie française décernait un prix Montyon de 3.000 francs
à un auteur qui développait cette pensée : « Heureux le pays où la
sagesse publique et privée se réunissent pour empêcher que la population ne s'accroisse trop vite. »

Hâtons-nous d'ajouter que l'Académie française actuelle vient de se
prononcer tout autrement. Elle a décerné des prix, vers décembre 1907, à deux familles nombreuses en les déclarant « saintes et
héroïques » et en ajoutant : « Nous n'honorerons jamais assez les
obscurs sacrifices dont leurs vies sont faites. »

Mais ces préfets s'en tenaient à des principes généraux. On pouvait croire qu'ils recommandaient, comme Malthus lui-même, le *moral restraint*, et non pas les pratiques ignobles dont nous allons avoir à nous occuper. Malgré cela, ces circulaires sont restées célèbres en raison même des protestations qu'elles ont soulevées à leur époque.

Ligues de propagande créées à l'étranger.

Feu le Dr C. R. Drysdale, de Londres, fonda, en 1887, *the malthusian League*, qui ne méritait pas ce titre, car il déclarait vouloir « user des progrès de la science pour assurer à tous les jouissances de l'amour ». Cette ligue fut créée à l'époque où le député Charles Bradlaugh se déclarait bruyamment « athée et néo-malthusien » en compagnie de Miss Annie Besant avec laquelle il annonçait hautement vivre à l'état d'union libre (au grand scandale des Anglais, car chez eux pareille chose ne s'avoue pas).

Miss Annie Besant, après la mort de Ch. Bradlaugh, a abjuré l'athéisme; elle s'est faite théosophe, et elle est même actuellement « chief » (c'est-à-dire directrice) de cette religion néo-bouddhique.

Il y avait longtemps que le Dr Drysdale professait le néo-malthusianisme et recrutait des disciples en Angleterre. Dès 1854 avait paru sur ce sujet un livre qui n'a pas eu moins de 32 éditions. Il est intitulé : « *Éléments de science sociale*, ou Religion physique, sociale et naturelle. Exposé sur la véritable cause, et sur le remède des trois principaux maux de la société : La Pauvreté, la Prostitution et le Célibat, par un étudiant en médecine. » L'anonymat de l'auteur n'a été dévoilé qu'après sa mort (en 1905). C'était un frère du fondateur de la *Malthusian League*. Cette ligue possède un journal, *The Malthusian,* créé en 1879 ; il continue à paraître régulièrement ; son sous-titre est *Une croisade contre la pauvreté.*

Dans les Pays-Bas, existe depuis 1885 la ligue néo-malthusienne (en hollandais : *De Nieuw-Malthusiaansche Bond*) dont le but est ainsi défini par l'article 3 des statuts :

« a) La diffusion des connaissances relatives à la loi de la population, de ses conséquences et de son influence sur les mœurs et habitudes des hommes.

b) La diffusion des connaissances concernant les moyens légaux à l'aide desquels chacun peut empêcher les naissances trop nombreuses, dans le cas où l'arrivée d'un enfant diminue les chances de bonheur pour les familles et même leur ôte toute possibilité d'une vie digne de l'humanité ».

La ligue s'efforce d'atteindre ce but :

a) Par la publication et la diffusion d'écrits populaires gratuits ou à fort bon marché.

b) L'organisation de conférences.

c) Et tous les arrangements possibles pour que des personnes compétentes puissent enseigner aux gens ayant peu de ressources, les moyens dont il est question ci-dessus (art. 3, b).

Cette ligue se réclame notamment du nom de feu N. G. Pierson, ancien ministre des Finances des Pays-Bas, et auteur d'un traité d'économie publique dans lequel il dit : « On ne peut s'attendre à aucune amélioration véritable des conditions économiques si le nombre des naissances ne diminue pas considérablement. » Elle a été « sanctionnée comme personne civile » par décret royal du 30 janvier 1895. La ligne néo-malthusienne néerlandaise ne préconise que les « moyens légaux », c'est-à-dire qu'elle n'en est pas encore arrivée à faire l'éloge de l'avortement. Elle a publié notamment une petite brochure de 10 pages où sont décrites avec précision les sales pratiques qu'elle recommande.

Elle publie un journal intitulé *het glukkig huisgezin* (*la famille heureuse*) au prix de 1 fr. 50 par an.

En Allemagne, le néo-malthusianisme a recruté ses adeptes plutôt dans le Wurtemberg, patrie de l'économiste malthusien, feu le professeur Rümelin. Ils ont constitué en 1889, une ligue appelée *Das Sozial Harmonische Verein*, dont le journal s'appelle *Die Sozial Harmonie*. Son influence ne s'est pas manifestée jusqu'à présent.

C'est seulement après ces sociétés qu'a été fondée en France la *Ligue de la régénération humaine* qui paraît être la plus active de toutes ces œuvres néfastes. Nous y revenons plus loin.

Mais achevons l'enumération des sociétés similaires créées à l'étranger :

A Barcelone fut créée, en juillet 1904, la *Liga de la Regeneracion humana*, copie exacte de celle de Paris. Elle publie un journal mensuel intitulé *Salud y fuerza*.

A Cuba fut créée une Ligue du même genre.

Enfin, à Chicago, paraît un journal malthusien bimensuel, intitulé *Lucifer* (*the light bearer*) qui vient, en dépit de la liberté de la presse aux États-Unis, de recevoir un châtiment exemplaire (voir plus loin p. 239).

Ligue de la régénération humaine.

C'est le 30 août 1896 (trois mois après la fondation de *l'Alliance nationale pour l'accroissement de la population française*) que fut créée à Paris la *Ligue de la régénération humaine*. Ce nom prétentieux cachait une ligue néo-malthusienne.

Voici le passage le plus important de ses statuts :

Motifs. — « Négligeant toute condition imposée aux satisfactions sexuelles par les lois et les coutumes des divers pays, nous posons en principe :

« Que l'utilité de la création d'un nouvel humain est une question très complexe, contenant des considérations de temps, de lieux, de personnes, d'institutions publiques ;

« Qu'autant il est désirable, aux points de vue familial et social, d'avoir un nombre suffisant d'adultes sains de corps, forts, intelligents, adroits, bons,

« Autant il l'est peu de faire naître un grand nombre d'enfants dégénérés, destinés, la plupart à mourir prématurément, tous à souffrir beaucoup eux-mêmes, à imposer des souffrances à leur entourage familial, à leur groupe social, à peser lourdement sur les ressources toujours insuffisantes des assistances publiques et de la charité privée, aux dépens d'enfants de meilleure qualité.

« Nous considérons comme une grande faute familiale et sociale de mettre au monde des enfants dont la subsistance et l'éducation ne seront pas suffisamment assurées dans le milieu où ils naissent *actuellement*.

« (Nous ne contestons pas, de certaines réformes et améliorations permettront à la terre de nourrir *plus tard* un grand nombre d'habitants ; mais nous affirmons qu'il est indispensable, avant de vouloir augmenter le nombre des naissances, d'attendre que ces réformes aient été exécutées et aient produit leur effet, et que du reste, la préoccupation de la *qualité* devra toujours précéder celle de la *quantité*).

Moyens d'action. — « 1° Distribution, prêt, vente de feuillets, brochures et livres.

« 2° Causeries familiales, conférences.

« 3° Consultations données par des praticiens dont les adresses seront fournies aux personnes intéressées. »

Le créateur de cette Ligue est M. Paul Robin, ancien Directeur de l'orphelinat de Cempuis, emploi dont il fut révoqué par M. Poubelle, préfet de la Seine, pour divers motifs graves sur lesquels nous pensons qu'il vaut mieux ne pas insister.

Il appela cette ligue *Régénération humaine* parce qu'il s'imagine que, lorsque les naissances sont peu nombreuses, les enfants sont « sains de corps, forts, intelligents, adroits, bons. La préoccupation de la *qualité* doit toujours précéder celle de la *quantité* ». Il n'a d'ailleurs jamais dit sur quoi se fonde cette opinion paradoxale.

Son but n'est donc pas de supprimer la France, comme on pourrait le croire, mais de la « régénérer ».

Il dit volontiers que la France pourrait se contenter de

quinze millions d'habitants et même moins encore, pourvu qu'ils soient « sains de corps, forts, intelligents, etc... » Aussi le sous-titre de la société a-t-il été : « Bonne naissance. Éducation intégrale ». Ce sous-titre a été, par la suite, supprimé.

M. Robin reçut assez vite l'adhésion de deux députés, d'un ancien sénateur, M. Naquet (dont l'opinion paraît s'être amendée), de quelques journalistes et de quelques autres personnages notables.

Quoique le néo-malthusianisme fût pratiqué depuis lontemps dans toutes les parties de la France, on fut d'abord choqué de le voir érigé en doctrine et en enseignement ; les discours de M. Paul Robin furent donc, dans les premiers temps, très mal reçus par tous les partis, y compris le parti socialiste.

L'impunité systématique que, d'abord, il n'osait pas espérer, contribua à faire considérer comme acceptables les doctrines que tout d'abord on avait repoussées comme inavouables. Sa propagande s'est affirmée sans cesse plus puissante et plus efficace. Telle est, très résumée, la triste histoire dont nous allons retracer les principaux faits.

Un des premiers actes de la *Ligue de la Régénération humaine,* fondée le 30 août 1896, fut de répondre à un article que j'avais publié dans l'*Éclair* sur la dépopulation de la France. L'*Éclair* voulut bien insérer plusieurs réponses de M. Paul Robin jusqu'au moment où celui-ci, se répétant, devint trop fastidieux pour les lecteurs. Cette polémique fut reproduite par un grand nombre de journaux qui s'élevèrent avec violence contre M. Robin ; *Le Temps* et le *Gaulois* insinuèrent que les tribunaux devraient le poursuivre ; des poursuites furent réclamées en termes formels par le *Journal,* l'*Écho de Paris,* le *Peuple Français* (12 janvier 1897) le *Figaro* (13 janvier), le *Gil Blas* (16 janvier), etc... La *Libre Parole* (14 janvier)

vit même, dans l'absence de poursuites, la preuve que
M. Robin était pourvu de hautes protections, ce qui n'était,
sans doute qu'une plaisanterie. Les poursuites réclamées
par tant de journaux ne furent d'ailleurs jamais entreprises.

Il est très remarquable qu'à cette époque plusieurs journaux socialistes lui furent hostiles ; notamment la *Lan-
terne*, sous la signature de M. Maurice Allard, aujourd'hui
député. Ainsi M. Robin se vit fermer tous les journaux et
ne put insérer sa prose que dans la *Voix des Communes*,
journal parfaitement inconnu qui se publiait à Vincennes.

Vers la même époque, les discours néo-malthusiens que
M. Robin essayait de prononcer dans différents quartiers
de Paris, soulevaient l'indignation et le dégoût général
(salle de l'Harmonie, rue d'Angoulème, salle de la rue
Drouot, etc...). On ne le laissait ordinairement pas
achever.

L'année suivante, il fit paraître un journal autographié,
intitulé *Régénération;* puis il partit pour la Nouvelle-
Zélande, espérant trouver aux Antipodes la société quelque
peu anarchiste qu'il rêvait. Il eut vite fait de voir que les
lois économiques se vérifient à l'autre extrémité du monde,
comme dans notre vieille Europe et il ne tarda pas à revenir. Son voyage lui a laissé de mauvais souvenirs dont je
ne connais pas le détail. Il s'est plaint qu'en Nouvelle-
Zélande on n'ait pas goûté les doctrines de la « *Régénération* » quoique celle-ci dût « supprimer la maladie! ». Les
médecins, intéressés à voir celle-ci désoler l'humanité, et
« les piétistes », ont déterminé le pouvoir « à réprimer féro-
cement l'émancipation sexuelle, donc à créer et développer
l'abrutissement et la misère ». Telles sont les rêveries qui
hantent ce cerveau malade.

La ligue de la Régénération humaine fut « reformée »
en septembre 1900. Déjà le journal *La Régénération* avait
reparu en avril 1900 grâce à « deux souscriptions impor-

tantes » [1] et avait pris dès lors l'allure qu'elle a conservée depuis. Ce journal n'offre à peu près aucun intérêt. Il ne contient presque pas de documents et se borne à répéter toujours la même chose. Il est d'ailleurs rédigé en langage volontairement trivial et très souvent injurieux. Il n'a pas la tenue du *Malthusian* anglais.

Ce n'est pas d'ailleurs un journal pornographique au sens propre du mot. Il ne cherche pas la grivoiserie ni les mots à double entente. Ses paroles n'ont qu'un seul sens, très net : c'est très clairement qu'il cherche à supprimer la morale traditionnelle pour y substituer la sienne, qui est monstrueuse.

Une partie au moins des collaborateurs de M. Robin sont des anarchistes ou des malfaiteurs avérés ; nous en prenons à témoin les déclarations de la *Régénération* elle-même, qui se plaint d'avoir eu affaire au début à « des escrocs, à des voleurs et à des arrivistes ». Plus tard, l'un des « régénérateurs », Vallina, a été impliqué dans l'attentat dirigé rue de Rivoli contre le Président de la République et le Roi d'Espagne ; un autre, Mateo Moral, était l'auteur avoué de l'attentat dirigé à Madrid contre le même souverain. M. Sébastien Faure, l'un des principaux orateurs du groupe, professe des doctrines anarchistes ; Liard-Courtois, un autre régénérateur, se donne le titre de « ex-forçat » sur les affiches qui annoncent ses conférences.

Les tendances anarchistes se retrouvent presque à toutes les pages de *Régénération*. Elle se déclare à tout moment anti-militariste et anti-patriote.

Les principaux moyens de propagande employés par la Ligue, sont très variés et souvent ingénieux. Les voici :

1° Des brochures.

2° Des sections de la Ligue.

---

1. On a pensé qu'elles venaient d'un pays ennemi de la France. Rien n'est plus logique que cette supposition, mais elle n'est pas prouvée.

3° Des conférences familières.

— démonstratives.

— contradictoires.

De grandes conférences.

4° Des articles de journaux.

5° Des feuillets pour distribution.

6° Des étiquettes.

7° Des cartes postales.

8° Une image d'Épinal.

9° Des lettres à domicile.

10° Des cours à de jeunes ouvrières.

11° Des livres.

12° Des fêtes.

13° Une Agence pour unions libres.

14° Le commerce d'objets anti-conceptionnels.

15° Propagande faite par les camelots.

16° Un Congrès international.

Chacun des termes de cette liste mérite explication :

1° Quatorze petites *brochures* dont chacune ne coûte, le plus souvent, que 0 fr. 10 (les plus chères 0,75). Elles sont très peu intéressantes et répètent toutes les mêmes choses. La principale est la traduction de la brochure hollandaise sur les *moyens à employer pour éviter* que l'amour soit fécond.

2° La *création de sections* de la *Ligue de la Régénération* dans un grand nombre de villes françaises. Au siège de chaque section, on trouve les petites brochures dont il vient d'être parlé ; mais surtout on peut y acheter le matériel « anti-conceptionnel ». On y trouve aussi un individu, souvent une femme, chargé d'indiquer la façon de s'en servir et de donner des « conseils ». Souvent, le siège de ces sections est chez un herboriste ou chez un pharmacien, dont le commerce se trouve ainsi activé. On se demande même avec inquiétude si les « conseils » se bornent à prévenir la grossesse. Nous avons compté *vingt-six* de ces sections en 1908. Mais notre liste est probablement incomplète.

3° Des *conférences* faites sur tous les points de la France (et quelquefois au dehors, mais souvent celles-ci ont été interdites par la police). La police française, au contraire, n'a jamais rien dit, rien tenté pour interdire cet ignoble enseignement : Mieux que cela : Le maire de Tourcoing ayant demandé en 1905, au Préfet de Lille, l'autorisation d'interdire une conférence organisée pour engager les ouvriers à limiter leur famille, le haut fonctionnaire de la République fit la sourde oreille et la conférence eut lieu.

Ces conférences furent très nombreuses. J'en ai compté 135 jusqu'au début de 1908, et très probablement je ne les ai pas toutes connues. Il y en a de plusieurs sortes : ce sont des causeries, ou des conférences familières. Il y a aussi des conférences « démonstratives » avec dessins représentant les organes génitaux des deux sexes, et la façon d'utiliser les appareils anti-conceptionnels.

Il y a aussi les conférences publiques (le plus souvent contradictoires). Des tournées de conférences ont été faites à plusieurs reprises en province, notamment par M. Sébastien Faure qui met un remarquable talent de parole au service des causes les plus ruineuses pour la société. Mlle Nelly Roussel possède un talent plus remarquable encore et, par conséquent, plus malfaisant. Il faut citer aussi Mme Jeanne Dubois, et enfin M. Paul Robin. Il n'est guère de ville quelque peu importante en France qui n'ait reçu une ou plusieurs fois la visite de l'un de ces singuliers prédicateurs.

Très souvent ces conférences ont lieu dans les Bourses du travail ou dans les Maisons du peuple ou dans des préaux d'école; souvent aussi dans des mairies, en un mot dans des salles qui ont été construites aux frais des contribuables.

M. le sénateur Piot s'est ému avec juste raison d'un pareil abus et l'a signalé au ministre de l'Intérieur.

Le 8 janvier 1905, M. Combes, président du Conseil, lui a répondu qu'il avait prié M. le préfet de la Seine de « refuser désormais l'usage des locaux communaux aux organisateurs de conférences de cette nature ». Le ministre paraissait ignorer que ce scandale s'était produit dans d'autres villes que celles de la banlieue.

A Paris même, les ordres du ministre et du préfet n'ont pas empêché M. Paul Robin de faire des conférences néo-malthusiennes postérieurement à cette lettre, dans des préaux d'école. L'une d'elles eut lieu le 3 mai 1906 dans le préau de l'école de l'Avenue de la République, et l'autre le lendemain 4 mai dans le préau de l'école de la rue des Boulets. Peut-être y en eut-il d'autres encore.

Enfin les *grandes conférences* reçoivent une publicité exceptionnelle. Elles ont eu lieu, à peu près toutes, à Paris. De grandes affiches les annoncent. Elles sont présidées par un homme notable — député ou ancien député. La salle, qui est le plus souvent celle de l'hôtel des Sociétés savantes, est généralement pleine ; le public écoute sans conviction et répond (lorsque la conférence est contradictoire) par des réflexions qui veulent être spirituelles, et souvent par des coq-à-l'âne.

4° *Articles de journaux.* Les grands journaux ont presque toujours refusé d'insérer les articles néo-malthusiens. « Les chefs socialistes, voire anarchistes, nous sont franchement hostiles » disait Paul Robin en 1905.

Mais les articles de la *Régénération* ont été assez souvent reproduits ou commentés, quelquefois critiqués, par un certain nombre de journaux sans lecteurs qui pullulent en province. Cette propagande qui passe inaperçue a pourtant pu être très nuisible. Tous ces journaux, ou presque tous, sont socialistes et révolutionnaires, et la plupart appartiennent à des Syndicats ouvriers. Voici le titre de quelques-uns d'entre eux :

La Voix du Peuple. — Le Travailleur socialiste. — La Pensée libre. — *Le Réveil de l'esclave*. — *Le Jura socialiste*. — *Le Réveil syndical de Lens*. (Ce journal a été signalé à la Tribune de la Chambre des Députés par M. Georges Berger, le 4 novembre 1908. — La réponse du Ministre n'a pas donné satisfaction à l'interpellateur.) — *L'Ouvrier syndiqué de Marseille*. — *L'Ouvrier teinturier*. — *L'Ouvrier de l'Est*. — *L'Idée socialiste de Lyon*. — *Le Combat*. — *Les Temps Nouveaux*. — *L'Ouvrier des Ports de Marseille*. — *L'Action syndicale*. — *Le Parti socialiste*. — *Le Travailleur syndiqué*. — *L'Ouvrier forgeron*. — *L'Ouvrier des cuirs et peaux*. — *L'Ouvrier teinturier apprêteur*. — Etc., etc. — *Le Libertaire* (anarchiste) a toujours été néo-malthusien.

Parmi les grands journaux de Paris, il n'est guère que l'*Humanité* qui ait accepté assez souvent des articles néo-malthusiens ; plusieurs fois elle a publié le sommaire de *Régénération*. Les autres grands journaux veulent ignorer cette funeste revue. Presque tous ont publié des articles où ils manifestent l'effroi que leur cause l'abaissement de la natalité.

5° *Des feuillets pour distribution*. Il y en a trois : Aux femmes. — Aux gens mariés. — Aux propagandistes.

6° *Les Étiquettes*. Ce sont de toutes petites affiches gommées, dites papillons, que les propagandistes sont invités à coller secrètement dans tout endroit public. Elles ne contiennent que quelques mots. Elles ont été inaugurées en 1905.

J'en possède la collection complète. Toutes se terminent par ce refrain : « Ayons peu d'enfants ». En voici une :

**Dieu (?) bénit
les nombreuses familles
mais ne les nourrit pas
Ayons peu d'enfants**

qui a été employée, puis décollée par un passant[1] qu'elle indignait à juste titre, et qui nous l'a envoyée.

---

1. « Dieu n'a pas à nourrir les familles nombreuses, m'écrivait-il en même temps. Elles se nourrissent elles-mêmes! » Cet homme courageux a le droit de parler ainsi. C'est le chef de la belle famille dont on trouvera l'histoire page 330.

Une ligue anti-alcoolique ayant usé de ce moyen de propagande, fut poursuivie en justice par les marchands de vin dont elle gênait le commerce. Cette ligue voulait servir les intérêts de la patrie : elle en fut punie.

Les malthusiens veulent sa mort : personne n'a le droit de les entraver !

7° *Des cartes postales illustrées.* — Elles sont d'une remarquable niaiserie.

8° *Image d'Epinal.* — Même remarque.

9° *Lettres à domicile.* — Ce sont des lettres que l'on envoie dans un certain nombre de villes et notamment à Paris, aux couples dont les bans sont publiés. On leur donne le conseil d'avoir peu d'enfants, et on leur indique comment ils pourront s'initier à la technique coupable. Ce mode de propagande a été imaginé par la *section* de Lyon en juin 1904.

10° *Cours à de jeunes ouvrières.* — On recrute à la sortie des ateliers de jeunes ouvrières, on les répartit par groupes d'une douzaine environ pour leur faire des « cours pratiques et démonstratifs » d'amour libre et sans danger, autrement dit des cours de débauche. Il faut ajouter que les « démonstrations » ne se font que sur des gravures — jusqu'à présent...

11° Nous dirons peu de chose des *livres*, quoiqu'ils soient très nombreux déjà. Il y a parmi eux des livres d'économie politique; des livres de technique anti-conceptionnelle ; des romans (extrêmement médiocres d'ailleurs).

12° *Des Fêtes.* — Ces fêtes n'ont d'autre but que de rendre plus alléchantes les conférences. Voici le programme de l'une d'elles. Elle a eu lieu le 22 septembre 1907 : « Grande fête champêtre dans le parc de Saint-Cloud; déjeuner sur l'herbe ; causerie familière ; chants ; jeux divers ; dîner aux lampions ». Très souvent, on y joint l'enlèvement d'un ballon affublé d'un nom ridicule tel que *Maternité consciente* ou *Grève des ventres*, etc... Souvent il y a feu d'artifice, etc... Des fêtes analogues ont eu lieu à Montereau, à Roubaix, et sans doute ailleurs. Ces fêtes donnent aux sociétaires l'occasion de se confirmer réciproquement dans leur immoralité et d'amener de nouveaux adeptes.

13° *Agence pour unions libres.* — Cette prodigieuse agence de proxénétisme a été imaginée en avril 1906. Il semble bien qu'elle n'existe pas encore. Mais on s'en est activement occupé. « On a suggéré sa fondation à une personne qui aurait le temps de s'en occuper sérieusement, très désintéressée, mais qui pourrait ainsi *améliorer* sa situation ou créer un modeste gagne-pain indépendant à quelqu'un qui s'y donnerait tout entier. Nous avons déjà reçu des lettres que nous avons classées et conserverons ; nous les réserverons à l'agent désiré. » (*Régénération*, avril 1906).

14° *Commerce d'objets anti-conceptionnels.* — Nous possédons le prospectus qui en donne la liste, avec l'indication du prix, etc... Ce commerce est généralisé dans toute la France par le moyen des *sections*, par les pharmaciens et herboristes affiliés à la *Ligue* et aussi par des institutions ouvrières. Ainsi à Brest, au cours d'une perquisition faite naguère à la Bourse du Travail, on découvrit des objets ayant pour but de fournir les moyens pratiques de faciliter la diminution des naissances, et, en pleine réunion publique, un des meneurs, ouvrier de l'Arsenal, n'hésita pas à affirmer que ces objets se vendaient dans la Bourse du Travail (*Journal des Débats*, 2 juin 1906).

15° *Propagande par les camelots.* — Ce système, très bien combiné, est exposé, avec indignation, par M. Franc-Nohain (1909) dans l'*Echo de Paris* :

Les badauds font cercle autour d'un camelot; c'est l'heure de la sortie des ateliers, et il y a là quantité de jeunes ouvrières, qui regardent d'un œil amusé un jouet qui paraît ingénieux.

— « Vingt centimes, quatre sous, — c'est donné!... » Bien
des jeunes mamans, bien des ouvrières se décident. Le jouet
leur est remis. enveloppé dans un prospectus imprimé, où se
détache tout d'abord cet appel :

Aux femmes!...

Et l'ouvrière lit, et la jeune maman; elle lit qu'il existe une
œuvre de la *Régénération humaine*, qui s'offre à lui enseigner
ses « conquêtes scientifiques », à savoir l'art de ne pas avoir
d'enfants, *sans se priver d'amour*...

Voilà l'abominable et cynique propagande que le gouvernement tolère dans la rue, sans s'aviser qu'il y a là, pis qu'un
défi à la morale et une insulte aux honnêtes gens : un véritable
péril national.

16° Le *Congrès* de la Fédération universelle de la Régénération humaine s'est tenu à Liège le 17 et le 18 septembre 1905. Il n'offrit aucun intérêt particulier.

D'autres moyens de propagande ont été essayés, mais
sans succès :

1° M. Paul Robin s'était flatté de recueillir l'appui de
quelque personnalité scientifique. Il a pu glaner chez les
auteurs anciens quelques phrases compromettantes et
fâcheuses (quelquefois même aussi des théories plus com-
plètes) mais l'appui d'un savant vivant lui aurait été plus
précieux. Tous ceux à qui il s'est adressé l'ont éconduit
(*Régénération*, juillet 1904).

Il a aussi exposé ses doctrines devant différentes sociétés
savantes; il a constamment été repoussé, quelquefois assez
rudement. Il a avoué lui-même que « lorsqu'on s'occupe
de la question de Population dans des milieux scientifiques, c'est le plus souvent dans un sens diamétralement
opposé au nôtre » (*Régénération*, novembre 1902).

2° La *Ligue* a envoyé une lettre à tous les Conseils
généraux pour leur demander leur adhésion. Pas un seul
n'a donné signe de vie.

3° Les tentatives faites pour obtenir l'appui de la Franc-
maçonnerie, ont donné lieu à des incidents difficiles à con-

naître puisque la Franc-maçonnerie est une société secrète. On en trouve pourtant l'histoire dans un livre intitulé *le Grand Orient* par Bidegain (pages 201 à 215).

La majorité du Convent de 1900 avait décidé l'impression et la publication d'un discours de M. le Dr Meslier (aujourd'hui député) discours favorable à la thèse néo-malthusienne. Le Conseil de l'Ordre, le 12 novembre 1900, n'approuva pas cette décision. Il semble bien que le seul ou le principal motif de cette détermination fut la crainte de « nuire à la maçonnerie ». Et ce qui le confirme, c'est que le Conseil de l'Ordre accorda des fonds à M. Meslier pour publier sa brochure à titre privé. M. Meslier accepta cette solution « en maçon discipliné », mais renonça à publier la brochure en question.

La *Régénération* n'eut pas plus de succès auprès de la *Revue Maçonnique* qui la repoussa assez brutalement, ni auprès de l'*Acacia* qui déclara, en juillet 1904, « que c'était là une littérature de maison close que le Parquet ferait bien de poursuivre ».

On peut craindre que ces bonnes dispositions ne durent pas. Là comme ailleurs, la corruption fait son œuvre. En 1905, la loge maçonnique parisienne, les *Trinitaires*, a fait annoncer une conférence sur « l'intervention médicale pour éviter, abréger ou interrompre la grossesse ». Supposons (avec bienveillance, mais sans conviction), qu'il s'agit de l'intervention licite, justifiée parce que la vie de la mère est en danger. Ce sont choses dont on peut parler dans un cours d'obstétrique, mais non pas ailleurs.

Dans ces derniers temps, l'union a cessé de régner entre les funestes apôtres de *Régénération*. L'histoire détaillée de leurs querelles est peu intéressante. Il en est résulté la publication d'un nouvel organe intitulé *Génération Consciente* ; parmi ses rédacteurs se trouvent plusieurs députés. Il fait exactement la même besogne que *Régénération*.

Par exemple, le numéro du 11 mai 1908 publie une

convocation à une réunion de la section du XXe, « où le camarade H..... fera une première leçon sur la physiologie sexuelle et la prophylaxie anticonceptionnelle. Les dames y sont spécialement invitées. »

Un autre journal, le *Malthusien*, lui fait concurrence.

Il convient d'ajouter que même parmi les anarchistes ou personnes professant des doctrines analogues, il en est qui repoussent le néo-malthusianisme. Elisée Reclus a traité leur doctrine de « grande mystification ». Bakounine, Krapotkine, etc..., les condamnent. Le compagnon Libertad, mort récemment, les réprouvait « au point de vue social ».

Si un nombre effrayant de syndicats ouvriers se sont laissé séduire par ces sophismes, d'autres les ont repoussés. A Versailles, la Bourse du travail a rayé de la liste de ses membres le Syndicat des coiffeurs pour avoir organisé une conférence de Mme Jeanne Dubois. M. Jules Guesde a flétri le néo-malthusianisme en termes formels à Roubaix (27 mars 1906). D'autres socialistes marquants n'ont pas été moins énergiques.

Exemple de propagande locale : Roubaix.

Pour résumer le mal qu'ont fait les membres de la Ligue de la régénération, le mieux nous paraît être de résumer quelle a été leur action dans un des rares pays de France où la population prit naguère un développement suffisant, la ville de Roubaix.

Un cabaretier de cette ville a créé une «Ligue de la régénération humaine (néo-malthusienne) » qui donne, dans son estaminet, des fêtes et réunions périodiques. A chaque Assemblée, il est fait « un cours d'étude pratique sur les divers moyens d'éviter la consception « (*sic*). (Le cabaretier n'est pas très fort en orthographe.)

Ces cours, faits par le cabaretier lui-même, constituent un double crime contre la patrie, car ils se résument ainsi :

« Au lieu d'avoir des enfants qu'il faudra nourrir, venez dépenser votre argent à boire dans mon cabaret. » On y trouve d'ailleurs, au plus bas prix, tout le matériel « anti-conseptionnel » (*sic*).

A l'occasion de la « fête Noël néo-malthusienne », on a lancé un balon (*sic*) nommé *Régénération humaine*, avec feux d'artifices (*sic*).

La ligue se compose, paraît-il, de deux cents membres, dont soixantes (*sic*) femmes environs (*sic*).

Qu'on ne croie pas inoffensives ces prédications immondes faites chez le marchand de vin et ces « cours d'études pratiques sur les divers moyens d'éviter la consception » (*sic*). Voici le résultat de ces « cours d'études pratiques » :

La ville de Roubaix a compté 3.837 naissances en 1897 ; c'est peut-être l'année où elle en a eu le plus ; depuis cette époque, le nombre n'a cessé de décroître ; il tombe à 2.568 en 1906. Voilà ce qu'ont produit neuf années de propagande immorale.

A Tourcoing, il y avait 2.445 naissances en 1898 ; il n'y en a plus que 1.675 en 1906.

A Lille, la décroissance est moins rapide, mais très sensible cependant.

Ces chiffres sont résumés par le tableau ci-dessous :

Nombre moyen des naissances en un an pour 1.000 habitants :

	Roubaix.	Tourcoing.	Lille.
1889-93	32	34	30
1894-98	30	32	29
1899-1903	27	27	29
1904-1906	22	22	26
1907-1908	21	19	25

Or, il s'agit de la seule région de la France, avec la Bretagne, où la natalité fut quelque peu supérieure à la mortalité. Ces résultats déplorables, les Régénérateurs eux-mêmes proclament qu'ils en sont les auteurs, et ils s'en réjouissent. « Ça marche ! disent-ils, ça marche ! »

La justice tolère tout cela. Il paraît que la loi n'y peut rien.

Je parle de la justice et de la loi *françaises,* mais non pas de la loi belge! (qui d'ailleurs est identique à la nôtre). Notre cabaretier a voulu deux fois étendre ses opérations au delà de la frontière, qui est tout proche. Ce fut une grave imprudence : le commissaire de police belge le fit déguerpir dans la demi-heure.

Ceci mérite d'être précisé.

Si les autorités françaises se désintéressent de l'avenir du pays et regardent la patrie et la morale comme de vaines paroles qu'on peut publiquement bafouer, les autorités belges ne pensent pas de même. Le commissaire de police de Mouscron (Belgique) a empêché deux fois (le 12 février 1906 et le 28 avril 1907), la « Section roubaisienne de la Ligue universelle de régénération humaine » de faire, à la Maison du Peuple de Mouscron, une conférence *démonstrative anti-conceptionnelle.*

Cette « démonstration » consiste dans l'exhibition de tableaux sur lesquels sont peints les organes génitaux de l'homme et de la femme, exhibition qui est accompagnée de toutes les explications développées dans les théories néo-malthusiennes.

Le commissaire de police de Mouscron a interdit toutes ces belles choses, annonçant que s'il était passé outre à sa défense, il saisirait ces œuvres d'art et dresserait procès-verbal.

Il s'appuyait sur les articles suivants du Code pénal belge :

Art. 383. — Quiconque aura exposé, vendu ou distribué des chansons, pamphlets ou autres écrits imprimés ou non, des figures ou images, contraires aux bonnes mœurs, sera condamné à un emprisonnement de huit jours à six mois et à une amende de vingt-six à cinq cent francs.

Art. 384. — Dans le cas prévu par l'article précédent, l'auteur de l'écrit, de la figure ou de l'image, celui qui les aura imprimés ou reproduits par un procédé artistique quelconque, sera puni d'un emprisonnement d'un mois à un an et d'une amende de cinquante à mille francs.

Voilà donc notre cabaretier réduit à opérer en France, où on le laisse faire.

Le 2 juin 1907, il a organisé une belle fête pour laquelle il a invité la population mouscronnaise à passer la frontière. Le soir, on a dû faire partir un ballon, bizarrement appelé « Grève de la maternité anti-piotiste ». Ce nom est un peu incohérent et contradictoire, mais non pas aussi incohérent que l'inexplicable indifférence de la justice et de l'administration françaises.

Un jugement du Tribunal de Lille a enfin vengé la morale outragée par le cabaretier-conférencier de Roubaix. Ce jugement a été obtenu grâce à trois pères de famille de Croix (Nord) inspirés probablement par quelques personnes capables de supporter les frais du procès. Ils ont été très habilement dirigés par un jeune avocat lillois, M⁰ Maurice Gand.

La plaidoirie très intéressante de M⁰ Gand a été publiée sous ce titre : *Contre une propagande immorale ; le néomalthusianisme ; un jugement du Tribunal Civil de Lille* (Lille 1907). *L'Alliance nationale pour l'accroissement de la population française* ne fut pas tout à fait étrangère au beau succès remporté par M⁰ Gand, puisque son Bulletin fut honorablement cité et commenté au cours de la plaidoirie.

Nous avons vu que, en Belgique, la propagande néomalthusienne du cabaretier de Roubaix a été arrêtée net par le commissaire de police, au nom de la loi. En France, au contraire, l'autorité le laisse opérer à loisir.

Deux ouvriers et une dame veuve ont résolu de faire cesser ce scandale ; ils se sont plaints d'avoir reçu à domicile un prospectus par lequel le cabaretier les invitait

à entendre « une conférence démonstrative », prospectus
qu'ils jugeaient obscène en raison des saletés qui y étaient
exprimées (en termes assez convenables, d'ailleurs).

Mᵉ Gand s'exprime ainsi :

« Notre intention première avait été de saisir de cette affaire
le tribunal correctionnel. Mais le tribunal sait combien la jurisprudence interprète étroitement la loi de 1898 sur les publications obscènes. Aussi, malgré le caractère évident d'obscénité
du prospectus incriminé, avons-nous préféré agir au civil.

« Sur quoi fondons-nous notre demande de dommages-intérêts ? Sur deux moyens. Nous soutenons :

« 1° Que c'est adresser une injure gratuite à un honnête
homme que de lui envoyer un prospectus recommandant des
procédés aussi immoraux, car c'est le supposer capable de
recourir à ces honteuses pratiques.

« 2° Que c'est commettre une faute lourde que de distribuer ce prospectus dans une maison où il peut tomber sous
les yeux d'enfants mineurs.

« C'est pourquoi nous réclamons une réparation pécuniaire ».

Ainsi, la loi correctionnelle ne permet pas, en France,
de poursuivre de pareilles polissonneries, et c'est seulement par un détour que les plaignants ont pu obtenir la
condamnation d'un crime contre la patrie !

C'est la France qui a été blessée et outragée, mais c'est
là, aux yeux de la loi, un détail insignifiant dont elle ne
s'occupe pas. Il faut, pour défendre notre nation contre de
nouvelles injures, que quelques citoyens déclarent qu'ils
ont été personnellement lésés. Ainsi, dans notre pays, un
crime public n'est rien, mais une offense personnelle, si
indirecte qu'elle soit, serait un fait plus grave et digne d'être
réprimé... Quel non-sens !

Le Tribunal de Lille n'est pas responsable de cette
absurdité. Il a rendu, dans l'espèce, un jugement très
remarquable analogue à celui du Tribunal de Paris, cité
plus loin (p. 233).

Le cabaretier a été condamné à payer 100 francs à
chacun des demandeurs.

Quoique beaucoup trop anodine, cette condamnation paraît avoir produit bon effet. Un correspondant digne de foi m'annonce que « la propagande néo-malthusienne, à Roubaix et dans les environs, paraît avoir cessé depuis le jugement obtenu contre le cabaretier C. Celui-ci, au lendemain de sa condamnation, s'était adressé à ses amis pour les prier de lui venir en aide. N'ayant trouvé aucun appui, il aurait cessé sa propagande ».

C'est le ministère public, puisqu'il s'agit d'un intérêt public, qui devrait intervenir. A ce malfaiteur, il faudrait opposer sérieusement une loi comme on l'a fait sans la moindre hésitation, à deux pas de là, en Belgique. La nouvelle loi contre l'outrage aux bonnes mœurs paraît en donner le moyen.

Propagande faite par d'autres néo-malthusiens.

La propagande coupable a été faite par d'autres encore que la *Ligue de la Régénération humaine.*

Il est regrettable d'avoir à mentionner ici la *Chronique médicale*, revue intéressante plus spécialement consacrée à l'étude des problèmes historiques qui relèvent des sciences médicales. Le Dr Cabanès, qui la dirige avec distinction, écrit (1er novembre 1904) qu'il serait instructif d'organiser un *referendum* sur les questions suivantes posées par le Dr Klotz-Forest : *Admettez-vous ou rejetez-vous la prophylaxie anti-conceptionnelle »? Si vous l'admettez en principe, limitez-vous son application aux cas médicaux, ou, au contraire, pensez-vous que des raisons sociales ou simplement individuelles peuvent la justifier ?* Les lecteurs, généralement des médecins, ont diversement répondu. Les uns n'admettent cette prophylaxie (ensemble de mesures préventives employées pour éviter la grossesse) à aucun titre ; d'autres l'admettent dans certains cas bien déterminés, d'ordre médical ; d'autres en font un droit absolu de l'individu.

Aucun médecin notable n'a d'ailleurs jugé à propos de prendre part à ce *referendum* (non plus qu'à un autre *referendum* relatif à l'avortement).

Il est encore plus fâcheux d'avoir à constater que M. Brieux a employé son superbe talent à écrire la pièce abominable intitulée *Maternité* (décembre 1903).

Le parquet a poursuivi, vers 1895, devant la Cour d'assises de la Seine, un ouvrage du Dr Brennus : *Amour et Sécurité* dont le titre indique suffisamment le contenu. Cet ouvrage a été acquitté par le jury pour les motifs les plus extraordinaires.

L'avocat du Dr Brennus, ou plutôt du prétendu médecin qui se cache sous ce pseudonyme, a lu au jury des traités de gynécologie dans lesquels on explique comment la grossesse peut être prévenue lorsqu'elle compromet la vie de la mère. « C'est de la science, cela, s'est-il ensuite écrié ; mon client, le Dr Brennus, a fait aussi de la science ! » Et il a ainsi convaincu le jury. Il aurait pu, de même, justifier l'avortement artificiel, car les mêmes traités de gynécologie expliquent aussi comment il doit être pratiqué, lorsque la grossesse compromet la vie de la mère (bassin trop étroit, vomissements incoercibles, etc.). Mais il semble superflu de remarquer qu'un traité de gynécologie destiné à des médecins n'est en rien assimilable à *Amour et Sécurité*.

L'acquittement de cette « œuvre scientifique » est un symptôme de la lâche mentalité de notre époque.

Le tribunal civil de la Seine eut occasion, peu de temps après, de réparer de son mieux l'erreur du jury.

L'éditeur d'*Amour et Sécurité* profita de cet acquittement scandaleux pour redoubler de propagande, et il distribua largement, à titre de réclame, un certain nombre de prospectus d'une obscénité très caractérisée. Plusieurs pères de famille assignèrent l'éditeur en dommages-intérêts, devant le tribunal civil, lequel, par un jugement fortement motivé, condamna l'éditeur à payer à chacun d'eux cinq cents francs à titre de dommages-intérêts.

Voici un extrait de ce jugement :

« Attendu qu'aucun doute ne saurait exister sur le caractère obscène du prospectus incriminé ; que son envoi au demandeur constitue tout à la fois une injure faite au destinataire par l'offre qu'on le suppose capable d'accepter des œuvres de la basse obscénité, et un péril pour sa famille, exposée, par les précautions mêmes qu'a prises l'auteur de cette abominable propagande dans un but de méprisable cupidité, à lire cet indigne exposé des théories les plus contraires à la morale et des pratiques de la plus cynique dépravation ; — qu'à supposer qu'il ne présente pas tous les éléments d'un délit relevant de la loi pénale et de la juridiction répressive, ce que le tribunal n'a pas actuellement à rechercher, il constitue tout au moins, et sans contestation possible, une faute lourde tombant sous l'application de l'article 1382 du Code Civil, et donnant à celui qui en souffre le droit d'obtenir de la justice civile la réparation du préjudice qui lui a été causé ; que tout citoyen a le droit d'exiger que l'inviolabilité de son foyer domestique soit protégé contre l'envahissement de publications qui y pénètrent malgré sa volonté, l'offensant dans sa propre dignité, et exposant aux pires souillures, la moralité de ses enfants et des autres membres de sa famille ; qu'en dehors de tout autre préjudice matériel, ce préjudice moral qui est, dans l'espèce, non seulement éventuel, mais actuel et direct, suffit amplement à justifier la demande dont le tribunal est saisi. »

Une poursuite, intentée à Béthune devant les tribunaux correctionnels, n'a guère eu plus de succès que n'en avait eu le procès intenté au Dr Brennus devant le jury de la Seine.

L'*Action Syndicale*, journal de Lens, a été poursuivi devant le tribunal correctionnel de Béthune sous la prévention d'outrages aux bonnes mœurs pour avoir publié au cours du mois de février 1904, une série de moyens propres à prévenir la conception.

Cette publication était précédée de l'entrefilet suivant :

« Nous ne sommes pas partisans de la repopulation, car nous savons que, dans la société actuelle, plus on a d'enfants, plus on est esclave, et c'est pourquoi nous disons à nos camarades : *Ne faites que les enfants que vous pourrez nourrir.* Puisque nous ne pouvons restreindre l'amour, il faut donc éviter d'en subir les conséquences, il faut donc arriver à pouvoir aimer sans craindre l'enfantement ou ne l'avoir que quand on le désire.

« Les femmes ignorantes des moyens d'éviter la grossesse se laissent prendre, puis quand elles sont enceintes, elles détrui-sent l'embryon sans se douter qu'elles se tuent elles-mêmes, car une femme qui se fait avorter se détériore le corps. Il ne faut donc pas éviter la maternité par l'avortement, il faut éviter la fécondation et pour cela, il faut employer les moyens pré-ventifs, moyens qui non seulement n'offrent aucun danger, mais qui sont hygiéniques.

« Ces moyens seront expliqués au prochain numéro. »

Ces articles, et d'autres encore, étaient signés impudem-ment : *Adultérine.*

Le samedi 28 février, une perquisition fut faite dans les bureaux du journal.

Son avocat plaida l'incompétence du tribunal, parce qu'un délit de presse doit être jugé par le jury. Le tribu-nal passa outre et, le 24 mars 1904, condamna deux des coupables à 50 francs d'amende et le troisième à vingt jours de prison. En appel, la Cour de Douai les acquitta.

Ce fâcheux précédent n'a pas arrêté un autre tribunal correctionnel :

Un médecin a été poursuivi devant le tribunal de Bayonne, pour avoir publié une brochure propageant les préceptes et les pratiques du néo-malthusianisme. Son défenseur a plaidé l'incompétence du tribunal. Le tribunal a passé outre, et le 15 juin 1908, il a condamné le méde-cin à deux mois de prison avec sursis et, en outre, à 300 francs d'amende.

Beaucoup d'autres ouvrages du même genre ont été publiés depuis cette époque. Quelques-uns se vendent ouvertement, d'autres se cachent comme si leurs auteurs avaient conscience de leur abjection. Nous avons reçu, en 1908, une ignoble circulaire qui annonce un ouvrage ayant pour but d'expliquer aux femmes comment elles peuvent s'amuser sans danger, etc. Pour avoir ce précieux ouvrage, il faut envoyer 5 francs à une certaine adresse.

Si vous allez à cette adresse, vous trouvez, dans une sorte de taudis, une jeune femme qui ne possède pas l'ouvrage demandé, mais qui vous affirme que, contre 5 francs, elle vous le fera envoyer par le «docteur» qui l'a écrit, et qu'elle refuse de désigner plus clairement. Elle-même, la malheureuse, déclare qu'elle ne suit pas les infâmes conseils donnés par ce livre, et quand on s'étonne qu'elle en fasse le commerce, elle répond « qu'il faut bien vivre » !

Nous avons reçu la lettre suivante, accompagnée d'un petit imprimé violet, intitulé *Mère à son gré* :

« J'ai eu un enfant au début de mars ; quelques jours plus tard, je recevais les prospectus ci-inclus (bien entendu sans en avoir fait la demande, soit directement, soit indirectement, et malgré l'indication donnée sur la couverture). L'auteur est un malfaiteur public qui devrait, par la force de la loi, être mis hors d'état de nuire à la société. Je ne sais si vous êtes armé contre lui. Je le souhaite et, s'il est utile, mon témoignage vous est acquis. »

Hélas, non ! nous ne sommes pas armés contre ce malfaiteur public. Nous n'avons d'autre recours contre lui qu'un procès civil calqué sur ceux qui furent faits (avec succès, d'ailleurs) au soi-disant Dr Brennus et au cabaretier de Roubaix (voir pourtant p. 237).

OEuvre maternelle médicale. — Il faut être doué d'une audace extraordinaire pour nommer ainsi une agence « anti-conceptionnelle », et pire encore peut-être. Elle fut créée vers 1907. Mais voici mieux encore : cette agence dirige un journal appelé *Maternité*, « le véritable guide des familles », qui a pour but de décrire, avec détails, toutes les méthodes anti-conceptionnelles les plus modernes ; l'abonnement de six mois donne droit de recevoir à ce sujet des conseils médicaux gratuits, de vive voix ou par correspondance, donnés par « M. le médecin en chef de l'œuvre ». La même œuvre distribue « un catalogue illustré d'objets intimes », et vend lesdits objets. Elle vend aussi un livre également illustré, intitulé : *Des moyens à employer pour n'avoir pas d'enfants, ou la Grossesse facultative.*

Ce livre, ces objets intimes, ces catalogues et ce journal, sont envoyés « discrètement, sans marque extérieure », ce qui montre que ceux qui les envoient et ceux qui les reçoivent, quel que soit leur abaissement moral, ont conscience qu'ils font mal et qu'ils méritent le mépris public.

Ces prospectus, à en juger par le nombre des obligeants correspondants qui nous les adressent, doivent être distribués en très grand nombre et dans les différentes parties de la France.

Comment pourrait subsister un pays où de pareilles turpitudes sont tolérées, et où, malgré l'étendue et la généralité du mal, nul ne songe à les interdire et à les punir, ni même à leur opposer le moindre obstacle ?

Ce commerce d'objets « anti-conceptionnels » est favorisé par des annonces rédigées en langage transparent et publiées par les journaux les plus répandus. Quelques-unes sont illustrées !

Jamais personne n'a pu dire l'avantage qu'il peut y avoir pour un pays à tolérer ces ignobles commerces et à permettre à un journal de les afficher. Ces infamies devraient être sévèrement punies.

Trop souvent nous avons constaté l'impuissance de la justice qui ne se trouve pas suffisamment armée.

Le gouvernement paraît se préoccuper enfin de la question. Voici ce que disait au Sénat le ministre de la Justice, en réponse à M. de Lamarzelle :

« M. Darlan, garde des sceaux : Une publication qui n'a pas été signalée à cette tribune fait spécialement l'objet de l'attention de la chancellerie et du parquet de Paris. Elle émane d'une ligue instituée contre le trop grand accroissement des familles.

Plusieurs membres. — *La ligue néo-malthusienne !*

M. Darlan. — J'ai prescrit d'ouvrir une enquête sur les agissements de cette ligue et sur ses publications. J'attends que les résultats de cette enquête me soient adressés. Le Sénat peut être assuré que ma vigilance n'est point et ne sera jamais en défaut, que mon zèle ne se démentira pas et qu'il se traduira par une action énergique toutes les fois que la loi me fournira des armes suffisantes. (*Très bien ! très bien !*) »

Ceci date du 27 février 1907. Donc, depuis quatre ans, la question est toujours à l'étude. Elle y restera longtemps encore !

En attendant que le ministre de la Justice élabore les lois qui lui permettent une « action énergique », la magistrature a paru écœurée de l'intensité du mal, et elle a modifié sa jurisprudence. Elle veut bien admettre cette vérité évidente : que l'éloge et la pratique du néo-malthusianisme sont contraires aux bonnes mœurs ! Ainsi fut jugé par le tribunal correctionnel de Rouen (12 mai 1909) et par celui de la Seine (21 juin 1909 et en outre 28 déc. 1909). Nous citerons le passage essentiel de ce dernier jugement :

Attendu qu'il résulte de l'instruction et des débats, la preuve que dans son journal, dans des cours et conférences, Humbert a prêché l'amour libre, l'égalité des sexes devant l'amour, la femme n'ayant plus à courir le risque de la grossesse, grâce aux « découvertes de la science », c'est-à-dire à l'emploi des préservatifs, et ne devenant mère que si elle le veut et à son heure ; qu'une telle thèse est en elle-même immorale ; qu'elle est une excitation permanente au libertinage et à la débauche ; qu'elle présente les plus grands dangers sociaux ;

Attendu que, subsidiairement, si le préservatif n'a pas été efficace, Humbert, avec plus de réserve, tout en ne conseillant pas l'avortement d'une façon expresse, laisse entendre que l'on peut y avoir recours, et insère dans son journal des annonces ou articles qui sont des indications et des provocations suffisamment claires ;

Attendu, enfin, que l'on doit relever dans *Génération consciente*, des écrits qui, ne préconisant pas les moyens anticonceptionnels ou abortifs, sont, néanmoins, obscènes ou contraires aux bonnes mœurs ;

Attendu que la loi de 1882, modifiée par celles de 1898 et 1908, n'a pas défini l'obscénité ou ce qui est contraire aux bonnes mœurs, mais qu'il résulte d'une jurisprudence qui s'accroît chaque jour, et que l'on doit considérer comme désormais acquise, que sont contraires aux bonnes mœurs et tombent sous le coup de la loi, notamment : 1° les publications ou distributions d'articles ou imprimés contenant des indications ou des annonces relatives aux moyens de prévenir la conception ; 2° celles ayant trait aux moyens quelconques de faire cesser les retards des règles, quelqu'en soit l'origine, qui sont des provocations à des manœuvres abortives ; « que tous ces écrits encouragent des pratiques immorales, éveillent dans l'imagination des idées malsaines et favorisent l'esprit de débauche » ;

Attendu que le Tribunal, sans avoir à les rechercher tous, n'a plus qu'à mentionner un certain nombre d'articles, imprimés, brochures, catalogues, contenant : *a*) des provocations à l'immoralité ou des indications sur les moyens de prévenir la conception et publiés ou distribués dans des conférences, sur la voie publique ou à domicile ; *b*) des provocations à l'avortement ; *c*) des outrages aux bonnes mœurs n'entrant pas dans ces deux catégories et qu'il déclare contraires aux bonnes mœurs.

Conclusion : 5 mois de prison et 3.000 francs d'amende.

Mesures prises à l'étranger
contre la propagande néo-malthusienne.

La justice a été plus active dans les pays étrangers et surtout aux États-Unis, qu'elle ne l'a été en France.

La plupart d'entre eux ont entravé les opérations des néo-malthusiens. Nous avons déjà dit que la police belge a reconduit à la frontière, à deux reprises, les régénérateurs français. En Belgique aussi, vers mars 1906, une perquisition fut faite chez un néo-malthusien et son matériel fut confisqué. En Suisse, en octobre 1903, une dame qui voulait faire une tournée de conférences néo-malthusiennes, intitulées le *Bonheur de la femme dans son rôle de mère* et la *Limitation des naissances dans la classe ouvrière* fut reçue à la gare de Fribourg par six gendarmes. La conférence dut être privée et il fut interdit aux femmes d'y assister. Dans les autres cantons suisses, la présence de ia conférencière fut tolérée et elle fut libre de parler. En Espagne, M. Bullfi (vers mars 1906) fut traduit devant le jury de Barcelone pour *offense à la morale publique* faite dans son journal *Salud y fuerza*. Il fut acquitté par le jury. Le ministère public fit appel *a minima*, car la loi espagnole n'admet pas que le jury soit infaillible.

Malgré l'insignifiance de la propagande néo-malthusienne faite dans ces pays et quoiqu'elle soit bien loin d'y être aussi malfaisante qu'en France, on vient de voir qu'elle n'a pas laissé les pouvoirs publics indifférents. Mais la répression a été modérée et anodine.

Il n'en a pas été de même aux États-Unis, ce pays de toutes les libertés. Les lois, très variables suivant les États, ne prévoient pas de délits de cet ordre. Les condamnations n'en ont pas moins été fréquentes et souvent très fortes. Nous en citerons deux :

Le 10 octobre 1902, miss Idda Craddock fut poursuivie pour avoir distribué par la poste un livre néo-malthusien intitulé *Vie maritale correcte*. La plainte était déposée par la « Société pour la poursuite du vice », de New-York[1] ; elle soutenait que ce livre était obscène, et réclamait pour l'inculpée plusieurs années de prison. La condamnation paraissait très probable, mais Idda Craddock ne l'a pas attendue ; elle s'est suicidée avant le prononcé du jugement.

Moses Harman, éditeur de *Lucifer*, organe néo-malthusien, a été condamné à quatre reprises différentes pour la publication de ce journal. La dernière condamnation qui

---

1. On voit, par parenthèse soit dit, que, à New-York, des Sociétés privées ont le droit de suppléer à l'inaction du ministère public. Le sénateur Bérenger voudrait leur faire donner le même droit en France. L'opposition très vive qu'il rencontre, notamment dans l'administration judiciaire, fait craindre qu'il ne réussisse pas.

s'élevait à un an de travaux forcés (*hard labor*) fut confirmée, sans appel possible, vers janvier 1906, par la Cour d'appel fédérale.

Ces condamnations sont d'autant plus remarquables que la presse et la parole sont parfaitement libres en Amérique; toutefois ceux qu'elles blessent ont droit de s'en plaindre et d'exiger des réparations pécuniaires et pénales souvent formidables. Dans l'espèce, c'est le *Post master general* qui fut le plaignant. Il se trouvait offensé pour avoir été forcé de faire manipuler et colporter par ses employés des deux sexes, les ordures imprimées par l'inculpé. Il me paraît bien probable que les scrupules du *Post master general* lui avaient été suggérés par le président Roosevelt, qui regarde le néo-malthusianisme comme une turpitude causant le « suicide d'une race » et qui s'est servi, en plusieurs occasions, de l'autorité absolue qu'il avait sur les postes fédérales (une des rares institutions américaines qui soient tout à fait indépendantes des autorités locales) pour réprimer des abus qui n'avaient, avec le transport des lettres, qu'un rapport éloigné.

<h2 style="text-align:center">II</h2>

PROPAGANDE FAITE EN FAVEUR DE L'AVORTEMENT CRIMINEL

Dans les premiers temps de sa création, la *Ligue de la Régénération* déclarait « qu'elle ne répondait pas aux demandes d'avortement », sans d'ailleurs s'expliquer davantage.

Elle a évolué depuis. Son journal contint d'abord des doutes sur l'illégitimité de l'avortement; un peu plus tard, l'avortement est devenu « un droit ». Cela est logique. En effet, si vous admettez qu'il n'est pas immoral de rendre l'amour infécond, il ne peut pas être immoral de

réparer une maladresse ; les deux reviennent au même.
D'ailleurs, d'après nos prétendus régénérateurs, « un
fœtus n'est qu'une portion du corps d'une femme ; elle
peut donc en disposer à son gré comme de ses cheveux,
de ses ongles, de ses excréments ; l'oppression de diri-
geants ineptes et malfaisants a seule pu en décider autrement » (*Régénération*, sept. 1907). Et si la mère peut faire
tuer sans scrupule cette « portion de son corps », pourquoi
cesserait-elle d'avoir ce droit, sous prétexte que cet « excrément » est sorti naturellement au lieu de sortir artificielle-
ment ? Et nous voilà conduits à justifier l'infanticide ?

C'est ainsi qu'une aberration criminelle conduit insen-
siblement à une autre. On n'a pas encore discuté jusqu'à
quel âge « l'excrément » peut être supprimé. Quelle est la
limite dans l'horrible système de ces fous malfaisants ?

Les rédacteurs de *Régénération*, depuis cinq ans environ, reviennent souvent sur l'utilité de l'avortement.

Ils n'ont pas fait encore l'éloge de l'infanticide mais ils y
arrivent. Ils couvrent d'injures la *Société protectrice de
l'enfance* (*Régénération*, juin et juillet 1907). Ils ne s'en
tiendront pas là (p. 245).

En mai 1908, le maire de Tourcoing put dresser la liste de
vingt-six avorteuses avérées, et demanda qu'elles fussent
poursuivies. Il fut peu satisfait du concours des autorités
locales ; mais, étant député influent, il eut plus de succès en
s'adressant au ministère de l'Intérieur. Les agents de la
brigade volante s'y prirent si bien qu'ils purent constater
le consentement des vingt-six avorteuses à une opération
d'avortement. Ils firent mieux encore. Ils adressèrent à
une matrone une femme qui demanda à se faire avorter et
surprirent en flagrant délit la matrone, l'instrument du
crime à la main et introduisant cette main entre les jambes
de la patiente étendue sur un lit dans la position voulue.

Il y eut ordonnance de non-lieu pour celle-ci et pour
toutes les autres !

Le motif de cette ordonnance de non-lieu n'a pas été divulgué. Un conseiller à la Cour de cassation à qui j'exprimais la surprise que me causait cette décision, m'a donné comme vraisemblable l'explication suivante : Notre droit pénal exige, pour qu'il y ait crime, qu'il y ait non seulement intention de nuire, et tentative suivie ou non de succès, mais encore un objet pouvant être victime de ce crime. Par exemple si un assassin guette sa victime, croit la voir dans l'ombre et lui tire un coup de fusil, et qu'il soit supposable que, croyant tirer sur un homme il a tiré sur un arbre, il n'y a pas lieu de le poursuivre ; cependant il y a eu intention de nuire, il y a eu préméditation, il y a eu guet-apens, il y a eu exécution complète du crime, et ce crime n'a échoué que par suite d'une circonstance indépendante de la volonté de son auteur. Malgré tout, la loi admet qu'il n'y a ni crime ni délit et ne fait rien pour empêcher l'assassin de recommencer.

C'est cette chinoiserie de la loi qui a sans doute fait abandonner les poursuites contre les avorteuses de Tourcoing, car il n'est pas démontré que la femme qui a demandé l'opération fût enceinte.

Cette histoire explique l'insignifiance du nombre des condamnations pour avortement, malgré l'extrême fréquence de ce crime.

Ainsi en 1903, il n'y eut que 597 affaires d'avortement, chiffre qui n'a aucun rapport avec le nombre réel des crimes de ce genre qui se commettent, si modérée que soit l'évaluation qu'on en peut faire. Mais ces 597 affaires ne donnèrent lieu finalement qu'à 11 condamnations :

Voici en effet ce que devinrent ces 597 affaires :

481	classées sans suite.	
96	suivies d'ordonnance de non-lieu.	
2	—	d'arrêts —
28	jugées contradictoirement.	
12	—	par contumace.
Total.	597	

3 accusés furent condamnés à la réclusion, 6 à plus d'un an, et 2 à moins d'un an de prison.

Les autres années présentent des chiffres analogues.

On vient de voir combien la justice se montre indolente pour instruire ces sortes d'affaires. On reconnaît généralement que les peines édictées sont trop sévères pour pouvoir être raisonnablement infligées ; il vaudrait mieux correctionnaliser l'avortement, c'est-à-dire ne le punir que par cinq ans de prison et par des amendes. Tel est l'avis de tous les auteurs, notamment du Dr Drouineau, inspecteur général des services administratifs.

La commission de dépopulation, a adopté un texte proposé par M. Laurent Atthalin, conseiller à la Cour de cassation, qui, s'il était adopté par le Parlement, rendrait la répression plus facile et plus efficace. Le texte proposé par le Gouvernement est loin d'être aussi satisfaisant.

Actuellement, on peut dire (les chiffres ci-dessus le prouvent) que l'avortement criminel reste impuni. Un certain nombre de sages-femmes en abusent scandaleusement. Elles font dans les journaux d'innombrables annonces plus ou moins semblables à celle-ci :

SAGE-FEMME 1re cl. Cons. 1 à 6 h. Corres. Stéril. Discr. Méth. infaillible. Rue..., n°....

Remarquez ces mots : *Stérilité*, *Discrétion*, juxtaposés dans cette annonce. Ils ont deux sens distincts, l'un pour le public, l'autre pour le parquet.

Pour le public, cela veut dire « Nous sommes très discrètes ; grâce à cette vertu, vous pouvez sans crainte nous demander le moyen d'être stérile, nous vous l'enseignerons dans le plus grand secret. Le moyen est rationnel, la méthode infaillible ! Le mot stérile est pris dans sa plus large acception. Donc, vous ne deviendrez pas enceinte, ou, si vous l'êtes, nous y mettrons ordre ».

Pour le parquet, si par hasard il s'en mêlait, ces

mêmes mots ont un sens tout opposé : « Nous enseignons
le moyen de ne pas être stérile. »

La police devrait recueillir ces adresses et surveiller les
opérations de ces dames. Elle n'en fait rien, et s'en tient
au deuxième sens du mot. Et pourtant ce n'est évidemment pas le vrai.

Un de mes frères, le Dr George Bertillon, dans une
excellente étude sur l'*Avortement et sa répresssion* (Congrès des médecins praticiens en 1910), a remarqué que ces
annonces sont faites par une cinquantaine de sages-femmes
de Paris, toujours les mêmes. Vingt d'entre elles en font pour
3, 4 ou 5.000 francs par an, quelquefois davantage. L'une
d'elles pour 13 à 14.000 francs [1]. Ces chiffres sont à rapprocher de celui-ci : étant donné le nombre des sages-
femmes exist t à Paris, le nombre d'accouchements
qui leur sont confiés, et le prix ordinaire de ces accouchements, chacune d'elles ne gagnerait en moyenne que un
millier de francs par an (1.200 francs au plus) si elles ne
se rattrapaient pas par l'exercice illégal de la médecine
(maladies des femmes, etc.) ; quelques autres par l'industrie criminelle dont nous parlons. Il est monstrueux qu'elles
puissent même l'annoncer dans les journaux.

Ces annonces immondes ont été poursuivies et condam-
nées en 1908 par le tribunal de police correctionnel, puis
par la Cour de la Seine.

Aussitôt, elles ont disparu des journaux : l'arrêt de la
Cour vaut un coup de baguette magique. L'effet est prompt
mais n'est pas très durable. Déjà les annonces scandaleuses
reparaissent. M. George Bertillon en signale plusieurs en
un même jour, celle-ci, par exemple « *Troubles men-
suels*. Si inquiète, écrivez rue... n°... » Si M. le Préfet de
police écrivait, et qu'il lui fût répondu, comme au Dr Del-

---

1. « Le hasard, cette providence de ceux qui cherchent, » a livré à
M. George Bertillon le livre de dépenses de cette dame. Le très pittoresque compte rendu qu'il en a fait est trop long pour être reproduit
ici. C'est dommage. C'est un « document humain » de premier ordre.

mas, de Montpellier : « *Venez me voir. De combien?* *200 francs. Civilités* », et qu'on y allât voir avec les précautions nécessaires? Il n'y aurait plus qu'à appliquer l'art. 317.

Mais on ne le fait pas : on ne fait rien. On attend les plaintes! Manifestement, il n'y en aura jamais.

III
PROPAGANDE FAITE EN FAVEUR DE L'INFANTICIDE

L'avortement criminel conduit tout naturellement à l'infanticide et nous avons vu qu'en effet la *Ligue de la Régénération* sans faire encore l'éloge de l'infanticide, a tendance à l'excuser et parle avec indignation de la *Société protectrice de l'enfance* (p. 241).

Elle a fait école, comme on pouvait l'attendre :

En octobre 1909, on arrêtait à Rouen pour avortement et pour infanticide un médecin depuis longtemps dévoyé et déchu, mais appartenant à une famille honorable. Il fit des aveux complets et crut justifier l'infanticide qu'il avait commis en alléguant « que l'enfant, né viable, aurait eu besoin de soins et que, convaincu que la famille ne les donnerait pas, il avait préféré donner tout de suite la mort au nouveau-né en l'étouffant ».

C'est tout justement le raisonnement des néo-malthusiens. Il a conduit très naturellement le docteur B... de la « prophylaxie conceptionnelle » à l'avortement, et de là à l'assassinat. Les trois se tiennent.

Mais les « régénérateurs » sont largement dépassés dans cette voie abominable. L'infanticide, à notre époque, n'est plus un crime sporadique. Il est organisé, et se pratique presque aussi ouvertement qu'une industrie honorable. Il s'annonce dans les journaux! Pourquoi pas, puisqu'on laisse faire!

Il existe en France des agences d'infanticide assez pareilles aux agences d'assassinat dont il est question dans *le Roi s'amuse*. Elles n'ont pas échappé à l'auteur de *Fécondité*.

Voici sous quelle forme touchante elles se présentent au public :

On voit souvent, à la quatrième page des journaux, des annonces dans le genre de celle-ci :

« Fam. élèv. enf. jusq. 21 a. ay. 6.000 f. »

Au premier abord, quoi de plus respectable ! Un ménage, désolé d'être sans enfants, désire en adopter et en élever un ; n'est-ce pas parfait ?

Le malheur est que cet émouvant désir de paternité se manifeste sous forme de demande d'argent. On se charge de l'enfant naturel, mais on prend le prix de son éducation à forfait ; s'il meurt prématurément, la famille adoptante garde l'argent, naturellement ; donc, elle a un intérêt pécuniaire évident à le voir disparaître le plus tôt possible.

Cette remarque rend beaucoup moins touchantes les annonces que nous venons de lire ; elle les rend effroyables, hideuses ! La police devrait recueillir ces adresses et les surveiller. Le fait-elle ? C'est peu probable. Personne, en effet, ne se plaint de ce commerce monstrueux, ni les petits morts, ni leurs ignobles parents, ni personne. Alors, *laissez faire, laissez passer !*

Toutes ces abominations devraient être impossibles dans un pays civilisé.

La Commission de dépopulation ne connaissait pas toute l'étendue du mal ; elle-même a senti l'insuffisance de sa documentation. De là vient sans doute l'extrême modération des termes dont elle s'est servie pour désigner des professeurs de débauche, de proxénétisme et d'assassinat.

Elle a demandé :

« Que les administrations compétentes se livrent le plus rapidement possible à une très sérieuse enquête sur les progrès de la propagande néo-malthusienne en France et recherchent les mesures qui peuvent être prises pour la réprimer. »

CINQUIÈME PARTIE

PROPAGANDE PATRIOTIQUE

PROPAGANDE FAITE EN FAVEUR DE LA NATALITÉ ET DE LA CONSERVATION DE LA NATION FRAN- ÇAISE.

Il semble nécessaire, pour l'honneur de la France, après avoir décrit la propagande criminelle faite pour abaisser les mœurs familiales en France, d'exposer aussi les efforts qui ont été faits pour avertir le pays de la catastrophe vers laquelle il court aveuglément, et pour le supplier, en face du danger, de ne pas s'abandonner.

On ne peut rien contre les mœurs ! disent certains sages qui conseillent lâchement de laisser le mal s'étendre sans rien faire pour le combattre. Peut-être se trompent-ils. Nous avons montré que des lois intelligentes ont augmenté le nombre des mariages en France, en Belgique et en Bavière ; elles ont augmenté le nombre des naissances très remarquablement dans ce dernier pays et elles les ont améliorées en Belgique.

Les associations qui ont pour but de combattre la dépopulation sont notamment les suivantes :

1° L'*Alliance nationale pour l'accroissement de la population française*, fondée en 1896 par M. le Dr Jacques Bertillon, président ; M. André Honnorat, député, etc.

2° *Comité des revendications des pères de famille nombreuse*, créé en 1906 à Montpellier.

3° L'*Union des familles nombreuses de Levroux* (Indre). Cette société, fondée en 1898, n'a jamais été très active, et paraît ne plus exister.

4° La *Ligue des pères et mères de famille nombreuse*, fondée en 1908 par M. le capitaine Simon Maire.

M. Maire cherche surtout à s'adresser à la multitude. Il a fait des conférences devant de très nombreux auditeurs dans un grand nombre de villes de France, et dans plusieurs arrondissements de Paris. Cette ligue a dans les départements de très nombreuses filiales. Elle publie un journal intéressant.

Les sociétés qui suivent sont, non seulement des sociétés de propagande comme les précédentes, mais aussi des sociétés de bienfaisance ou sociétés de secours mutuels.

5° *Famille Montpelliéraine*, fondée en 1894, n'est pas rivale du Comité des revendications des pères de famille de Montpellier, mais elle est moins académique. Cette société est très prospère. Elle distribue des secours aux familles nombreuses, organise des fêtes des enfants où les familles nombreuses sont honorées et récompensées.

6° L'*Union des familles de l'Eure*, fondée en 1899 à Mesnil-sur-l'Estrée, par M. Leture.

7° *Union des familles d'Évreux*. Cette société, qui ne fait pas concurrence à la précédente, a été fondée à son imitation. Elle siège à Évreux. Elle est très prospère. Elle organise des fêtes où les familles nombreuses sont secourues, honorées, récompensées. Elle a été fondée par M. Alépée.

8° *Union des pères de famille méritants* (quatre enfants au moins) à Artas (Isère). Cette société, très prospère, a été fondée en 1904 par un instituteur, M. Roche. Elle réunit 986 membres. La société d'encouragement au bien lui a décerné une médaille d'honneur en or. Elle distribue des secours, fait des conférences et organise de très jolies fêtes de l'enfance où sont célébrées les familles nombreuses.

9° L'*Alliance départementale de pères de famille nom-*

breuse du Gard, dont le siège est à Nîmes et à Alais, a été fondée le 17 mars 1907. « Elle a pour but de faire pénétrer dans l'esprit du public que les familles chargées d'enfants sont particulièrement dignes d'intérêt, qu'elles concourent pour une large part à la prospérité et à la force de la nation, et que, par suite, elles ont droit à la reconnaissance et à la protection publiques » (art. 1er des statuts). Cette société est très prospère. (M. Compan, instituteur).

10° *L'Union des pères de famille de Châlons-sur-Marne* qui vient d'être fondée (1908) s'annonce comme société de secours mutuels pour familles nombreuses.

Le programme de l'*Alliance nationale pour l'accroissement de la population française* qui est, après la *Famille Montpelliéraine*, la plus ancienne de ces sociétés, a été approuvé par 74 conseils généraux.

Cette société publie un recueil trimestriel très documenté, auquel nous avons emprunté presque tous nos renseignements. Il est rédigé presque exclusivement par son président, M. Jacques Bertillon, auteur du présent volume.

Cette société compte parmi ses membres un grand nombre d'hommes occupant une grande situation : M. de Foville (de l'Institut), M. Arthur Fontaine, directeur au ministère du Travail, M. le professeur Gide, M. le professeur Izoulet, M. le professeur Ch. Richet, M. le professeur Porack, MM. les sénateurs Strauss, de Lamarzelle, Rey, M. Expert Besançon, ancien sénateur, MM. Marin, de Lanessan, Le Moigne, Laroche-Joubert, Raiberti, Brunet, Landry, députés ou anciens députés, MM. de Rothschild frères, M. René Millet, ancien résident général en Tunisie, etc., etc. en font partie. Parmi les membres que la mort lui a enlevés, nous trouvons Emile Cheysson (de l'Institut), Clément Juglar (de l'Institut), le Dr Javal, de l'Académie de médecine, le prince Henri d'Orléans, le général Parmentier, le grand rabbin Zadoc Kahn, Oscar Comettant, Magnin, ancien gouverneur de la Banque, Poubelle, ancien préfet de la Seine, le sénateur Bernard, le sénateur Piot, Émile Zola, etc., etc...

D'autres encore ont fait de méritoires efforts pour arrêter la France dans sa chute. Qu'ils sont rares! Il n'y a que 14 fondations départementales faites en faveur des familles nombreuses. On remarque que, sauf deux, toutes ces fondations sont postérieures à la fondation de l'*Alliance nationale*. On peut croire que l'agitation qu'elle a causée n'a pas été étrangère à leur création.

Parmi les hommes qui ont le plus contribué à exciter cette émotion salutaire, chacun sait qu'il faut citer feu le sénateur Piot (qui, d'ailleurs, faisait aussi partie de l'*Alliance nationale*). C'est vers la fin de l'année 1899 qu'il a annoncé publiquement à un banquet des « Enfants de la Côte-d'Or », l'intention de commencer une campagne parlementaire pour étudier les moyens de combattre la dépopulation. Depuis cette époque, il a poursuivi le rude et ingrat labeur qu'il s'était proposé avec une admirable persévérance dont on ne saurait lui être assez reconnaissant.

La perte de notre patrie est certaine si nous ne tentons rien pour la relever. Dès lors, le devoir est tracé : il faut agir avec énergie. Si nous ne faisons rien, le maximum que nous puissions espérer sera : rien.

Notre nation ne doit pas se résigner au suicide ! Elle ne doit pas se laisser périr faute de moralité !

SIXIÈME PARTIE

DES REMÈDES A OPPOSER AU FLÉAU

I

L'INACTION EST STUPIDE ET CRIMINELLE

Contre un mal aussi grave, certains sages professent qu'il n'y a rien à faire ! Ils disent que la France est perdue, et se résignent à assister à sa mort avec autant de sérénité qu'un physiologiste étudie les convulsions d'un petit lapin empoisonné. Que penseraient-ils d'un capitaine de vaisseau qui dirait : « La tempête est trop forte ! Je ne puis rien pour sauver mon bateau », et qui irait se coucher dans sa cabine. Hé ! mon ami, commande ton équipage ; épuise toutes les chances de salut. Ta tâche sera finie quand tu auras vingt pieds d'eau au-dessus de la tête. A ce prix, tu gagneras du moins de n'être pas un lâche !

Rejetons donc avec mépris cette première opinion. C'est un blasphème et une sottise que de porter si promptement et si légèrement le deuil de la France. Un pays de 39 millions d'habitants riches, laborieux et patriotes comme le sont les Français, a encore des chances de salut, si dangereuse que soit la pente sur laquelle il se laisse glisser. En 1851, la France (actuelle) et l'Allemagne (actuelle) avaient une population à peu près égale. Aujourd'hui, l'Allemagne compte 26 millions d'habitants de plus que la France. Soixante ans sont peu de choses dans la vie d'un peuple : ce que soixante ans ont fait contre nous, soixante ans peuvent le faire en sens inverse.

La France et l'Allemagne sont comme deux familles qui,

également riches au début, auraient placé leurs fonds, l'une à 3 p. 100, l'autre à 4 1/2 p. 100. Si ces deux familles sont également économes, la seconde, au bout d'un demi-siècle, sera beaucoup plus riche que la première. La déchéance de celle-ci sera-t-elle sans remède ? Non. Il lui suffira de faire, sans tarder, un placement de son argent un peu plus avantageux.

Les familles françaises ont, en moyenne, un peu moins de trois naissances vivantes, et les familles allemandes un peu plus de quatre. Est-il impossible de déterminer les familles françaises à procréer une naissance ou deux de plus ?

Nous ne le croyons pas.

Les remèdes qu'on a proposés contre la dépopulation sont extrêmement nombreux. « Il faut les adopter tous, disait Jules Simon, afin de ne pas oublier celui qui sera efficace. »

Il y a un autre motif pour les adopter tous, c'est qu'aucun, à lui seul, n'est suffisant, mais chacun d'eux peut avoir une action. Les mesures contre la dépopulation ressemblent assez aux lois faites pour alimenter notre colossal budget de 4 milliards. Les impôts directs ne fournissent guère que la huitième partie de cet énorme total. Comment donc trouver cette somme écrasante ? On y parvient cependant en multipliant les mesures fiscales. L'impôt sur les bicyclettes ne produit que 10 millions ; l'impôt sur les voitures et les chevaux, 16 millions ; sur les billards, 1 million seulement, etc. Qu'est-ce que ces sommes misérables à côté des 4 milliards ? Beaucoup moins que la centième partie ! Cependant, c'est par leur concours qu'on arrive au prodigieux résultat.

Il en est de même des remèdes à la dépopulation. Chacun d'eux isolé est peu de chose ; réunis, ils peuvent avoir une action. Ils opéreront comme opèrent les causes de dépopulation. Nous avons vu qu'il y en a plusieurs, dont chacune, isolée, parait insuffisante ; le malheur est qu'elles se complètent l'une l'autre. Les mesures que nous allons proposer feront de même, nous l'espérons.

Toutefois, l'opinion contraire s'appuie sur quelques faits historiques qu'il importe d'examiner. On prétend que déjà plusieurs fois le législateur a voulu combattre la dépopulation et que toujours il a échoué. Et on cite Auguste, Louis XIV ; on ignore l'expérience de la Bavière malgré son grand intérêt et son remarquable succès (voir p. 79).

Il est tout à fait injuste de mettre sur le même pied les admirables lois d'Auguste (que nous allons examiner) et l'édit de Louis XIV. Celui-ci est ridicule ; il n'a jamais reçu d'application, et ne pouvait pas en recevoir.

Comment Auguste sauva Rome de la dépopulation.

Il n'est pas vrai de dire que l'empereur Auguste n'ait pas réussi par des mesures législatives à relever la natalité des citoyens romains de son temps. Les documents statistiques datant de deux mille ans sont rares, mais ils prouvent justement le contraire. Ils montrent que sans Auguste la population romaine aurait disparu assez rapidement, et que sous son règne, après les lois très énergiques qu'il imposa à Rome, elle s'est au contraire assez rapidement accrue.

La vieille religion romaine — bien négligée du temps d'Auguste — imposait à chaque homme l'obligation d'avoir plusieurs enfants mâles (c'est-à-dire l'obligation d'avoir un nombre plus grand d'enfants des deux sexes), car eux seuls pouvaient offrir aux mânes des ancêtres les sacrifices nécessaires à leur repos. On trouvera la démonstration complète de cette proposition dans l'admirable *Cité antique* de Fustel de Coulanges.

Cette obligation religieuse paraît avoir eu une sanction légale. Denys d'Halicarnasse, qui avait compulsé les vieilles annales de Rome, dit avoir vu une ancienne loi qui obligeait les jeunes gens à se marier (IX, 22). Le *De legibus* de Cicéron, qui reproduit presque toujours les anciennes lois de Rome, en contient une qui interdit le célibat (III, 2). C'est grâce à cette prescription religieuse, renforcée sans doute par des lois civiles, que le peuple romain, malgré des guerres incessantes, a pu grandir à travers les siècles.

Mais les mœurs s'abaissèrent, et on vit dans les classes supérieures, et même chez Caton, régner la maxime à laquelle Polybe, un siècle auparavant, avait attribué la décadence de la Grèce : « Que le devoir d'un citoyen est de ne pas éparpiller sa fortune. » Cette aberration morale avait tué la Grèce; de nos jours, elle tue la France.

Elle a failli tuer Rome. Je pourrais me référer à des textes; je préfère citer deux chiffres. Le recensement romain ne comptait que les citoyens romains, à l'exclusion des femmes, des enfants, des affranchis, des étrangers, et, à plus forte raison, des esclaves. Voici les chiffres qu'il a produits à vingt-huit ans de distance :

Nombre de citoyens romains :

Cens de 594 (159 avant J.-C.)	338,314
Cens de 622 (131 avant J.-C.)	317,823
Différence en moins	20,491

La disparition totale des maîtres du monde n'était donc qu'une question de temps. On ne pouvait pas espérer que l'univers se laisserait longtemps gouverner (pour ne pas dire exploiter) par quelques centaines de mille hommes, dont le nombre allait diminuant rapidement.

Pour y parer, on ne trouva d'abord pas d'autre remède que d'accorder en bloc le droit de cité à de vastes catégories d'Italiens, c'est-à-dire, en fait, à des descendants d'esclaves provenant de tous les coins du monde, médiocres héritiers des traditions romaines. On en nationalisa environ quatre millions! C'est ainsi qu'aux vieux Romains héroïques se substituèrent les fils de leurs esclaves : ils avaient le droit de se dire Romains puisqu'on le leur avait donné, et pourtant ils ne l'étaient pas, car ils n'en avaient guère la race ni les sentiments. Palliatif pitoyable, qui dissimulait la perte du peuple-roi sans la prévenir !

Jules César fit quelques lois pour favoriser les familles suffisamment nombreuses. Elles étaient bien loin d'avoir la sévérité de celles qu'Auguste devait faire un peu plus tard, et pourtant elles n'étaient pas insignifiantes. Par ses lois *Juliæ agrariæ*, il déclara que l'existence de trois enfants donne droit aux terres les plus fertiles. Nous avons quelque chose de pareil en Algérie, mais nous n'appliquons pas nos lois quand elles sont bonnes. César veillait à l'application des siennes : *vingt mille* pères de famille ayant trois enfants ou plus reçurent à ce titre des terres en Campanie, l'une des provinces les plus riches de l'Italie [1].

Auguste fit beaucoup mieux. Auguste voulait la conservation de la nationalité romaine et de ses héroïques traditions. Il était avare du titre de citoyen romain ; il ne le retira pas à ceux qui l'avaient reçu (ç'aurait été impraticable), mais il ne le donna que rarement, et toujours à titre de faveur individuelle [2]. Il voulait qu'aucun sang étranger ne se mêlât à la race romaine et que celle-ci se conservât par elle-même. Pour atteindre son but (et nous verrons qu'il l'a atteint), il fallait revenir aux mœurs et aux vertus antiques. C'est à quoi tendait la loi Julia, à laquelle il donna son nom de Jules pour montrer l'impor-

1. *Campum Stellatem, majoribus consecratum, agrumque Campanum ad subsidia reipublicæ vectigalem relictum, divisit extra sortem, ac viginti millibus civium quibus terni pluresve liberi essent* (Suétone, *Jules César*, XX).

2. *Magni præterea existimans sincerum atque ab omni colluvione peregrini ac servilis sanguinis incorruptum servare populum, et* civitàtem romanam parcissime dedit, *et manumittendi modum terminavit. Tiberio pro cliente græco petenti rescripsit, non aliter se daturum quam si præsens sibi persuasisset quam justas petendi causas haberet. Et Liviæ pro quodam tributario Gallo roganti, civitatem negavit, immunitatem obtulit, affirmans se facilius passurum fisco detrahi aliquid, quam civitatis romanæ vulgari honorem* (Suétone, *Auguste*, XL).

tance qu'il lui attribuait, et qu'il eut beaucoup de peine à faire accepter. Elle fut repoussée vers 726 et adoptée dix ans plus tard vers 736.

Cette loi, nous n'en avons pas le texte. Elle était fort longue, car elle contenait au moins 35 chapitres. Elle infligeait aux célibataires diverses peines, les unes destinées à les léser dans leur amour-propre (interdiction d'assister aux jeux, etc.), les autres, beaucoup plus graves, à les frapper dans leurs intérêts : ils étaient incapables de recueillir une succession. Évidemment il y avait dans les 35 chapitres dont se composait la loi, bien d'autres prescriptions du même genre, mais on ne sait pas au juste lesquelles, parce que les commentateurs (Gaius, Ulpien, etc.), n'ont pas distingué clairement les prescriptions de la loi Julia de celles de la loi *Poppia Poppæa*, adoptée en l'an de Rome 762 (9 ans après J.-C.).

Ces lois étaient très sévères. Montesquieu les regarde comme les plus belles des lois romaines (*Esprit des lois*, liv. XXIII, chap. XXI). C'est en graduant le droit d'hériter qu'Auguste parvint à relever la natalité. Le célibataire ne pouvait hériter; l'homme marié sans enfants et les femmes mariées qui n'avaient pas (selon les cas) trois ou quatre enfants n'héritaient que de moitié, etc. La loi faisait d'ailleurs grâce au pécheur pénitent; on lui accordait cent jours, à compter de l'ouverture du testament, pour se mettre en règle avec la loi (*Gaius*, 2, 286) : c'était suffisant pour se marier, mais un peu court pour avoir le nombre d'enfants requis.

Les pères de trois enfants à Rome (quatre en Italie, cinq dans les colonies) étaient exempts de charges, privilège très apprécié, comme le montrent un grand nombre de textes (Suét. *Cl.* XV, XVI, XIX; *Galba* XIV, XVII; Plin. Jun., II, 13; X, 2, 95, 96; *Gell.*, liv. II, 15, etc., etc.).

Ces lois, complétées par plusieurs autres, eurent un retentissement extraordinaire. Depuis la loi des XII tables,

on n'en avait pas vu d'aussi considérables. On les appela
leges « les lois ». A côté d'elles les autres ne comptaient
pas. Elles n'étaient pas du goût de la haute société
romaine ; il n'avait pas fallu moins que l'autorité d'Auguste,
pesant quarante ans sur le Sénat, pour les faire adopter.

Elles atteignirent pleinement leur but, ce que prouvent les chiffres suivants :

Nombre de citoyens romains :

Cens de l'an 726	4,063,000
((*Loi Julia, adoptée en l'an 736.*)	
Cens de l'an 746.	4,233,000
En plus	170,000

Au lieu d'une diminution, comme naguère, nous cons-
tatons une augmentation, mais elle est faible. La loi
n'avait pas eu le temps d'agir. Elle opère au contraire très
brillamment pendant la période suivante :

Nombre de citoyens romains :

Cens de l'an 746.	4,233,000
Cens de l'an 767.	4,937,000
En plus	704,000

La population s'est donc accrue à raison de 8 p. 1.000
en un an. C'est à peu près ce taux d'accroissement que
présentait la population européenne il y a cinquante ans
(aujourd'hui, elle s'accroît un peu plus vite).

Ainsi nous avons observé trois périodes (chacune de
plus de vingt ans). Avant les lois d'Auguste, le nombre
des Romains diminuait ; pendant la période intermédiaire
où leur application commença, accroissement faible ; lorsqu'elles furent en pleine vigueur, accroissement très satisfaisant, semblable à celui du xixe siècle. Autant qu'on
peut en juger, *Auguste a donc atteint son but.*

Les chiffres que je viens de citer sont empruntés à
l'inscription d'Ancyre, admirable document dont on n'avait
que des fragments, et que MM. Perrot, Guillaume et

Delbet ont découvert, à peu près en entier, vers 1860. Cette inscription constitue le testament d'Auguste. Le vieil empereur y a retracé l'histoire sommaire de son long et glorieux règne. Il a eu le droit d'y inscrire cette déclaration simple et fière : « J'ai fait des lois nouvelles; j'ai remis en honneur les exemples de nos aïeux qui disparaissaient de nos mœurs. »

Deux phrases de Tacite, c'est tout ce qu'on peut citer pour nier l'efficacité des lois d'Auguste. Tacite est assurément le plus admirable prosateur de l'antiquité. Mais c'est un historien toujours mécontent, conservateur entêté, incapable de louer une innovation quelconque. Voici ses deux phrases : *Relatum deindé de moderandâ Papiâ Poppæâ, quam senior Augustus, post Julias rogationes, incitantis cælibum pœnis, et augendo ærario sanxerat : nec ideò conjugia et educationes liberûm frequantabantur prævalidâ orbitate. Ceterum multitudo periclitantium gliscebat, cùm omnis domus delatorum interpretationibus subverterentur : utque antehàc flagitiis, ita tunc legibus laborabatur* (Ann. III, 25).

Examinons ce texte phrase par phrase : « *Il fut question d'adoucir la loi Papia qu'Auguste vieilli avait établie, après la loi Julia, pour augmenter les peines contre le célibat et augmenter le Trésor.* » Voilà déjà deux insinuations malveillantes :

1° « *Auguste était vieilli quand il voulut la loi Papia* »; ce n'est pas vrai, car il y avait quarante ans qu'il l'a voulait;

2° *Il la fit pour augmenter le Trésor ;* cette assertion est fausse. La loi attribuait non pas au Trésor, mais bien aux héritiers pères de famille, les biens dont les célibataires étaient privés (*Gaius*, 2, 207). C'est seulement à leur défaut (c'est-à-dire lorsque la succession était en déshérence) que le Trésor public (plus tard, d'après Ulpien, le trésor privé du prince) prenait possession de ces héritages.

Tacite, après cette double inexactitude, continue ainsi :
« *Ni les mariages, ni les éducations d'enfants n'en
devinrent plus fréquents.* » Il n'en sait rien du tout, car
il n'existait à Rome aucune statistique de ce genre; sans
la statistique des naissances, comment saurions-nous,
nous Français du XXe siècle, qu'elles sont rares en France,
malgré les admirables moyens d'information dont nous
disposons?

Achevons l'examen de notre texte : « *... étant préférable de n'avoir pas d'enfants... toutes les maisons
étaient bouleversées par les délateurs; auparavant, c'était
par les crimes que l'on souffrait ; alors, ce fut par les
lois.* » Voilà donc où Tacite voulait en venir! La délation,
plaie de la société romaine, l'exaspérait à juste titre; s'il
condamne la loi Julia, c'est pour avoir une fois de plus le
plaisir de stigmatiser cet odieux système de gouvernement. Le reste de sa phrase ne résiste pas un instant aux
documents numériques que nous avons cités.

J'ai dit que les lois d'Auguste mécontentaient la haute
société romaine. Elles furent donc altérées par Tibère et
par plusieurs de ses successeurs, notamment par Cara-
calla. Constantin en effaça les derniers restes. C'est donc
après leur suppression que Rome s'affaiblit et succomba.

Insignifiance des édits de 1666 et 1667.

Autant les lois d'Auguste sont dignes d'admiration,
autant les édits signés par Louis XIV, en 1666 et 1667, sont
insignifiants. Ils n'ont jamais reçu aucune application par
la raison qu'ils étaient inapplicables.

Un certain Jacques Savary, riche négociant de savoir
et de mérite, et très apprécié de Colbert, avait eu « quinze
enfants en 17 années de mariage, qui presque tous
étaient vivants ». Ce fut lui qui inspira à ce grand ministre l'idée de récompenser les familles de 10 et 12 enfants.

L'édit de 1667 promit une pension de 1.000 livres à toutes celles qui avaient 10 enfants et de 2.000 à celles qui en avaient douze. Est-il nécessaire de faire remarquer : 1° Que des encouragements donnés à des familles aussi extraordinairement nombreuses ne peuvent avoir aucun effet sérieux sur la natalité, car ces familles resteront toujours à l'état de très rare exception. Ce sont les familles de 4 et 5 enfants qu'il faut encourager; 2° Que les pensions promises étaient beaucoup trop élevées pour pouvoir être payées. Même à notre époque néo-malthusienne, de telles promesses coûteraient au Trésor une trentaine de millions; or, le budget total des recettes sous Louis XIV (emprunts non compris) ne montait guère à plus de cent millions. C'était donc le tiers de son revenu dont le roi faisait cadeau. Il est vrai qu'il n'en savait rien car on n'avait pas fait la moindre évaluation de la dépense. On s'aperçut de son énormité seulement au nombre des demandes. On n'en admit pas même deux : on n'en admit qu'une seule. Et laquelle? Celle de Jacques Savary, le premier auteur de l'édit! Il ne reçut pas la pension de 2.000 francs, mais il obtint du roi le canonicat de Vernon pour un de ses nombreux enfants. C'était un homme pratique! Il méritait la confiance de Colbert — pour les affaires où il n'était pas intéressé!

Nous avons vu d'ailleurs (p. 122) que si nous en jugeons par les documents parisiens — les seuls que nous possédions sur cette époque éloignée, — la natalité sous Louis XIV était très élevée; il n'était pas désirable qu'elle fut plus forte. Le malheur de cette époque était l'élévation de la mortalité, et c'est de quoi les édits ne s'occupaient point. La situation était donc justement inverse de ce qu'elle est de nos jours.

Il n'y a donc aucune assimilation à faire entre les lois d'Auguste et de celles de Louis XIV en faveur de la natalité. Celles de Louis XIV sont ridicules. Celles d'Auguste sont admirables, et les chiffres qui nous sont parvenus laissent supposer *qu'elles ont pleinement réussi.*

Revenons à présent à la France et à l'époque actuelle. Examinons les remèdes qu'on a proposé d'opposer au mal qui nous ronge.

Je rappellerai d'abord ceux qui me paraissent illusoires. On peut certes les appliquer, suivant le précepte de Jules Simon, mais on ne doit pas compter sur leur efficacité.

II

REMÈDES ILLUSOIRES

Il semble bien que les nombreux écrivains qui ont agité, dans ces derniers temps, la question de la dépopulation de la France, n'aient cédé qu'au désir de servir les idées qui leur sont particulièrement chères, quelque rapport que ces idées eussent d'ailleurs avec ce sujet.

Les réformes auxquelles la dépopulation de la France a servi de tremplin peuvent se diviser, malgré leur très grande variété en quatre catégories : 1° Réformes sociales diverses ; 2° Augmentation du nombre des mariages ; 3° Diminution de la stérilité involontaire ; 4° Diminution de la mortalité.

Nous dirons un mot de chacune d'elles :

Examen des RÉFORMES SOCIALES DIVERSES *proposées dans le but hypothétique d'élever la natalité.* — Personne n'a jamais indiqué que l'*émancipation de la femme,* la *suppression du divorce,* ou au contraire *des lois rendant le divorce plus facile,* augmenteraient la natalité (voir p. 196). Jamais on n'a donné, à l'appui de ces fantaisies, une preuve ni un commencement de preuve. On peut assurément être partisan de ces réformes ; mais, encore une fois, tout cela n'a aucun rapport avec le sujet qui nous occupe.

J'en dirai presque autant de la *recherche de la pater-nité*. Cependant, comme elle peut déterminer quelques mariages féconds, la Commission de dépopulation, sur le rapport de MM. Atthalin et Lyon-Caen a voté le vœu suivant :

Que la recherche de la paternité soit admise en France.

Ce vœu doit être d'autant plus approuvé que sa réalisation aurait pour effet de réduire la mortalité des enfants illégitimes ainsi que j'en ai apporté la preuve.

Il a une portée plus haute : il tend à inculquer dans l'esprit public ces deux principes : « *Respect à la maternité, quelle qu'elle soit ! Protection à l'enfant quel qu'il soit !* »

La RESTAURATION DES IDÉES RELIGIEUSES, si elle était possible, aurait peut-être quelque effet sur la natalité. Les études démographiques montrent la grande influence que la religion a sur les mœurs, et même sur des phénomènes de pathologie morale (sur la fréquence des suicides, par exemple), et prouvent que les hommes mettent en pratique, plus qu'on ne pourrait le croire, les prescriptions de leur religion ; or, toutes les religions prescrivent à l'homme, plus ou moins impérativement, d'avoir une postérité aussi nombreuse que possible (voir p. 117). Il est donc vraisemblable qu'il existe un rapport entre la natalité et le degré de sincérité des convictions religieuses (voir p. 126). Mais il est manifeste que, quoi qu'on fasse, on ne pourra pas changer notre siècle, ni l'empêcher d'être de plus en plus incrédule.

On a prétendu que la suppression des couvents augmenterait le nombre des naissances ; on en a supprimé beaucoup, et la natalité a continué à décroître. Ce résultat était bien facile à prévoir ; voici ce que j'écrivais en 1896 : « Sait-on de combien de naissances on aurait chance d'augmenter la natalité ? Les couvents renferment actuellement

60.000 femmes environ. Supposons qu'elles soient aussi disposées que les autres femmes à se marier (ce qui n'est pas vrai : car, puisqu'elles se sont retirées au cloître, c'est que la vie de famille ne les attirait guère) ; un calcul simple nous montre qu'elles produiraient 4.500 naissances annuelles. Ainsi, il manque à la France 450.000 enfants chaque année, et on lui propose 4 ou 5.000 au plus. Et cela au moyen d'une mesure violente, indigne d'un siècle de liberté. »

Examen sommaire des mesures proposées en vue d'augmenter le nombre des MARIAGES. — La nuptialité est en France à peu près ce qu'elle est ailleurs (voir p. 176) ce n'est donc pas là que le bât nous blesse.

On a proposé, pour augmenter le nombre des mariages, de *simplifier les formalités nécessaires pour le mariage.* Ces formalités en effet sont encore trop longues, trop nombreuses et trop coûteuses (voir p. 180).

Nous avons vu les excellents effets de la loi Lemire, qui en a simplifié une petite partie, et les effets bien meilleurs encore de la loi belge de 1896 qui les a simplifiées davantage encore. Il faut adopter la loi belge (voir p. 185).

Mais qu'importe le nombre des mariages s'ils doivent être stériles ou presque stériles. Ce n'est pas là un remède à la dépopulation.

EXAMEN DES MESURES AYANT POUR BUT DE DIMINUER LA STÉRILITÉ INVOLONTAIRE. — J'insisterai à peine sur les remèdes que l'on a proposés pour combattre cette stérilité soi-disant excessive (voir p. 90). Il suffit presque de les citer pour en voir l'inanité.

On a dit qu'on diminuerait le nombre des femmes stériles (et surtout des hommes stériles) en combattant l'abus du tabac, l'abus de l'alcool, la syphilis. Est-ce que ces fléaux n'existent pas chez les autres peuples autant et plus que chez nous ? Rien de mieux que de les combattre, mais c'est en exagérer singulièrement l'importance que de rattacher leur existence à la dépopulation de la France. Nous avons déjà établi qu'elle n'a rien de commun avec le développement de l'alcoolisme (p. 197). Nous ne ferons pas à la prétendue influence du tabac l'honneur de la discuter.

D'après les statistiques militaires (les seules qui soient utilisables en cette matière), la syphilis est plus rare en France que dans les autres pays, l'Allemagne exceptée. Elle n'est pas une cause sérieuse de dépopulation.

L'examen des mesures proposées pour abaisser la MORTALITÉ nous ferait sortir du cadre de ce volume. Nous avons vu (p. 62 à 90) que, même efficaces, elles ne constitueraient pas un remède à la dépopulation.

III

DES MESURES EFFICACES

Le péril est extrême ! La France, sans le savoir, s'endort du sommeil de la mort. Telle est la vérité qu'il ne faut pas quitter des yeux lorsqu'on cherche les moyens de transformer les détestables mœurs familiales qui nous perdent. A chacun de ceux que nous proposons, on peut faire assurément des objections dont quelques-unes assez plausibles en apparence. Des objections, on en peut toujours faire, à tout, même aux choses les meilleures. Il n'en faut tenir aucun compte, à cause de l'immensité du danger.

Principe moral à inculquer dans la conscience des Français.

Contre le mal qui ronge la France, on pourrait, certes, réclamer des mesures énergiques, douloureuses au besoin ; celles que nous réclamons ne sont qu'équitables.

Elles respectent pleinement la liberté individuelle, et même elle l'augmentent. Elles ont pour but de faire savoir aux Français qui l'ignorent le tort que leur égoïsme malentendu fait à leur patrie ; elles visent surtout à modifier

les mœurs et à appeler sur les familles suffisamment nombreuses le respect profond et la protection qui leur sont
dus. Enfin, elles se proposent de faire concorder l'intérêt
général avec l'intérêt particulier; les lois actuelles ont
précisément l'effet contraire.

Tout homme a le devoir de contribuer a la perpétuité de sa patrie exactement comme il a le devoir de
la défendre. — Telle est la vérité morale que les Français ont oubliée et qu'il s'agit de leur inculquer. De beaux
discours seraient impuissants à remplir une tâche aussi
énorme. Pour convaincre la masse des hommes, il faut des
faits palpables qui les touchent personnellement et qui les
atteignent tous.

Voilà notre principe directeur. Nous en examinerons
successivement les applications. Nous commençons par
les applications fiscales, quoique, à notre avis, ce ne soient
pas les plus importantes.

Application du principe précédent aux lois fiscales.

Le fait d'élever un enfant doit être considéré comme
une forme de l'impôt. — En effet, payer un impôt, c'est
s'imposer un sacrifice pécuniaire au profit de la nation
entière. C'est ce que fait le père qui élève un enfant.

Pour que cet impôt soit acquitté par une famille, il
faut qu'elle élève trois enfants. — En effet, il en faut
deux pour remplacer les parents et il en faut en outre un
troisième, car sur les trois, il y en aura en moyenne un qui
ne se reproduira pas[1]. Donc la famille qui (volontairement

---

1. Le raisonnement pouvait suffire à justifier cette phrase. En voici
la démonstration numérique (d'après l'année 1906, la dernière dont les
chiffres soient publiés avec détails; cette année est d'ailleurs normale) :
Il est mort, en 1906, en France, 300.437 célibataires de tout âge.
Dans cette même année, il y a eu 306.487 mariages.
Donc, pour que la population se maintienne sans profit ni perte,
il faut que ces 306.000 mariages produisent, en moyenne, deux naissances pour remplacer les deux parents (soit : 306.000 × 2 = 612.000

ou non, peu importe) *n'élève* [1] pas trois enfants, s'impose des sacrifices insuffisants pour l'avenir de la nation. Elle est libre de le faire, mais elle lui doit un dédommagement. Au contraire, celle qui élève plus de trois enfants s'impose un supplément de charges dont on doit la dédommager toutes les fois que l'occasion s'en présente, et elle se présente souvent.

Le principe du dégrèvement proportionnel au nombre des enfants a été adopté, mais avec une inexplicable timidité, par plusieurs ministres des Finances [2]. *L'Al-*

---

naissances) et, en outre, 300.000 autres naissances pour remplacer les 300.000 décédés célibataires, soit, au total, 912.000 naissances.

Ce calcul n'est pas aussi rigoureux qu'il le paraît, parce que, quoique relatifs à une même année, les chiffres qu'il considère sont des résultantes des époques précédentes. Il résume pourtant bien la situation générale.

On remarquera que le nombre des célibataires décédés à tout âge est presque exactement égal à celui des mariages. Cela justifie notre formule. Pour que la population ne décroisse pas. il faut que chaque ménage ait au moins trois naissances, à savoir : deux pour remplacer les deux parents, et une troisième comme *bouche-trou*, parce que, sur les trois, il y en aura un qui ne se reproduira pas.

1. A notre avis, il convient de supprimer les entraves apportées actuellement à l'adoption. On doit tenir compte à une famille des enfants qu'elle *élève*, soit qu'elles les ait engendrés, soit qu'elle les ait adoptés.

2. M. Doumer, ministre des Finances, avait proposé quelques allégements de charges en faveur des familles nombreuses : son successeur, M. Georges Cochery, avec qui le bureau de l'*Alliance nationale* a eu l'honneur d'avoir deux entrevues, a été plus loin dans cette voie; son projet de loi du 4 juin 1896 nous donnait un premier rudiment de satisfaction; celui du 9 février 1897 est un peu plus favorable à notre thèse. L'exposé des motifs s'exprime ainsi : « Les résultats du dernier dénombrement nous ont confirmés dans l'opinion que tout projet de réformes des contributions directes devait comporter aujourd'hui plus que jamais de larges détaxes en faveur des familles nombreuses... La déduction des charges de famille organisée par l'article 15 constitue une mesure réclamée par tous. » Tous les successeurs de M. Cochery (et ils ont été nombreux) ont répété à peu près ses paroles ; aucun n'a entrepris sérieusement de leur donner une suite quelconque.

La France ne sera pas entrée la première dans cette voie. L'esprit de justice a inspiré de semblables réformes à des gouvernements qui n'ont pas à se préoccuper de la dépopulation. Des dégrèvements, d'ailleurs très insuffisants, sont accordés, en raison du nombre des enfants, en Prusse, en Saxe, dans la plupart des Etats secondaires de l'Allemagne (Hambourg, Brême, Lubeck, Anhalt, Saxe-Altenbourg, Saxe-Cobourg, Saxe-Gotha, Schwartzbourg-Rudolstadt, Schwartzbourg-Sondershausen, etc.), en Serbie, en Norvège, en Suède, dans plusieurs cantons suisses et enfin en Autriche.

liance nationale n'y a pas été étrangère. Mais il serait facile, il serait nécessaire, d'aller dans cette voie beaucoup plus loin :

Possibilité de dégrever complètement les familles de plus de trois enfants de tout impôt. — Pour y parvenir sans que le Trésor y perde rien, il suffit de charger d'un *cinquième* seulement les familles moins prolifiques. En effet, l'état démographique de la France est tellement déplorable que les familles de plus de trois enfants ne forment que la sixième partie des familles françaises ; c'est ce qui résulte du tableau suivant :

FRANCE. — *Dénombrement de 1896.*

Célibataires masculins de plus de 30 ans	1.344.740 soit	11 p. 100	
Familles sans enfants	1.808.839 —	15 —	
— ayant 1 enfant	2.638.752 —	22 —	
— ayant 2 enfants	2.379.259 —	20 —	
— ayant 3 enfants	1.593.387 —	13 —	
— ayant plus de 3 enfants	2.190.155 —	17 —	
Nombre d'enfants inconnu	234.855 —	2 —	
Total	12.186.987	100	

On voit clairement que, pour dégrever *complètement* les deux millions de familles de plus de trois enfants, il suffit de charger les dix autres millions de familles d'un supplément d'impôt de 20 p. 100. Cela est donc parfaitement praticable. Mais il nous paraît plus équitable d'échelonner ce supplément d'impôt et de le rendre inversement proportionnel au nombre des enfants. On pourrait, par exemple, attribuer :

Aux célibataires masculins de plus de 30 ans, un supplément d'impôt de	50 p. 100	
Aux ménages sans enfants	40 —	
— ayant 1 enfant	30 —	
— ayant 2 enfants	10 —	
— ayant 3 enfants, l'impôt actuel sans surcharge.		
— ayant plus de 3 enfants, dégrèvement complet.		

Un calcul simple montre que le Trésor y gagnerait. En effet, il perdrait 2.190.155 parts contributives et il en recouvrerait d'autre part 2.423.958. Il y gagnerait beaucoup plus encore, car les familles nombreuses sont généralement pauvres et payent péniblement des contributions médiocres. Au contraire, les contribuables que nous proposons de surtaxer sont riches pour la plupart, et la surtaxe qui les frapperait serait généralement productive.

Semblable mesure devrait être appliquée non seulement à la taxe mobilière, mais à tous les impôts directs. Elle devrait l'être surtout aux impôts de succession. En toute circonstance on devrait dire aux familles insuffisamment fécondes et à ceux qui profitent de cette stérilité : « Vous avez (volontairement ou non, peu importe) fait tort à votre patrie. Loin de nous la pensée de vous en punir ; mais il n'est pas juste que vous en profitiez. Vous devez au pays un dédommagement. »

Actuellement, c'est le langage précisément opposé que l'on tient aux familles françaises. Quoique l'avenir de la nation dépende de leur fécondité, la loi, loin d'alléger la charge méritoire qu'assume le chef d'une famille nombreuse, fait tout pour l'alourdir. Tous les impôts directs ou indirects, la douane, l'octroi, l'impôt mobilier, la patente, l'impôt du sang, etc., sont d'autant plus élevés que les enfants sont nombreux ; il ne serait pas exact de dire que la loi se désintéresse de la natalité : il faut, pour être juste, reconnaître qu'elle fait ce qu'elle peut pour la combattre et que chaque Français est officiellement invité, dans son intérêt comme dans celui de sa postérité, à restreindre celle-ci autant que possible. Il faut que ce soit le contraire.

Ce sont les familles riches qui devraient surtout contribuer à la perpétuité de la nation, et, par un singulier non-sens, ce sont elles surtout qui s'en abstiennent.

Il est juste que ces familles égoïstes, éminemment imposables, soient particulièrement surtaxées lorsqu'elles n'ont que un ou deux enfants.

On rentrerait ainsi dans l'esprit et dans la lettre de l'article 13 de la Déclaration des Droits de l'homme : « La contribution commune doit être également répartie entre tous les citoyens, en raison de leurs *facultés* » (c'est-à-dire tenant compte de leurs revenus et de leurs charges).

On a fait à l'ensemble des propositions qui précèdent un reproche que nous pourrions accepter : on reconnaît qu'elles sont justes, mais on trouve qu'elles ne sont pas assez radicales :

« Croyez-vous donc, nous dit-on en effet, que les familles malthusiennes qui n'ont actuellement qu'un ou deux enfants, vont se décider à en avoir quatre pour s'épargner quelques impôts ? » Nous ne nous faisons pas cette illusion. Mais nous croyons qu'il ne faut pas exagérer la bassesse des mœurs familiales de notre pays. La plupart des familles pèchent par égoïsme, soit, mais c'est parce qu'elles ne savent pas que cet égoïsme est coupable, qu'il est nuisible, qu'il est ignoble. Elles ne le savent pas, parce qu'aucune voix autorisée ne le leur a jamais dit (excepté l'Église, mais on ne l'écoute plus). Il faut le leur faire connaître. Aucun moyen de publicité ne vaut la feuille du percepteur ; aucune feuille publique n'est aussi répandue, aucune n'est aussi soigneusement étudiée, aussi passionnément commentée. Les enseignements qu'elle contient se traduisent par un fait palpable, qui se grave immédiatement dans la mémoire. Aucune prédication ne vaut celle-là.

Ainsi la réforme des impôts directs que nous proposons a surtout pour but la propagande.

D'ailleurs, l'effet des dégrèvements dépasse souvent ce qu'indiquait le simple raisonnement. C'est ce qu'a très spirituellement fait ressortir M. de Foville (de l'Institut) dans un excellent rapport présenté par lui à la Commission

de dépopulation sur la nécessité de dégrever les familles
suffisamment nombreuses :

« Les contribuables, après un dégrèvement, ne viennent pas
dire au gouvernement: « Nous écrirons plus de lettres à l'avenir puisque la taxe postale est réduite ; nous mangerons plus
de sucre, et nous boirons plus de vin puisque la loi vient de
diminuer la taxe sur les vins et sur les sucres. » On ne dit
rien, mais on subit d'une manière inconsciente la suggestion
du dégrèvement... L'obstacle s'étant abaissé, un courant se
produit silencieusement, spontanément, automatiquement. Et
cette mécanique des choses est si sûre, si régulière dans son
action, que les spécialistes savent en prévoir, en prédire, parfois en mesurer d'avance, assez exactement les manifestations
futures.

... Tenez pour certain que les Français font, je ne dis pas
beaucoup moins d'enfants, mais un peu moins d'enfants qu'ils
n'en feraient si notre fiscalité se montrait moins hostile aux
familles nombreuses.

... Si mon respecté confrère le Dr Clément Juglar (de l'Institut) était ici, nous l'aurions déjà vu dessiner sur notre tableau
noir les figures symboliques qui lui sont familières et nous
expliquer, chiffres en main, que la natalité, dans les milieux
civilisés tend à s'accélérer pendant les « périodes prospères »
et à se ralentir en temps de crise... La masse, la foule, ignore
souvent ces hausses et ces baisses successives du baromètre
économique. Elle n'en a que de vagues notions, en tout cas.
Les ménages ne se disent donc pas, dans les villes et dans les
campagnes : « Faisons des enfants, parce que cette année tout
est à la hausse » ou « N'en faisons pas parce que le crédit public est atteint » Non ! les ménages ne s'occupent, pour la plupart, ni des portefeuilles des banques, ni de leurs encaisses.
Et cependant M. Juglar, l'année suivante, trouvera dans les
statistiques officielles les dix mille naissances de plus ou les
dix mille naissances de moins dont sa théorie a besoin : preuve
qu'il suffit de légers souffles, en somme, de faibles pressions
pour faire pencher la balance soit d'un côté soit de l'autre. »

Aussi la Commission de dépopulation a-t-elle adopté la
conclusion suivante du rapport de M. de Foville.

En France, à l'heure actuelle, les pères de famille sont injus-
tement surtaxés, et, de ce chef, ils ont droit à des dégrèvements ou à des compensations dont l'importance devrait se
mesurer au nombre même de leurs enfants. Si l'impôt sur le

revenu [1] était voté sans que d'importants dégrèvements y fussent introduits en faveur des familles nombreuses, ce serait la consécration d'une injustice pour la natalité française déjà inférieure à la mortalité ; il pourrait y avoir là une cause nouvelle de décroissance (voir en outre p. 193).

Application du même principe à la contribution personnelle mobilière. — Mentionnons, pour être complets, la loi du 20 juillet 1904, article 4, quoiqu'elle ressemble fort à une mauvaise plaisanterie (*Bull. de l'All. Nation.*, I, p. 572). Mentionnons aussi la loi de 1889. A son sujet, nous devons prévoir une objection — aussi mal fondée que possible, d'ailleurs : « On a voulu en faire l'essai et on n'a pas pu y réussir. » Retraçons donc, aussi rapidement que possible, cette triste aventure.

L'article 3 de la loi de finance du 17 juillet 1889, sur la proposition de M. le Dr Javal, dégreva complètement de cet impôt les familles de sept enfants et plus.

Ce dégrèvement, qui ne concernait que des familles exceptionnellement nombreuses, ne pouvait avoir aucun effet sur la natalité ; nous ne saurions trop répéter que le législateur ne doit viser qu'à favoriser la quatrième naissance. On a trouvé mauvais en outre, que ce dégrèvement concernât tous les contribuables ayant sept enfants quelle que fût leur fortune ; mais ce reproche ne me paraît pas juste, car les familles riches qui acceptent d'avoir de nombreux enfants sont particulièrement méri-

---

1. L'impôt sur le revenu sera plus dur encore pour les familles nombreuses que ne le sont les impôts directs actuels, qui ont tous pour base le logement. En effet, elles peuvent y échapper sans frauder. « Ma famille augmente, donc il me faut un logement *plus* étroit ! » disent les malheureux. Ce raisonnement paradoxal ne manque pas de logique ; on ne peut réduire les dépenses d'alimentation, il faut donc réduire le logement ; on paiera moins de loyer et moins d'impôt. L'impôt sur le revenu, au contraire, poursuivra ses victimes quelle que soit leur misère, quel que soit le taudis où elles iront s'entasser ; il sera obstinément inique tant qu'il ne tiendra pas un large compte des charges de famille. En bonne justice, il faudrait pour le calculer, diviser tout d'abord le revenu d'une famille par le nombre des personnes qui en vivent, et ne considérer que le quotient ainsi obtenu.

tantes ; elles subissent, de ce chef, des surtaxes excessives dont il est juste de leur tenir compte (voir, p. 331, le budget de M. Beaurin-Gressier). Malheureusement beaucoup de personnes ne pensent pas que la loi doive être équitable même pour les riches ; ce fut une des causes de l'échec de la loi du 17 juillet 1889.

L'administration l'appliqua avec une extrême mauvaise volonté[1] (pour ne pas dire pis). Notamment, elle décida que l'impôt non payé par les familles de sept enfants d'une commune[2] serait payé par les autres habitants *de la même commune*. Il en résulta une série de bizarreries et d'injustices, dont je citerai quelques exemples Les familles de 7 enfants se voient surtout dans les communes qui échappent au néo-malthusianisme moderne et dans lesquelles toutes les familles ont de nombreux enfants (ces communes sont rares, mais elles existent). Grâce à la déplorable décision de l'administration, le dégrèvement accordé aux familles de sept enfants ne put l'être dans ces communes qu'aux dépens des familles de cinq et six enfants, ce qui était directement contraire à la volonté du législateur.

Voici bien pis encore : on sait que dans les communes où réside un châtelain qui paie à lui seul la moitié, ou les trois quarts des contributions de la commune, les conseils municipaux ne sont pas ménagers des centimes additionnels ; ils offrent ainsi à leurs électeurs quantité d'avan-

---

1. L'excuse — toute relative — de l'administration est que, justement au même moment, elle avait à faire une nouvelle évaluation de la propriété bâtie, œuvre considérable qu'on s'accorde à regarder comme bien faite, et qui absorbait l'activité de tout le personnel. Il aurait fallu, pour organiser le dégrèvement prescrit, avec logique et équité, une somme de travail pour laquelle le temps manquait à ce moment.

2. Pourquoi ? Pour donner moins de travail aux employés. Le Conseil général de l'Aveyron, sur la proposition de M. Lacombe, avait proposé de faire payer le dégrèvement par l'ensemble du département (et non par la commune). Cette solution n'aurait pas augmenté sensiblement le travail des employés des contributions, et elle aurait donné des résultats plus équitables que ceux du système adopté par l'administration.

tages que ceux-ci n'ont guère à payer puisque le poids de l'impôt retombe presque tout entier sur un seul.

Cette pratique malhonnête est fidèlement suivie dans un millier peut-être de communes françaises.

Survint la loi dégrevant les familles de sept enfants ; dans une vingtaine de communes environ, il s'est trouvé que le châtelain avait sept enfants. Et voilà la longue politique de spoliation dont il était victime depuis plusieurs générations qui retombe sur ses auteurs !

C'est eux qui doivent payer les innombrables centimes additionnels dont ils avaient abusivement comblé leur voisin ! On pense s'ils ont protesté avec fureur contre ce juste retour des choses d'ici-bas ! Ils ont même eu le talent de faire croire que les familles nombreuses sont « ordinairement » des familles de richards. Si fausse qu'elle soit (elle est justement le contre-pied de la vérité), cette thèse insoutenable a été soutenue officiellement à l'aide des arguments les plus absurdes [1].

1. Le mot est dur ; il ne l'est pas assez. L'argument le moins ridicule était que sur les 232.188 familles de 7 enfants, il y en avait 29.697 qui étaient « aisées » ; mais on se gardait de dire en quoi consistait cette prétendue « aisance! » Or, ces 29.697 familles prétendues aisées payaient en moyenne 22 fr. 45 de cote mobilière (ce qui est toujours considéré comme signe de détresse et ce qui montre une misère profonde lorsqu'il s'agit de familles composées de 9 ou 10 personnes) ; celles de Paris payaient en moyenne 80 francs, ce qui correspond à un loyer de 1.000 francs. Pour ce prix, on a dans les faubourgs trois ou quatre pièces au plus, et il s'agit de familles de 9 personnes au moins (10 en moyenne et davantage dans un tiers des cas), c'est-à-dire de malheureux réduits à s'empiler et à coucher à raison de 3 par pièce, et jusque dans la cuisine. Voilà les familles que l'on eut l'audace de déclarer « aisées ». Les 5.475 familles dites « très aisées ou riches » n'étaient guère plus fortunées. Les contribuables dégrevés par la loi Javal se répartissaient ainsi (la valeur locative totale des habitations exemptées était de 19.603.522 francs) :

	Nombre de contribuables	Valeur des cotes supprimées
		Francs.
Catégorie la plus pauvre	113.636	1.027.615
— intermédiaire.	29.697	697.221
— la moins pauvre	5.475	594.647
Indigents (nombre probable)	83.380	Néant.
Total des familles de 7 enfants et plus.	232.188	2.301.484

C'est ainsi que, l'année suivante, le bénéfice de la loi fut limité aux familles payant moins de 10 francs de contribution, c'est-à-dire que, pratiquement, la loi fut supprimée.

Cette fâcheuse histoire montre une fois de plus que l'existence des centimes additionnels communaux et départementaux est une des difficultés les plus graves que rencontrent les réformes fiscales même les plus modestes. Elle montre surtout que la volonté du législateur est singulièrement désarmée contre l'opposition des bureaux..

On ne changerait rien au produit des centimes additionnels en adoptant la règle suivante : l'impôt mobilier a pour base le loyer du logement *divisé par le nombre des personnes qui y habitent.*

La contribution mobilière étant un impôt de répartition, le produit final serait exactement le même : seulement les personnes seules ou presque seules qui ont un large logement, paieraient davantage ; les familles logées à l'étroit paieraient d'autant moins qu'elles seraient plus nombreuses ; et tout serait très juste.

J'ai causé, naguère, de ce projet avec M. Boutin qui était alors directeur général des contributions directes, et à ma grande surprise, il en a approuvé le principe ; mais ce n'était qu'une conversation. L'administration, dans ses actes, s'est toujours montrée hostile aux familles nombreuses.

Le dégrèvement que nous réclamons n'a rien de commun avec l'inique exemption d'impôt que la ville de Paris accorde aux habitants qui paient moins de 500 francs de loyer, c'est-à-dire aux *deux tiers* des logements de la ville. On les qualifie officiellement « indigents » afin de tourner la loi.

Voici les chiffres de 1901 :

697.708 logements de moins de 500 fr., *dégrevés.*
212.796 — de plus de — , *non dégrevés.*
910.504 (nombre total des logements à Paris).

Or, sur ces 697.708 familles « d'indigents », il y en a 515.271 qui sont logées plus au large que la moyenne générale des Parisiens, et il n'y en a que 26.888 qui aient quelque droit à se dire « nombreuses » (4 enfants ou plus).

La plupart des familles nombreuses de Paris (31.975) paient l'impôt parce qu'elles refusent de s'empiler à raison de 5 ou 6 personnes par pièce. Elles n'en sont pas moins très mal logées (voir p. 166) ; ces 32.000 familles comprennent 232.000 personnes, dont la plupart (125.335) logent dans des conditions déplorables à raison de 2, 3 ou même 4 personnes par pièce! Elles sont visiblement moins fortunées que les 5/6 des dégrevés dont nous parlons plus haut, mais comme leur logement vaut un peu plus de 500 francs, elles paient l'impôt.

Cette vérité, pourtant évidente par elle-même, que le loyer n'est un thermomètre acceptable du degré d'aisance que si on tient compte du nombre d'habitants du logement[1], a fini par être admise (mais avec quelle lenteur) par l'administration supérieure. M. Millerand, ministre des Travaux publics en a donné récemment (1910) l'exemple, pour déterminer les personnes admises à bénéficier d'un tarif réduit sur les lignes de banlieue du réseau de l'État.

Donc ce système n'est pas « impraticable ». Donc on devrait le généraliser.

Application du même principe à la contribution de la patente. — Le Sénat a adopté à deux reprises (22 novembre 1900 et 19 mars 1901) une proposition faite dans ce sens par MM. Bernard, Ant. Perrier et Piot. Ce projet n'accordait que des dégrèvements partiels, mais assez sérieux (de 15 à 60 p. 100, même plus) aux familles de plus

---

1. Jamais on n'en tient compte. Cela conduit aux plus abominables absurdités. J'en citerai un seul exemple entre beaucoup. Un ancien sous-officier, plusieurs fois médaillé, recevait un secours de 80 francs par an. Au bout de six ans, on le lui supprime. Pourquoi ? *Parce que sa famille s'était augmentée !* Il avait huit enfants, et il lui fallut prendre un loyer plus élevé ; sa cote mobilière monta à 24 francs. Donc il n'avait plus besoin de rien !

de trois enfants, et surtaxait légèrement celles de deux
enfants au plus (de 5 à 20 p. 100) de façon que la réforme
se suffit à elle-même.

Malgré l'opposition du ministre, M. Caillaux, malgré
l'opposition de la commission et du rapporteur, ce projet
fut adopté par une majorité considérable (146 voix contre
70). Feu M. Bernard prononça dans ces deux séances deux
discours très bien faits et très persuasifs. Malheureusement
ce sénateur manquait de persévérance. En troisième lecture,
alors que la victoire allait être définitive, il retira son amendement (31 janvier 1902) sous prétexte de le renvoyer à
la Commission de dépopulation (qui visiblement était destinée à ne jamais s'en occuper). Jamais il n'a pu, malgré
mes instances, m'expliquer cet acte de faiblesse.

Oserai-je ajouter que le projet de MM. Bernard, Perrier
et Piot était conforme à une *note* que l'*Alliance nationale
pour l'accroissement de la population* avait adressée à
tous les sénateurs, et qu'ils avaient bien voulu accepter
ma collaboration.

*Application des principes précédents aux impôts de
succession.* — C'est surtout sous forme d'impôts de succession que les familles insuffisamment fécondes devraient
payer la juste indemnité qu'elles doivent au pays en raison
de leur stérilité. Car les malthusiens ont principalement
pour but de ne pas partager leur fortune entre de trop
nombreux enfants.

Actuellement, les droits de succession sont établis de
façon que les fils uniques paient moins que les autres :
non seulement les frais d'actes notariés, etc., sont moindres pour eux que les familles nombreuses, mais encore
celles-ci ont de grandes chances de payer les droits plusieurs fois; en effet, que l'un des orphelins vienne à mourir
(le cas est d'autant plus probable qu'ils sont plus nombreux),
ses frères et sœurs auront à payer de nouveaux droits

de succession. A ce redoublement de charges, y a-t-il un droit compensateur établi aux dépens du fils unique? Non, il n'y en a pas. En toute occasion le fisc accable les familles nombreuses et ménage les familles malthusiennes.

L'institution de l'héritage n'a d'autre raison d'être que de stimuler le travail. Beaucoup d'hommes, assurément, travailleraient moins et surtout épargneraient moins s'ils n'avaient la perspective de laisser à leurs enfants (ou plutôt, hélas! à leur enfant unique) le fruit de leur travail et de leurs économies. Telle est la principale justification de l'institution de l'héritage. C'est ainsi que le défendent ses partisans, et ses adversaires n'ont jamais trouvé de réplique suffisante à cet argument.

Or, actuellement, ce qu'il faut à la France, ce ne sont pas seulement des travailleurs, ce sont aussi et surtout des naissances en nombre suffisant pour perpétuer la race et assurer l'avenir du pays. Et il est prouvé que l'institution de l'héritage, tel qu'il est organisé par la loi, est un des facteurs puissants de la dépopulation. Il faut donc la modifier.

L'État est aussi intéressé à la fécondité des familles qu'à leur faculté de travail et d'épargne. Pour stimuler ces deux dernières vertus, il leur garantit le droit d'héritage ; il pourrait le leur retirer, ou du moins l'affaiblir à son profit lorsque leur fécondité ne serait pas jugée par lui suffisante.

Dans ce dernier cas, les familles indemniseraient, par de l'argent, l'État, pour le tort que lui aurait fait leur stérilité.

Pour que cette mesure fût efficace, il faudrait qu'elle fût sérieusement appliquée, de façon à entamer sensiblement la fortune des familles qui n'auraient donné à la France qu'un ou deux enfants[1]. Par exemple, on pourrait réserver

1. Nous n'entrons pas dans l'examen des questions de détail. Par exemple, il serait évidemment juste de faire entrer en ligne de compte les enfants prédécédés lorsqu'ils ont été élevés jusqu'à un certain

à l'État la portion disponible de l'héritage (la moitié de la fortune pour les familles d'un enfant ; le tiers pour les familles de deux enfants ; quant aux familles de trois enfants, leur fécondité est suffisante et il n'y a pas lieu de les surtaxer). Il faudrait se rapprocher autant que possible de la formule suivante : *Placer au point de vue de l'héritage, les enfants uniques dans la situation où ils seraient s'ils avaient des frères* [1].

Peut-être les malthusiens prétendront que nous sommes trop subversifs [2] et que la mesure que nous proposons est trop sévère pour eux ; ou encore qu'elle est trop en opposition avec les mœurs et habitudes actuelles.

C'est justement pour cela que nous la proposons. Des remèdes anodins ne seraient d'aucun effet contre un mal profond et invétéré.

Il faut que les familles françaises cessent d'avoir un intérêt évident à restreindre le nombre de leurs enfants. Pour obtenir ce résultat, il faut autre chose que des demi-mesures [3].

âge, soit jusqu'à dix ans. De même les enfants adoptifs, les enfants naturels reconnus, devraient entrer en ligne de compte.

Nous reconnaissons d'ailleurs la difficulté pratique d'appliquer notre formule dans toute sa rigueur. C'est pourquoi nous l'avons fait précéder des mots « autant que possible ».

1. Cette mesure a été recommandée avec beaucoup de talent par M. Roger Debury dans son excellent volume *Le pays des célibataires et des fils uniques*. Nous avions eu la même pensée (*Rev. scientif.*, 2 avril 1892, etc.).

2. On a dit qu'ainsi nous frappions d'une amende, non pas le coupable, mais *son* fils. A quoi nous répondons qu'il n'y a en question ni amende, ni coupable. Une famille (volontairement ou non, peu importe) n'a pas donné à la nation les trois enfants nécessaires à l'avenir du pays. Nous demandons qu'elle répare le préjudice causé. — Quant à l'enfant issu d'un tel ménage, nous ne le frappons d'aucune amende ; nous le mettons dans la situation où il serait s'il avait des frères.

Notre contradicteur admet-il que des parents frappent leur enfant d'une amende parce qu'ils lui donnent un frère ?

3. De nombreuses propositions dans ce sens ont été faites au Parlement (par M. Lecombe, 11 novembre 1896 ; par M. Raoul Bompard, 15 novembre 1900 ; par MM. Piot, Bernard, Th. Girard et Ant. Perrier, 17 janvier 1901 ; par M. Maujan, 11 juin 1903 ; par M. Messimy, 6 novembre 1905 ; par M. le colonel du Halgouët, 7 novembre 1905, etc.).

Résumé des réformes précédentes. — Notre principe est l'égalité des charges. Nous disons au Français : « Vous avez trois devoirs principaux envers votre pays : contribuer à sa perpétuité, contribuer à sa défense, contribuer à ses charges pécuniaires. Nous admettons que vous manquiez au premier de ces devoirs, mais il faut alors accepter les deux autres avec un supplément. » Par ce principe, constamment et sévèrement appliqué, et par quelques autres réformes, nous espérons ramener dans ce pays la notion du respect dû aux familles nombreuses et le mépris des mœurs détestables qui perdent la France.

Organisation du service militaire.

L'impôt du sang devrait être soumis aux mêmes principes que les impôts directs.

Les lois militaires infligent aux familles nombreuses et aux familles précoces les injustices les plus cruelles et les plus malfaisantes. Une famille qui s'est imposé les plus lourds sacrifices pour élever cinq fils, par exemple, paie cinq fois l'impôt du sang, tandis qu'une famille à fils unique ne le paie qu'une fois. Si un jeune homme a le malheur d'être père avant l'âge du service militaire, sa jeune famille est vouée par la loi à la plus atroce misère pendant tout le temps que son chef est détenu à la caserne. Ces cas ne sont pas rares ; on a vu de jeunes soldats, pressés par la nécessité, arriver au quartier avec leurs bébés, disant : « Si vous voulez que je serve, nourrissez-les ! » (Nantes,

Les dégrèvements accordés étaient de même ordre que ceux ci-dessus indiqués par les patentes. Pour toutes ces propositions, ce fut la même répétition : des larmes d'attendrissement sur le sort de la France, et sur l'intérêt que méritent les familles nombreuses, des promesses pour l'avenir et des arguments de procédure pour renvoyer la proposition à une autre occasion. Cependant toutes les fois qu'il y eut scrutin, on compta un nombre de voix considérable en faveur de nos propositions. Beaucoup de députés ou de sénateurs ne se résignaient pas à ce perpétuel atermoiement ; un déplacement de 15 à 20 voix aurait suffi presque toujours pour nous donner la victoire.

fév. 1904 ; Châlon-sur-Saône, oct. 1904 ; Annecy, nov. 1904 ; Rodez, juin 1906 ; Saint-Brieuc, sept. 1908, etc., etc.). Le ministre de la Guerre, le 7 mars 1905, avait promis de libérer ces intéressants pères de famille. Il ne l'a fait que rarement. Malgré leur bonne volonté, les colonels n'ont pu donner à ces situations insolubles que des solutions provisoires. La solution finale est tragique : c'est la mort par la faim ou le suicide (Sillery, 15 nov. 1904, etc.). Voilà ce que veut la loi ! Voilà ce qu'elle ordonne[1] !

L'impôt du sang devrait être comme les autres impôts, demandés à tous « *en raison de leurs facultés* ». Il est clair que la faculté de disposer de deux ans de sa vie est toute différente suivant qu'il s'agit d'un jeune homme célibataire ou d'un père de famille qui n'a que son salaire pour faire vivre ses enfants.

Qu'on ne nous oppose pas l'allocation journalière de 0 fr. 75 aux familles nécessiteuses (augmentée à vrai dire de 0 fr. 25 par enfant depuis un an). Les enfants du soldat ne jouissent d'aucun privilège pour la recevoir et le nombre de ses frères et sœurs ne lui vaut à cet égard aucun avantage (j'en ai des exemples concluants) ; l'appui du moindre député est incomparablement plus efficace.

L'ancienne loi militaire accordait des privilèges aux diplômés ; on voyait quantité de jeunes gens se précipiter vers des carrières sans issue afin de diminuer le temps du service militaire ; ils se seraient précipités de même et bien plus utilement vers la vie conjugale et la famille si elles avaient joui du même privilège. Naturellement, on n'y a

---

1. Tels sont la fréquence et l'intensité du mal que le ministre de la Guerre, en août 1910, a résolu d'étudier s'il était possible de créer des *crèches militaires* où seraient recueillis les enfants des militaires mariés et nécessiteux. (*France militaire*, sept. 1910.) La première de ces crèches est destinée au département de Seine-et-Oise ; elle contient plus de 100 berceaux.

Malheureusement, avant même d'organiser ces crèches, le ministre a ordonné de jeter à la rue les enfants des soldats ! Il est interdit aux colonels de leur assurer un asile.

Il faudra quelques suicides pour le faire peut-être changer d'avis.

jamais pensé. La famille est la dernière des préoccupations du législateur [1].

Pourtant M. de Lanessan, alors qu'il était ministre de la Marine, avait déposé au nom du gouvernement un projet de loi (22 oct. 1901), d'après lequel « l'homme (le marin) ayant un ou plusieurs enfants à sa charge, était considéré comme soutien de famille et bénéficiait à ce titre de deux années de service ». Une dispense était accordée à l'aîné des familles de cinq enfants et au cadet des familles de huit enfants. Ce projet, par suite des lenteurs parlementaires, ne vint jamais en discussion.

Même avec la loi actuelle, des faveurs importantes pourraient être accordées aux soldats pères de famille. La commission de dépopulation, sur le rapport de MM. Javal (de l'Académie de médecine) et André Honnorat, a adopté la résolution suivante :

« Que les soldats mariés jouissent d'un régime de faveur au point de vue des permissions et, peut-être, après un certain temps de service, à la libération anticipée en cas de naissance d'enfant ;

« Que le soldat, père de famille, soit dispensé d'une année de service ;

« Ou subsidiairement, que l'allocation journalière de 75 centimes, prévue par la loi militaire de 1905 soit doublée pour la femme et l'enfant du soldat. »

Mais on pourrait faire beaucoup mieux. Il faudrait généraliser la nouvelle loi militaire belge, celle que le roi Léopold II voulut absolument signer, d'une main déjà défaillante, lorsqu'il sentit sa vie s'éteindre, et qui constitua le dernier acte de son règne glorieux. Cette loi prescrit

---

1. Une proposition de loi dans ce sens avait pourtant été déposée au Sénat en juillet 1897, par MM. Guyot, Berthelot (de l'Institut) et Labbé (de l'Académie de médecine). Jamais elle n'est venue en discussion. Elle avait été réclamée par de nombreux conseils généraux en 1897 (Ain, Haute-Marne, Rhône, Saône-et-Loire, Tarn, etc.).

M. le sénateur Plichon, à la même époque, avait proposé de réduire à un an le service militaire du fils aîné d'une famille de cinq enfants.

Tout récemment (juillet 1910), M. le sénateur Lannelongue (de l'Institut) a proposé d'allonger les périodes d'exercice pour les célibataires.

le service militaire obligatoire à raison d'*un fils par famille*. Ces mots signifient qu'un père de famille qui a eu
l'honorable charge d'élever trois fils, ne les voit pas tous
partir les uns après les autres dès qu'ils atteignent l'âge
où ils peuvent rendre à leurs parents une part des sacrifices qu'ils leur ont coûtés. *Un seul* d'entre eux est pris par
le régiment. L'impôt du sang se paiera par famille et
non pas par tête. (Je n'exposerai pas plus longuement ici
les détails de la loi.)

Cette loi, qui est belge, devrait être internationale. Ce
n'est pas à Bruxelles qu'elle aurait dû être rédigée, c'est à
La Haye, dans le palais où se réunit la Conférence de la
Paix, car elle constitue le seul moyen pratique d'entrer
dans la voie du désarmement. Comme elle n'a chance d'être
adoptée en France que si elle est internationale et comme
elle assurerait un avantage précieux pour les familles nombreuses, ce n'est pas sortir de notre sujet que de lui con-
sacrer quelques lignes.

Le désarmement (ou, tout au moins, la limitation des
armements) faisait partie du programme de La Haye. C'é-
tait même son objet principal. On n'en a cependant pas
dit un mot à la Conférence, parce que les pacifistes offi-
ciels ont estimé, dès l'abord, que si le mot « désarmement » fait bien sur un programme, la chose est parfaitement inapplicable.

Et cela est vrai, en très grande partie :

Il est manifeste que, si la Conférence s'était avisée de
prétendre limiter le nombre des canons que doit contenir
une armée civilisée, elle n'aurait obtenu aucun résultat et
aurait, par conséquent, discrédité le reste de son œuvre.
En effet, un pays bien conduit aurait pu faire fabriquer,
en secret, le nombre de canons qu'il aurait voulu (les
Boers y sont bien parvenus, eux qui étaient forcés de les
faire venir de l'autre bout du monde). Qui pourrait le
savoir ? Et, le sachant, qui pourrait l'empêcher ?

Ce que je dis des canons est vrai de tout le matériel de
de guerre et du matériel naval.

Il en est de même du nombre des conscrits : si vous dites
que tel pays ne doit recruter que 100.000 conscrits et qu'il
en recrute le double, qui pourra réclamer utilement?

Au contraire, la formule belge échappe à ce reproche :

Si elle devenait internationale, le nombre des conscrits
serait partout diminué, et son exécution serait assurée.

Et cela pour une raison bien simple; c'est que *chaque
famille aurait un intérêt personnel* à faire appliquer la loi
et aurait le moyen de la faire appliquer en ce qui la
concerne. Le moindre cadet que son gouvernement voudrait recruter illégalement saurait qu'il est lésé, réclame-
rait, crierait et obtiendrait justice. Sa voix, si faible qu'elle
soit, serait entendue du dehors, pourrait provoquer un
incident diplomatique, ou, plus simplement, si les textes
internationaux sont bien rédigés, pourrait obtenir de la
justice même de son pays un jugement favorable.

Une telle loi internationale aurait l'avantage, non seulement de diminuer partout l'énorme effectif des armées
européennes et les charges formidables qu'elles entraînent,
mais encore d'être juste. Elle serait accueillie avec joie
par tous les peuples.

Elle diminuerait l'émigration des campagnes vers les
villes; chacun sait que le service militaire est un des
principaux agents de cette émigration, les soldats campagnards goûtant les charmes (pourtant bien douteux) des
cafés-concerts et autres lieux de délices analogues, au
point de ne pouvoir s'en passer. Or, l'émigration des campagnes vers les villes est encore beaucoup plus intense à
l'étranger qu'en France (voir page 38), et partout on s'en
plaint.

La formule belge diminuerait l'armée française moins
que les armées étrangères puisque, malheureusement,
nous avons plus de fils uniques que n'en ont les autres

pays (mais cet avantage n'est pas assez marqué pour déterminer le rejet de la loi par les autres pays).

Elle serait particulièrement bienfaisante pour les familles nombreuses, ce qui serait justice. Ces familles nombreuses étant le plus souvent des familles pauvres, cette loi serait éminemment démocratique et généreuse.

Il y a longtemps que, pour ma part, j'avais fait ces réflexions. *L'Alliance Nationale pour l'accroissement de la population* avait même écrit, en mai 1899, une lettre, dans ce sens, à la délégation française. Nous savions très bien qu'on ne ferait aucun usage de notre lettre, mais ce n'était pas une raison pour ne pas l'écrire. Elle a été rejoindre, dans le panier de ces messieurs, un grand nombre d'autres missives plus ou moins intelligentes dont ils ont dû être poursuivis. La preuve que la nôtre ne méritait pas ce triste sort, c'est qu'elle reçoit aujourd'hui un commencement d'exécution.

La loi belge, que nous préconisions dix ans avant qu'elle fût formulée, devrait devenir universelle. Elle constituerait le seul moyen pratique de limiter partout les armements. Elle permettrait de traiter les familles nombreuses avec plus d'équité.

Indemnités aux familles nombreuses.

Les dégrèvements d'impôts, si élevés qu'on les suppose, et même s'ils atteignent la totalité des taxes directes, ne compenseraient pas le tort que font aux familles nombreuses les impôts indirects, et notamment les taxes de douane et d'octroi. L'exorbitante taxe sur les grains est rigoureusement proportionnelle au nombre de bouches que le père de famille doit nourrir; or, on sait qu'elle est de 7 francs par hectolitre de blé, c'est-à-dire égale environ au tiers de sa valeur sur le marché français.

C'est pourquoi M. le sénateur Rey a fait adopter par la commission de dépopulation la conclusion suivante :

« Les dégrèvements ne pouvant porter que sur les contributions directes qui constituent de beaucoup l'impôt le moins
lourd, surtout pour les familles pauvres, il est juste, qu'en
compensation des charges bien plus considérables provenant
des impôts indirects et de consommation, des allocations
soient accordées aux chefs de famille ayant plus de trois
enfants à leur charge. »

Cette proposition est en ce moment même étudiée par
le gouvernement. Elle reçoit d'ailleurs une application partielle dans quelques départements (Bouches-du-Rhône,
Gard, etc.). La Chambre des députés en avait adopté le
principe à plusieurs reprises, sur la proposition de M. Argeliès, alors député de Seine-et-Oise. Il l'avait fait adopter
une première fois le 8 mars 1905, sans qu'elle ait été suivie d'aucun effet. Le 14 octobre 1908, M. Paul Doumer, rapporteur général du budget, s'exprimait ainsi :

« Il va bien falloir s'occuper aussi des enfants. Les familles
nombreuses qui sont dans le dénuement ont d'autant plus droit
à l'appui de la société, que la natalité française est plus
réduite, que l'enfant de notre race devient quelque chose de
rare et de précieux. »

Et en effet, le 28 novembre 1908, la Chambre des députés votait le texte suivant qui paraissait décisif :

« La Chambre, résolue à organiser, dans le plus bref délai
possible, l'assistance aux familles nombreuses et nécessiteuses
par la contribution des communes, des départements et de
l'État, prend acte de la promesse faite par le Gouvernement
de déposer, en même temps que le budget de 1910, un projet
de loi organisant l'assistance aux familles nombreuses et
nécessiteuses. »
Cette proposition est signée de MM. Argeliès, Ferdinand
Buisson, Cazeneuve, Chaigne, Henri Cochin, Jules Coutant,
Etienne Flandin, Gauthier (de Clagny), Arthur Groussier, Steeg
et J. Thierry.

Cependant ni le budget de 1910, ni celui de 1911 ne
contiennent un seul mot relatif à cette « promesse » si
solennellement approuvée par la Chambre.

Elle n'a pourtant pas été oubliée. Nous savons que le

gouvernement étudie, au moment même où nous écrivons, le moyen de la réaliser.

Il y a longtemps, hélas ! qu'on a reconnu et proclamé sa nécessité, sans lui donner le moindre commencement d'exécution. Il y a plus de cent ans ! M. le professeur Porack a cité une loi du 28 juin 1793 qui déclare :

Que les pères et mères indigents ont droit aux secours de l'État ;

Qu'ils ont droit de réclamer les secours de l'État pour le 3ᵉ enfant qui naîtra et pour les suivants ;

Que la pension durera jusqu'à 12 ans ; etc.

Ce décret n'eut d'ailleurs aucune suite. Espérons que la IIIᵉ République réalisera l'œuvre bienfaisante dont son aînée avait reconnu la nécessité.

Primes à la naissance du troisième enfant.

Au même ordre d'idées se rattache la proposition suivante, formulée par plusieurs auteurs et notamment par M. Paul Leroy-Beaulieu qui l'expose ainsi qu'il suit :

La menace qui pèse sur tout l'avenir est si grave qu'on peut se demander si l'on ne pourrait pas recourir à des mesures financières plus étendues pour augmenter ou, tout au moins, pour soutenir la natalité française.

Le budget de la France regorge actuellement de subventions et de primes de toutes sortes : subventions et primes à la mutualité, aux Sociétés ouvrières, à la marine marchande, à la production des soies, à celle du chanvre ou du lin, l'élevage des chevaux ; l'ensemble de ces subventions et primes dépasse 100 millions par an.

Nous ne les examinons ici, ni ne les contestons. Serait-il étrange, au milieu de toutes ces subventions ou primes, d'en introduire pour la natalité humaine, étant donné que la nation est menacée d'épuisement, sinon de mort prochaine, faute de naissances suffisantes ?

Pour qu'un système de subventions ou de primes pût avoir quelque efficacité, il faudrait qu'il fût général à partir du troisième enfant, et qu'il constituât pour les parents un droit incontestable, indépendamment de leur situation personnelle et de toute interprétation administrative, que les parents riches y eussent tout aussi bien droit que les pauvres, quitte aux premiers à y renoncer et à reporter librement leur part sur des parents moins aisés. Il faudrait, de plus, que ces subventions ou primes fussent importantes. Autant qu'on en peut juger, elles devraient être de cinq cents francs pour chaque troisième enfant vivant et chaque enfant vivant au delà du troisième ; ces cinq cents francs pourraient être payés : trois cents francs l'année de la naissance et deux cents francs l'année suivante.

Ces subventions et primes à la natalité entraîneraient, sans doute, une très forte dépense pour l'Etat. Il serait prudent de s'attendre à 300.000 ou 400.000 subventions par an [1] à la natalité pour le troisième enfant ou tout enfant vivant au delà du troisième. Ce serait donc, à 500 francs chaque, une charge pour l'Etat de 150 à 200 millions par an. Au moins, cette dépense, contrairement à tous les gaspillages actuels, aurait-elle des chances d'être utile.

L'énormité de la somme à distribuer nous fait seule reculer devant cette dernière proposition. On remarquera que nos autres propositions ne coûtent rien au Trésor, pour la plupart, car elles consistent en réformes qui se suffisent à elles-mêmes ; quelques autres constituent une dépense, mais sont peu onéreuses.

Nous nous bornerons à rappeler que les primes à la naissance sont données dans quelques établissements industriels ou commerciaux. Le Parlement italien a nommé (en décembre 1907) une commission chargée d'étudier la création d'une caisse de maternité (30 francs par accouchement aux ouvrières de certaines catégories, au nombre de 500.000 environ). Je ne sais ce que ce projet est devenu ; il prévoyait, à mon avis, une dépense trois ou quatre fois trop faible.

Fêtes des enfants. — Hommages aux familles nombreuses.

Il ne suffit pas de protéger les familles suffisamment nom-

---

1. Evaluation plutôt exagérée à mon avis ; on peut admettre 250.000, quant à présent. Les primes de 500 fr. coûteraient donc 125 millions. (Dr J. B.).

breuses, il faut les honorer, il faut leur décerner des marques éclatantes de respect. On ne le fait *jamais* en France. On n'y manque pas, au contraire, dans les pays où les vertus familiales donnent une puissante natalité. C'est donc à l'étranger que nous irons chercher les exemples à suivre.

Rien de plus gracieux que la *fête des enfants* dans les Pays-Bas. Elles ont lieu dans presque tous les villages le 31 août, jour de naissance de la reine. La jeune et gracieuse souveraine consent avec bonté à se mêler à ces jolies fêtes ; il est rare qu'elle n'assiste pas au moins à celle d'Apeldoorn, commune où se trouve sa résidence d'été. Elle prend plaisir à regarder les rondes enfantines et même à entendre chanter des airs patriotiques. Les voix ne sont peut-être pas toujours tout à fait justes, mais qu'importe ! Les petits visages sont rouges de santé, et les yeux étincellent de joie. C'est bien le principal !

Au Japon, où la fécondité est particulièrement honorée, on célèbre chaque année, deux fêtes des enfants, le 3 mars pour les filles et le 5 mai pour les garçons.

En France même, ces sortes de fêtes ne sont pas inconnues. On devrait les répandre partout, comme aux Pays-Bas. Si on donne suite, comme on peut l'espérer, à la résolution votée à quatre reprises différentes de secourir les familles nombreuses, il ne faudra pas se borner à les convoquer pour leur passer quelques pièces blanches à travers un guichet. Non, il faudra les récompenser publiquement dans une belle solennité.

C'est ce que M. Léon Barbier, naguère maire de Meaux, avait institué dans cette ville. C'est ce que la *Famille montpelliéraine* (p. 248) fait chaque année depuis 1894 et ce qui existe dans quelques autres villes françaises.

Chaque année, une fête des enfants y est consacrée aux familles pauvres et aux enfants ; c'est assez dire que le sirop d'orgeat y coule en plus grande abondance que l'eau-de-vie et que les polichinelles, les poupées et les soldats de plomb y jouent un rôle prépondérant. On y voit aussi des personnages plus austères ; le président y fait l'éloge des familles nombreuses, se contente de mentionner avec respect celles qui sont riches ou aisées, et décerne en outre des récompenses plus tangibles à celles qui en ont besoin.

Le général Galliéni a institué des fêtes des enfants dans toutes les communes de Madagascar afin d'enseigner les vertus familiales aux Hovas. Hélas ! nous en avons plus besoin qu'eux.

Les fêtes des enfants ont cet avantage qu'elles permettent d'honorer *toutes* les familles suffisamment nombreuses, sans en oublier aucune.

D'autres hommages, plus éclatants, mais forcément plus rares, peuvent être rendus au moins à quelques-unes d'entre elles. Le président Roosevelt n'y manquait jamais lorsqu'il en avait l'occasion :

En mars 1905, ayant appris qu'un fermier de l'Ohio avait douze enfants vivants, il lui envoya une lettre de félicitations avec un acte de donation de 65 hectares de terre publique à choisir où il voudrait. Voyez le contraste : le même jour en France, le 20 mars 1905, le ministre de l'Intérieur voulant secourir le père de 20 enfants, lui donnait 200 francs, ce qui est bien sec, et n'y joignait pas la moindre lettre de félicitations. Or, celle-ci est extrêmement nécessaire, et elle est bien peu coûteuse !

En Belgique, il est d'usage constant que le septième garçon d'une famille ait pour parrain le roi ; il fait ses études comme *boursier du roi*, puis il reçoit une place dans une administration publique. C'est ainsi que le roi Albert, continuant la tradition des deux Léopold, a accepté d'être parrain du septième fils d'un charbonnier, né à Binche en avril 1910.

On peut faire beaucoup, à bien moindres frais. M. Chéron, sous-secrétaire d'État à la Marine, ayant apaisé une grève qui ruinait Douarnenez, voulut donner aux pêcheurs de cette ville un témoignage d'amitié. « Je ne puis vous embrasser tous, leur dit-il, mais présentez-moi la mère de famille qui a le plus d'enfants ! » La pauvre sardinière s'avança toute confuse, et le ministre l'embrassa sur les deux joues. Le geste est très simple ; il est très beau ; il émut tous les assistants et laissera une trace profonde dans leur conscience... En outre, il ne coûte rien ! Maïs, pour en avoir la pensée, il faut être à la fois homme de cœur et homme d'État !

Réforme des lois successorales.

La France, qui est le seul pays de l'Europe où la natalité diminue, est aussi le seul grand pays où l'égalité (d'ailleurs chimérique, voir p. 148) des partages soit prescrite par la loi. Il ne faut pas exagérer la valeur de cette coïncidence ; elle mérite cependant d'être remarquée.

La loi ne devrait pas imposer au père de famille les calculs lamentables, mais parfaitement logiques que nous avons rappelés p. 140. Elle pourrait, par exemple, élever la quotité disponible à la moitié de la fortune, quelque soit le nombre des enfants. C'est ce qui existe en Italie, en Autriche, dans presque toute l'Allemagne, pour ne citer que les grands pays.

En Angleterre et aux État-Unis, la liberté de tester est à peu près complète. Grâce à elle, grâce à l'usage qu'ils en font, nos frères franco-canadiens ont une natalité de 48 pour 1.000 habitants, qui dépasse celle des régions les plus fécondes de l'Europe. Le sénateur Lannelongue propose d'instituer en France la liberté de tester.

Accessoirement il faudrait abroger l'article 815 et le déplorable § 2 de l'article 832 du Code civil (voir p. 148).

Nous avons cité le système espagnol de la *mejora* qui

prévient les abus dont on accuse à tort ou à raison l'absolue liberté de tester (voir p. 143).

Nous avons cité les vœux émis dans ce sens par la Commission de dépopulation (pp. 145 et 150).

L'extension de la liberté de tester ne suffirait pas. Il faut que la loi modifie le règlement des successions *ab intestat*. L'esprit humain est fait de telle sorte que le père de famille croit nuire à celui de ses enfants aux dépens duquel il s'écarte de ce règlement ; c'est même pour cela qu'il s'abstient si souvent d'y rien changer.

Nous avons montré que la loi actuelle n'atteint pas du tout le but (inutile d'ailleurs) qu'elle se propose et qui est l'égalité des enfants devant l'héritage (p. 148).

Nous avons exposé le système de M. Robert Doucet qui nous paraît bien préférable : il partage la succession *ab intestat* par parts égales entre les descendants directs du défunt quelque soit le degré de ces descendants. Ce système qui est très équitable constitue un puissant encouragement à la fécondité des familles.

Le général Toutée, qui l'a imaginé de son côté, voudrait qu'il fût même obligatoire (sauf quelques tempéraments).

Nous partageons entièrement son avis (p. 145).

Ces différents systèmes sont bien préférables à l'état actuel, qui est mortel pour notre pays. Ils se résument en deux phrases : Étendre la liberté de tester. Partager les successions en tenant compte de l'existence des petits-enfants.

Emplois réservés aux familles suffisantes.

Il y a longtemps que nous avons proposé cette mesure ; c'est une de celles que réclame l'*Alliance nationale* (1896); elle a même réussi à lui faire donner quelques applications partielles et très insuffisantes.

M. Paul Leroy-Beaulieu (de l'Institut) lui attribue une

importance de premier ordre (*Journal des Débats*, 29 août et 12 septembre 1908, *Économiste français*, etc.).

Après avoir parlé très brièvement des réformes militaires et des réformes fiscales qui favoriseraient les familles nombreuses, il exprime la nécessité de réserver tous les emplois aux familles ayant au moins trois enfants. Il s'exprime ainsi :

Chacun sait que la France est un pays où l'ambition la plus répandue est celle d'être employé ou fonctionnaire des pouvoirs publics : gouvernement, département, commune, ou, à défaut des administrations de l'État, d'une de ces grandes administrations, comme les chemins de fer. Les statistiques récentes, sagement interprétées par M. de Foville, fixent à un minimum de 700.000 le nombre des fonctionnaires des deux sexes de France. En y joignant les employés de chemins de fer, on approche de 1 million.

Pour relever la natalité en France ou, tout au moins, pour en empêcher un nouveau déclin, l'État pourrait tirer parti de cette passion des Français pour les fonctions publiques et les emplois fixes. Nous avons déjà proposé, il y a une demi-douzaine d'années, des mesures en ce sens. L'État n'aurait qu'à décider qu'aucun fonctionnaire ne sera titularisé dans les services publics, s'il n'a trois enfants vivants ou davantage ; nous répétons que c'est le troisième enfant surtout qu'il s'agit d'encourager. On verrait alors les cantonniers, facteurs, employés de toute nature, et les employées femmes tout aussi bien que les employés hommes, se préoccuper d'arriver au ménage normal, celui de trois enfants ou davantage. En établissant cette règle d'une façon rigoureusement absolue, en s'y tenant sans aucune exception, on répandrait dans toute la population l'idée que le ménage normal est le ménage de trois enfants ou davantage : il est vraisemblable que, avec le temps, on obtiendrait ainsi, au point de vue de la natalité, des résultats sensibles. Tout au moins, on en préviendrait un nouveau déclin.

Certes, nous n'ignorons pas les objections que l'on peut adresser à ce système : on dira que les pouvoirs publics se priveront de concours utiles, en écartant de leurs services les sujets qui ne pourront pas avoir trois enfants[1] ; on dira qu'en

---

1. Cette objection, que M. Paul Leroy-Beaulieu veut bien se faire à lui-même, perd la valeur qu'elle peut avoir si on admet notre note de la page 277, les enfants adoptés entrant en ligne de compte.

nombre de cas, ces exclus seront à plaindre parce qu'il n'y aura pas toujours mauvaise volonté de leur part. Ces objections ont peu de portée; ces exclus feront leur carrière et leur devoir dans les emplois privés ; l'État aura très judicieusement tiré parti de la passion des Français pour les fonctions publiques et aura fait tourner cette passion à l'accroissement de la natalité.

Nous ne saurions trop insister sur cette proposition; il ne nous échappe pas qu'on peut la tourner en ridicule; mais le ridicule, dans de graves affaires, est l'arme des esprits frivoles et imprévoyants. Il s'agit de savoir si la France peut se résigner à perdre, au cours de ce siècle, 4 ou 5 millions d'habitants de souche française et si la menace, trop réelle, d'une semblable catastrophe ne vaut pas qu'on recoure à des remèdes énergiques, même héroïques.

Aux arguments de l'éminent professeur, nous nous permettrons d'en ajouter un qui nous paraît très important :

Actuellement l'administration française est plus ou moins inconsciemment hostile aux familles nombreuses. Nous en avons vu (p. 273) un exemple (exposé trop brièvement, car plusieurs détails en sont typiques). On en pourrait citer d'innombrables (il est *administrativement* très avantageux d'être célibataire, ou tout au moins, d'être sans enfants, etc.); souvent même, cette hostilité contre les familles quelque peu nombreuses prend une forme brutale ; c'est ainsi que le 14 décembre 1909, un inspecteur des finances donnant audience à des délégués du service sédentaire des douanes et parlant au nom de son ministre, fit, sans aucune nécessité, la monstrueuse déclaration que voici : « Les employés n'ont qu'à ne pas se marier s'ils n'ont pas les ressources suffisantes pour élever des enfants. Rien ne les oblige à avoir une famille! » Rien ! La conscience, le devoir, la morale, c'est-à-dire rien ! On pourrait multiplier indéfiniment les citations du même ordre. Bien plus souvent encore, l'hostilité de l'administration pour les familles nombreuses est sourde, pour ne pas dire sournoise, parce que inconsciente. Elle a certainement une influence fâcheuse sur le reste de la nation.

D'où vient-elle? De ce que les fonctionnaires français ont extraordinairement peu d'enfants, beaucoup moins encore que les autres Français. Et ils en ont d'autant moins qu'ils occupent une position plus élevée. La démonstration en est trop longue pour que je puisse la reproduire ici, on la trouvera dans le *Bull. de l'All. Nat. pour l'accroiss. de la population* (vol. I, p. 69 et suiv.)

Cette mentalité détestable changerait sans aucun doute si on recrutait les fonctionnaires seulement parmi les familles *élevant* au moins trois enfants, comme le demande M. Paul Leroy-Beaulieu.

Un savant professeur suédois me disait un jour : « Dans un pays aristocratique tel que la Suède, si la nation était menacée du danger qui ronge la France, nous nous adresserions au prince pour qu'il impose à son entourage par des règles sévères le respect des mœurs familiales ; l'influence de la noblesse est tellement forte en Suède que l'exemple donné, venant de haut, aurait chance d'être suivi par le reste de la nation. C'est grâce à l'initiative du prince que la nation s'est déterminée à combattre l'alcoolisme, à adopter le système de Gotembourg et à conjurer le vice qui nous rongeait. Vous n'avez pas cette ressource. Mais vous avez l'administration, très influente en tout pays, et notamment en France. Pourquoi n'agissez-vous pas sur ce levier? Il est très puissant! » Il l'est en effet, mais il faut, pour le bien du pays, le mettre entre les mains de pères de famille respectueux des droits et des devoirs que confère la paternité.

Allocations de famille.

Le savant professeur, M. Paul Leroy-Beaulieu, continue ainsi :

A défaut de cette mesure, la seule sur laquelle on pût sérieusement faire fond, il y en a d'autres atténuées et d'une efficacité beaucoup moindre, auxquelles on pourrait recourir. Les t:aitements, dans les services publics, sont les mêmes pour tous les employés d'un même grade et d'un même poste ou de postes équivalents, sans considération aucune de leurs charges de famille. Qu'il en soit ainsi dans les emplois privés, cela est naturel ; l'employeur privé n'a aucun intérêt spécial à ce que l'employé ait un nombre d'enfants plus ou moins grand[1]. Il n'en est pas de même de l'État : l'État français a le plus grand intérêt à ce que tous les Français, par conséquent ceux qu'il emploie, aient une certaine prolificité ; il doit donc faire entrer dans la fixation du traitement la considération du nombre d'enfants de ses employés.

Les Compagnies de chemins de fer (qui sont, en silence, beaucoup plus novatrices que ne l'est, malgré toutes ses bruyantes prétentions, l'État), accordent, pour certains cas, des suppléments de traitement à leurs employés pour charges de famille ; on doit les en féliciter; mais ces suppléments, qui sont le plus souvent des secours, n'ont pas un caractère de suffisante importance pour qu'on puisse en attendre une action stimulante sur la natalité.

L'État devrait universaliser et intensifier cette pratique ; pour que le fardeau budgétaire ne soit pas trop lourd, il faudrait, d'une part, réduire les allocations et traitements des agents célibataires ou n'ayant qu'un enfant, en laissant subsister ces mêmes traitements pour ceux ayant deux enfants, et en augmentant, au contraire, les allocations et traitements des agents ayant trois enfants ou davantage.

Cela ne pourrait se faire, naturellement, que pour les nouveaux venus ; les traitements des agents célibataires seraient réduits de 15 à 20 p. 100; ceux des agents n'ayant qu'un enfant, de 10 p. 100; ceux des agents ayant deux enfants resteraient identiques à ce qu'ils sont aujourd'hui; par contre, les traitements des agents ayant plus de deux enfants seraient augmentés de 10 p. 100 par chaque enfant. Dans tous les projets de loi portant des accroissements de traitements aux agents ou employés des services publics, cette règle serait introduite.

Quoique ce système soit moins absolu que celui que nous avons d'abord préconisé, il pourrait peut-être avoir quelque efficacité; l'idée, en effet, qu'il s'agit de répandre et dont il faut étendre l'application pratique, c'est qu'un ménage normal doit comprendre trois enfants ou davantage.

Le principe en a été formulé par la Convention : « Quand

---

1. Cela n'est pas tout à fait exact. Dans plusieurs grandes usines, le salaire est augmenté en raison du nombre des enfants. On veut qu'il nourrisse son homme et sa famille. (Dr J. B...)

un marin est absent, on doit donner à sa femme un secours proportionnel au nombre d'enfants qu'il laisse derrière lui. »

Il convient de rappeler que déjà un grand nombre d'administrations publiques distribuent à leurs employés les plus modestes de allocations de famille (environ 50 francs par enfant, les trois premiers enfants de moins de 13 ou 16 ans non compris). (Voir p. 341.)

L'abbé Lemire, député du Nord, a fait adopter par la Chambre des députés, le 20 octobre 1909, la résolution suivante :

« La Chambre invite le Gouvernement à faire une étude d'ensemble et à lui soumettre un projet pour assurer aux agents de l'État les moins rétribués, une allocation de famille en rapport avec le nombre de leurs enfants. »

La Commission de dépopulation, animée du même esprit, a voté sur le rapport de M. le sénateur Rey, la proposition suivante :

« L'État, les départements, les communes devraient accorder des allocations à leurs agents et employés ayant au moins 4 enfants à leur charge; ils devraient favoriser à mérite égal, les familles nombreuses dans l'attribution des emplois publics.

L'État y trouverait son profit, car il serait armé contre les assauts des amateurs d'augmentation de salaire. « Tout métier doit nourrir son homme et sa famille. » Tel est le principe. Il ne coûtera à l'État que 54 francs par an et par fonctionnaire s'il fait les choses grandement.

Les douaniers gagnent de 1.000 à 1.800 francs. S'ils réclament, on sera forcé de les augmenter de 100 francs, ce qui coûtera 2 millions. Le système suivant *coûterait moitié moins*, et serait bien plus bienfaisant : un douanier gagne en moyenne 1.500 francs ; admettons qu'un enfant lui coûte 300 francs, s'il en a deux, il lui reste 900 francs pour sa femme et pour lui, chiffre largement suffisant. S'il en a 3, il ne lui reste que 600 francs; c'est pourquoi nous lui donnons 50 francs par enfant, soit 1.650 francs, de façon qu'il

lui reste pour sa femme et pour lui 750 francs. S'il en a 4,
nous lui donnons non plus 50 francs, mais 100 francs par
enfant, soit au total 1.900 francs, de façon qu'il lui reste
700 francs. S'il en 5, nous lui donnons 150 francs par
enfant, de façon qu'il lui reste 750 francs. Et ainsi de
suite. Voici le calcul du coût total :

	Allocation proposée			
Familles	Par enfant (moins de 18 ans)	Par famille	Nombre des familles de douaniers	Produit
	Fr.	Fr.		Fr.
Sans enfant	—	—	7.939	—
De 1 ou 2 enfants	—	—	8.859	—
3	50	150	× 1.602 =	240.300
4	100	400	× 664 =	265.600
5	150	750	× 300 =	225.000
6	200	1.200	× 137 =	164.400
7	250	1.750	× 53 =	92.750
8	300	2.400	× 16 =	38.400
9	350	3.150	× 6 =	18.900
10	400	4.000	× 1 =	4.000
			19.577	1.049.350

Soit un million seulement au lieu de deux, soit 54 fr.
par douanier. Et pourtant les douaniers ont plus d'enfants
que les autres fonctionnaires. Bienfaisance, enseignement
moral, économie, tout est bénéfice dans ce système. Et
que faire s'il réussit et que la charge devienne lourde ? Se
réjouir d'abord ! Hélas, ce succès ne peut être que très
lent ; on aura tout le temps d'aviser.

Retraites aux pères de famille.

Personne ne sait le montant de l'énorme somme que
coûtera la loi des retraites ouvrières ; ses auteurs mêmes
l'avouent ! MM. Lafargue, Maurel, Honnorat et moi-même
avons proposé de la remplacer par le système suivant qui,
gratuit en théorie, aurait en pratique coûté peu de chose.
L'ouvrier qui a élevé 4 enfants ou plus, n'a pas pu faire
d'économies. Ses enfants lui doivent une pension alimentaire, mais souvent ne la paient pas. La nation, en raison
du service qu'il lui a rendu, *devrait la lui garantir,* sauf

à la récupérer sur ses enfants quand ce sera possible. Quant à l'homme qui, n'ayant pas ou presque pas eu de charges de famille, n'a pas même su penser à lui-même, il a été le plus souvent imprévoyant, paresseux ou vicieux ; on peut lui donner une aumône (on le fait déjà) mais il n'y a aucune raison pour lui servir une rente aux frais des autres. Une retraite serait au contraire *garantie* au père de famille.

L'attrait d'une retraite est si fort en France qu'une telle loi aurait puissamment favorisé la natalité. Je l'ai proposée aux sénateurs compétents (*Journal*, 18 février 1908). Ils m'ont écrit des lettres aimables ; ils ont fait mieux : ils ont voulu d'abord tenir compte de mon projet (dans une faible mesure d'ailleurs : ils voulaient majorer la retraite du père de quatre enfants), mais le gouvernement s'y étant opposé, le projet n'est pas même venu en discussion.

Secours efficaces aux veuves ayant plus de 3 enfants en bas âge.

Cette mesure est au moins aussi indispensable que les précédentes. Il suffit pour s'en convaincre de se reporter aux pages 160 et suivantes.

IV

MESURES ACCESSOIRES

Toutes les faveurs dont l'État dispose devraient être de préférence réservées aux familles nombreuses.

En toute occasion, la loi, l'administration, les particuliers doivent témoigner du profond respect dû aux familles nombreuses. Ce serait le moyen de le faire entrer dans les mœurs. L'État devrait donner l'exemple, car il est le principal intéressé. Cependant il est remarquable qu'il est distancé, sous ce rapport, par un certain nombre de particuliers. Nous citerons quelques exemples des témoignages de respect et de protection qui devraient être accordés aux familles fécondes :

Il faudrait proclamer comme règle générale que les bourses, les secours de toute sorte, les bureaux de tabac et autres menues faveurs, devraient être réservés exclusivement, aux familles nombreuses, ou du moins le nombre des enfants devrait être un titre très important pour les obtenir. Très souvent c'est par ambition pour leur enfant que les familles sont malthusiennes ; c'est par ambition qu'elles ne le seraient pas. Actuellement, le nombre des enfants n'est considéré (et encore pas toujours) que comme un indice de misère ; mais il n'est pas apprécié comme constituant un honneur et un titre à la protection de l'État pour la famille qui les élève. Il y a pis : il est admis dans un grand nombre d'établissements de l'État qu'on ne donne pas deux bourses à la même famille : ainsi une famille qui a un enfant unique peut faire supporter par l'État sa charge tout entière, tandis qu'une famille qui élève cinq enfants ne peut espérer être déchargée que du cinquième de ce fardeau, quels que soient d'ailleurs les titres qu'elle peut avoir aux faveurs de l'État. J'ai d'ailleurs prouvé (*Bull. de l'All. nat.*, I, p. 122, 233, 252, 255, II, 498) que la plupart des boursiers appartiennent à des familles restreintes.

Les notes signalétiques des employés de plusieurs grandes administrations publiques indiquent le nombre de leurs enfants. Cette mesure devrait être généralisée.

Il n'est pas logique que les indemnités de logement, de résidence et de déplacement soient les mêmes pour les fonctionnaires célibataires ou sans enfants, et pour ceux qui ont la charge d'une nombreuse famille, c'est pourtant ce qui existe à présent ; les indemnités de résidence notamment sont très élevées pour certaines catégories de fonctionnaires. On devrait les répartir d'une façon plus équitable. Il n'en résulterait aucune charge pour le Trésor ; peut-être même y trouverait-il un avantage.

L'industrie privée — quoique la question n'ait pas pour elle l'intérêt majeur qu'elle devrait avoir pour l'État — lui a donné l'exemple. Les Compagnies de chemins de fer distribuent dans les années de cherté des secours à leurs employés, et ces secours sont proportionnels aux charges de famille.

A mérite égal, un fonctionnaire élevant une nombreuse famille devrait être préféré au chef d'une famille restreinte[1]. Il pourrait en être ainsi, notamment pour les fonctions humbles qui ne nécessitent aucune capacité spéciale. L'exemple de cette règle de conduite a été donné naguère par M. Poubelle, préfet de la Seine ; malheureusement il n'en a pas fait l'objet d'une règle écrite (voir p. 296.)

Différentes administrations publiques qui emploient des femmes suppriment leur maigre traitement pendant le congé qui leur est nécessaire lorsqu'elles deviennent mères. Cette règle injuste et que l'on estimera sans doute immorale, devrait être supprimée sans retard. Elle vient de l'être par le ministère de l'Instruction publique, grâce à l'heureuse persévérance de M. L. Marin, député de Nancy (loi du 15 mars 1910). Ici encore l'exemple à suivre est donné par quelques industries parisiennes et notamment par l'admirable *Mutualité maternelle* des industries de l'aiguille à Paris.

On devrait refuser toute espèce d'encouragement ou de subvention aux sociétés de secours mutuels qui refusent aux femmes en couches les soins médicaux et les indemnités de maladie, sous prétexte que l'accouchement normal n'est pas une maladie.

Il est manifeste que ces réformes de détail (et beaucoup d'autres du même genre que nous ne citons pas faute de place) ne peuvent avoir qu'un effet direct assez limité

---

1. Cette règle était absolue chez les Romains, même pour les plus hautes fonctions : *Ille me in tribunalū liberorum jure præcessit (Plinius Fabato,* VII, 16).

mais nous comptons sur leur effet moral et sur l'orientation qu'elles pourraient donner à l'opinion publique si justement alarmée de la diminution de la France.

Logement des familles nombreuses.

Combien d'autres réformes de détail pourraient être entreprises !

Nous avons vu qu'il est à peu près *impossible* à une famille nombreuse de se loger convenablement, à moins qu'elle ne soit riche. Nous avons dit qu'on devrait (tout au moins d'ici à longtemps) n'accorder le bénéfice de la loi sur les logements à bon marché qu'aux sociétés qui prennent pour règle *rigoureusement absolue* de ne louer qu'à des familles ayant *plus* de trois enfants [1]. M. Cheysson (de l'Institut) avait proposé, pour les stimuler, de leur faire faire une avance par l'État ou par la Banque à un intérêt réduit (à 2 p. 100 ou même à 1 p. 100) ; on fait bien des avances *gratuites* aux Caisses régionales de crédit agricole mutuel. Le logement des familles nombreuses importe plus encore, d'après M. Cheysson, que le crédit agricole. Cela même ne suffirait pas, étant donné la rareté et l'insuffisance de ces sociétés.

M. Hector Depasse, député, a proposé (12 juillet 1909) de frapper d'une petite amende (25 francs à 50 francs) les propriétaires qui argueraient du nombre des enfants pour

---

1. On a prétendu que de telles maisons seraient des foyers de rougeole, de diphtérie et de scarlatine. Même s'il en était ainsi, je n'y verrais pas un argument. L'école aussi, et la crèche (lorsqu'elles sont mal tenues), et le jardin public (même lorsqu'il est bien tenu), peuvent être des foyers de maladies infantiles, sans que ce soit un motif pour les fermer : car les enfants ont le *droit*, le droit absolu, d'être instruits et nourris ; ils ont le droit de jouer et de courir ; ils ont aussi le droit d'être logés et il est absurde de leur refuser ce dernier droit sous prétexte de veiller sur leur santé.

L'argument est d'autant plus nul qu'il ne repose jusqu'à présent sur rien du tout. Aucune épidémie sérieuse n'a été signalée dans les maisons louées à des familles dites nombreuses. Probablement le danger y est moindre que dans les maisons bourgeoises, parce que les petits malades sont dirigés sans retard sur l'hôpital.

refuser de louer ; proposition certainement inefficace, car un congé ou un refus de louer n'a pas besoin d'être motivé.

Voici qui est plus pratique. On peut admettre qu'un foyer normal comporte en moyenne trois enfants dont un de moins de quinze ans et que par conséquent une maison contenant vingt logements doit contenir au moins vingt personnes de moins de quinze ans. Lorsque le compte n'y sera pas, on sera en droit d'admettre que c'est par la mauvaise volonté du propriétaire, et on pourra l'obliger à un impôt supplémentaire par tête d'enfant manquant. Loin que les enfants soient refusés, il pourra se faire qu'ils soient recherchés !

De la protection à accorder à l'enfant.

C'est un devoir pour la nation d'entourer l'enfant, et surtout l'enfant malheureux de toute sa protection et de toute sa tendresse. En lui réside l'avenir de la patrie ; une société intelligente doit donc ne reculer devant aucun sacri-fice pour lui assurer des aliments et l'instruction. Sur ce dernier point, l'État aujourd'hui fait son devoir ; mais à quoi sert l'école, si l'écolier n'a pas à manger ! On lui a donné le nécessaire avant de songer à lui assurer l'indispensable.

Aux nouveau-nés que leurs parents ne peuvent nourrir, la Société a le devoir de fournir du lait propre à l'alimentation du jeune âge, c'est-à-dire du lait stérilisé. Le Conseil municipal de Paris entre dans cette voie ; on doit désirer que cet exemple soit suivi.

Quelle admirable institution que celle des Caisses des écoles ! Lorsqu'elles existent, les enfants trouvent à l'école le pain et la soupe sans lesquelles la fréquentation de l'école est impossible. La loi les déclare obligatoires pour toutes les communes, mais elles n'existent que dans 17.000 communes, et encore cette existence est fictive dans un très grand nombre de cas. On devrait multiplier les Caisses des écoles et les enrichir, quelles que soient les dépenses à faire pour un si noble but.

Cette réforme est, de toutes celles que nous proposons, la seule qui doive être onéreuse à l'État. Qui pourrait en méconnaître la nécessité ? De toutes parts, on entend parler de retraites aux vieillards ; leur sort nous touche moins que celui des enfants ; les vieillards ne sont pas une force pour un pays ; d'ailleurs ils ont eu soixante ans pour préparer la sécurité de leurs vieux jours, et s'ils n'y sont pas parvenus, ils doivent s'en prendre surtout à eux-mêmes. Sans les enfants au contraire, la France n'existera plus demain ; de plus, ils sont moins que personne responsables de leur pauvreté. A eux donc doivent aller toutes nos ressources disponibles, à eux toute notre protection, tout notre amour ; pour eux tous nos sacrifices !

Toutes ces mesures peuvent se résumer d'un mot : la loi ne doit pas ruiner (par les lois de succession) la famille nombreuse quand elle est aisée ; elle ne doit pas la condamner à la faim quand elle est pauvre. Secourir la veuve, secourir l'enfant : avant tout, favoriser et honorer la famille suffisamment nombreuse.

V

DROITS POLITIQUES DES FAMILLES NOMBREUSES

Nos législateurs actuels ne le comprennent pas : il leur est *interdit* de le comprendre. La veuve, l'enfant, la famille nombreuse ? Ce ne sont pas des électeurs que ces gens-là ! Donc, ils ne sont pratiquement dignes d'aucune attention[1].

Parlez-moi du marchand de vin. Voilà le « grand élec-

---

1. « Vous n'êtes pas le nombre, donc vous n'avez aucun droit. » Ces paroles ont été adressées textuellement par un député influent au capitaine Maire, fondateur de la Ligue des pères de famille nombreuse.

Elles ont été prononcées, en termes moins concis mais presque aussi nets, et avec chiffres à l'appui, à la tribune du Sénat, le 17 janvier 1901.

teur ». C'est chez lui que quelques hâbleurs, célibataires pour la plupart, préparent les élections de leurs amis. Donc, ne nous occupons jamais de la dépopulation, c'est inutile ; moins encore de l'alcoolisme, c'est dangereux ! Laissons la France mourir de ces deux plaies.

Il y a en France 3 millions et demi de familles ayant trois enfants et plus. Elles contiennent au total 23 millions de personnes (7 millions de parents et leurs 16 millions d'enfants). Ainsi elles constituent la majorité de la nation, et en outre sa partie la plus intéressante ; celle sur laquelle repose son avenir,

Mais comme il y a 11 millions d'électeurs, et que ces familles de 3 enfants et plus ne disposent que de 3 millions et demi de voix, elles ne constituent même pas le tiers du corps électoral.

Comment s'étonner, dès lors, si le législateur néglige totalement leurs intérêts ?

Aussi M. de Foville a-t-il proposé à la Commission de dépopulation la conclusion suivante (qui n'a pas été discutée faute de temps) :

Les lois électorales pourraient et devraient faire une différence entre le citoyen qui représente tout un groupe, toute une famille, tout un avenir et celui qui, vivant seul, ne représente que lui-même.

Voici, à mon avis, comment ce principe général pourrait être appliqué.

On rentrerait dans la logique et dans la vérité en étendant le suffrage universel, c'est-à-dire en admettant le principe suivant :

Tout être humain, quels que soient son sexe et son âge, a des droits et des devoirs envers la société. Même l'enfant qui vient de naître a le droit d'être nourri ; il a le droit d'hériter et de recevoir, donc le droit d'administrer ses biens, le devoir de payer l'impôt et de se soumettre à toutes les lois qui régissent la propriété. Un peu plus tard, il aura le droit et le devoir de s'instruire, le devoir de se soumettre aux lois sur le travail des enfants dans les manufactures, etc., etc. C'est par les soins de son tuteur qu'il use de ces droits, qu'il se soumet à ces devoirs.

Or des droits et des devoirs civils impliquent des droits politiques. C'est un principe fondamental des sociétés modernes que les lois doivent être consenties par ceux qui y sont soumis, ou par leurs représentants. (Les lois engagent presque toujours l'avenir ; raison de plus pour qu'elles soient consenties par les représentants de ceux qui leur sont et *seront* soumis.)

Et comment seront exercés ces droits politiques que nous reconnaissons même aux enfants? Exactement comme le sont leurs droits civils : par la main de leur tuteur légal qui est presque toujours leur père. Il votera donc pour chacun de ses enfants mineurs. Il votera aussi pour sa femme (à moins que l'on ne mette les deux sexes sur le pied de l'égalité ce qui nous paraît bien préférable; mais, dans ce dernier cas, la femme ne votera que pour les enfants dont elle sera tutrice; il en résulte qu'elle ne constituera que le tiers du corps électoral, ce qui est une très bonne proportion).

Et voilà que le grand électeur ne sera plus le marchand de vin, mais le père de famille ! La famille normale, celle de 3 enfants au moins, sera représentée par 23 millions de voix de même qu'elle est composée de 23 millions de personnes. Elle aura la majorité.

L'homme qui se sent chargé d'âmes a des opinions plus raisonnées et plus pondérées que celui qui ne se sent aucune responsabilité. Le corps électoral sera donc considérablement amélioré par cette simple formule : *tout être humain a des droits civils ; donc il a des droits politiques.*

Le Parlement ainsi nommé sera peut-être composé des mêmes personnes qu'auparavant; mais il aura pris des engagements tout différents : pour ménager sa réélection, il veillera à l'intérêt des familles ; il combattra l'alcool (surtout si la femme est électrice) au lieu de lui donner des privilèges ; il organisera l'apprentissage, au lieu de le tuer; etc. Enfin, il protégera la veuve, l'enfant; il honorera et favorisera la famille, comme nous le lui demandons car il dépendra d'elle. Il s'occupera des intérêts vitaux du pays, qu'actuellement il lui est interdit d'aborder sous peine de non-réélection.

VI

CONCLUSIONS[1]

I. — La natalité décroît en France progressivement depuis le commencement du siècle, et rien n'indique que ce mouvement soit près de s'arrêter (p. 1). Ce mal est dû à un vice profond et permanent. La France, dont la population, à la fin du siècle dernier, formait 28 p. 100 de la population des grandes puissances européennes, n'en forme plus que 7 p. 100 aujourd'hui. Son rôle dans le monde va s'effaçant. La France est le seul pays de l'Europe où ce phénomène se produise (p. 3). Son industrie, son commerce, son influence morale dans le monde sont diminués par la diminution relative de sa population. C'est grâce à l'affaiblissement de la natalité que la France, loin de s'étendre au dehors de ses frontières, comme le font les autres peuples, n'a pas la force de poussée nécessaire pour protéger son territoire contre l'envahissement pacifique des étrangers. Ceux-ci colonisent notre pays, attirés par l'appel du travail, auquel la population autochtone ne répond pas suffisamment (p. 44). Ils prennent la place de

---

1. Nous avons la vive satisfaction d'annoncer que 74 conseils généraux ont adopté tout ou partie des vœux que nous leur présentions pour dégrever et protéger les familles nombreuses dans leur session d'avril 1897.

Nous ne croyons pas que sur aucune proposition émanée de l'initiative privée, il y ait eu un tel accord entre les assemblées départementales.

Les conseils généraux qui n'ont pas adopté nos vœux ne les avaient pas mis en délibération. Un seul les a rejetés : le malthusien Lot-et-Garonne.

nos *non nés*. Ils répondent à l'appel du travail, mais au jour du danger, ils ne répondront pas à l'appel du canon !

II. — L'étude des mouvements de population par localités, par classes sociales, montre que la faiblesse de la natalité est due principalement à ce que les parents, lorsqu'ils ont quelque bien, sont ambitieux pour leurs enfants (p. 102, 140, 327). Lorsqu'ils n'ont rien, cette préoccupation d'une fortune à conserver disparaît naturellement. Elle disparaît aussi (p. 110, 319) lorsque l'organisation du pays est telle que les parents n'ont aucune inquiétude à avoir sur le sort de leurs enfants (Fort-Mardyck, Fouesnant) et au Canada (p. 112), où la liberté de tester est, non seulement permise par la loi, mais encore mise à profit par la presque totalité des familles.

Les funestes effets des lois restrictives de la liberté de tester se font sentir, surtout en France, et les pays français (provinces françaises de Belgique, cantons français de Suisse), parce que les Français sont plus économes et plus prévoyants que les autres peuples soumis au Code civil et parce que la fortune y est plus divisée (p. 116).

Ce qui rend le mal plus grave encore, c'est que si la nation en meurt lentement, les individus n'en souffrent nullement. C'est la mort par le chloroforme, mais ce n'en est pas moins la mort.

Jamais on n'a réussi à établir sérieusement un lien quelconque entre la dépopulation de la France et la recherche de la paternité[1], l'émancipation de la femme[2], les réformes socialistes, etc. Nous avons dit dans quelle mesure (réelle probablement, mais d'ailleurs très faible) on peut admettre que la restauration des idées religieuses relèverait peut-être la natalité (p. 126) si elle était possible.

Nous avons vu que le nombre des mariages est suffisant en France (p. 176), et que le nombre des mariages tout à fait stériles n'y paraît pas plus élevé qu'il n'était naguère ni qu'il est en d'autres pays (p. 90).

1. Dont je su s d'ailleurs partisan.

Nous avons vu la parfaite inanité des mesures proposées pour restreindre la mortalité. Fussent-elles efficaces (et elles ne le seraient pas), elles n'auraient sur la population de la France, *aucune* influence (p. 86 et suiv.).

III. — Il faut combattre le mal dans ses causes. Ces causes sont l'excessive prévoyance des parents. Il faut s'arranger pour que cette prévoyance soit, au contraire, un motif pour avoir une nombreuse postérité.

On y arrive en admettant que *le fait d'élever un enfant est une des formes de l'impôt* (p. 265). La famille qui élève trois enfants remplit suffisamment son devoir envers l'État. Celle qui en élève davantage paie, par ce seul fait, un impôt excessif ; il faut donc la dégrever. Pour la dégrever complètement (et c'est ce que nous proposons), il suffit de frapper d'une surtaxe de 20 p. 100 les familles qui ont deux enfants ou moins encore (p. 267). Nous avons prouvé que le Trésor, loin de perdre à cette combinaison, ne pouvait qu'y gagner.

L'impôt du sang devrait être allégé pour les jeunes gens mariés et surtout pour les pères de famille (p. 279).

Il faudrait adopter et généraliser la loi belge (p. 280).

Ce sont surtout les *impôts de succession* qui devraient faire payer par les familles malthusiennes la juste indemnité qu'elles doivent au pays en raison de leur stérilité. Le but à atteindre, autant que possible, est d'attribuer à l'État la portion disponible de l'héritage des famillés qui n'ont que un ou deux enfants (p. 276).

Les sommes ainsi perçues pourraient constituer une caisse spéciale destinée à assurer une pension alimentaire aux auteurs des familles suffisamment nombreuses, pension dont l'État récupérerait le montant sur les enfants, toutes les fois que ce serait possible (p. 298).

Nous demandons l'*extension de la liberté de tester*, telle qu'elle existe dans tous les grands pays excepté en France (p. 140 et 290). Nous attirons l'attention sur le système de la *mejora* (p. 143). Cela même ne suffit pas. Il faut que la loi partage l'héritage en parts égales entre les descendants du défunt (p. 145).

L'État devrait réserver ses emplois, comme le demande M. Paul Leroy-Beaulieu, aux pères de famille ayant au moins 3 enfants (p. 291).

Il n'y a pas de misère plus intéressante que celle d'une veuve pauvre chargée de plusieurs (4 au moins) enfants en bas âge. Elle devrait *toujours* être secourue *efficacement*, de façon qu'une heureuse fécondité cesse d'être, pour les gens du peuple, une imprudence (p. 160).

L'État ne devrait perdre aucune occasion de témoigner du respect et de la gratitude qu'il doit avoir pour les parents qui élèvent de nombreux enfants. Toutes les faveurs dont il dispose devraient leur être réservées autant que possible. Notamment il devrait (comme il le fait déjà, mais trop timidement et trop rarement) augmenter les traitements des fonctionnaires en raison du nombre des enfants lorsqu'ils en ont plus de trois. Il devrait en outre indemniser les familles de plus de 3 enfants de l'excès d'impôts indirects qu'il prélève sur elles abusivement, en secourant celles d'entre elles qui sont pauvres (p. 280).

C'est un devoir pour la nation d'entourer l'enfant, et spécialement l'enfant malheureux de toute sa protection et de toute sa tendresse. Elle devrait organiser des fêtes des enfants (p. 288).

L'État devrait réserver le bénéfice de la loi, aux sociétés de construction qui louent exclusivement aux familles de plus de 3 enfants (p. 301).

Par ces moyens et d'autres encore, il faudrait inculquer dans la conscience des Français, ce principe que *tout homme a le devoir de contribuer à la perpétuité de son pays, comme il a le devoir de le défendre ;* on n'y parviendra qu'en donnant aux familles nombreuses les droits politiques auxquels elles ont droit (p. 303).

ÉTATS EUROPÉENS. — *Mouvements de la population de six grandes puissances européennes dans la seconde moitié du XIX° siècle.*

PUISSANCES	NOMBRES ABSOLUS (Moyennes annuelles).					NOMBRES RELATIFS Pour 1.000 h. combien, en un an, de			
	POPULATION moyenne.	MARIAGES	NAISSANCES (Mort-nés exclus).	DÉCÈS	EXCÈS des naissances sur les décès.	MARIAGES	NAISSANCES	DÉCÈS	NAISSANCES en sus des décès.
1	2	3	4	5	6	7	8	9	10
ALLEMAGNE. . . . . (Territoire actuel).									
1841-1850	34.268.200	275.930	1.237.723	947.265	320.458	8,05	36,40	26,80	9,35
1851-1860	36.412.000	284.562	1.285.782	959.652	326.130	7,82	35,30	26,35	8,96
1861-1870	39.518.800	336.527	1.469.834	1.061.501	408.333	8,51	37,49	26,86	10,33
1871-1880	42.872.800	369.092	1.674.843	1.163.809	511.034	8,60	39,06	27,13	11,92
1881-1890	47.107.600	367.791	1.732.014	1.480.707	551.307	7,70	36,77	25,06	11,71
1891-1900	52 614.700	430.845	1.900.295	1.470.030	730.265	8,18	36,41	22,23	13,87
1901-1907	59.428.000	479.338	2.010.795	1.150.698	860.097	8,07	33,88	19,40	14,48
AUTRICHE-HONGRIE . . . . (Sans la Bosnie-Herzégovine, 1.568.000 h)									
1866-1870	33.139.000	322.340	1.316.455	1.078.599	237.856	9,70	39,71	32,55	7,16
1871-1880	36.274.600	327 483	1.464.093	1.259.257	204.836	9,03	40,35	34,71	5 64
1881-1890	39.465.000	337.069	1.600.387	1.214.167	386.220	8,55	40,55	30,76	9,79
1891-1900	43.190.000	358.807	1.681.337	1.210.712	470.625	8,40	38,99	28,30	10,60

	Période									
	1841-1850	33.552.800	289.262	975.82[illegible]	780.[illegible]	133.085	9,02	37.24	28,24	[illegible]
FRANCE (Sans l'Alsace-Lorraine. Savoie et Nice compris depuis 1861).	1851-1860	34.678.200	276.950	907.782	829.207	78.575	7,90	26,17	23,90	2,30
	1861-1870	36.424.900	282.949	951.432	857.917	93.515	7,70	26,12	23,55	2,57
	1871-1880	36.795.000	295.218	934.939	870.876	64.063	8,03	25.49	23,74	4,75
	1881-1890	38.120.000	279.976	908.633	841.651	66.982	7,32	23,83	22,08	1,75
	1891-1900	38.421.120	289.629	853.000	829.039	23.961	7,52	22,21	21,59	0.62
	1901-1907	39.151.857	302.371	819.339	772.146	47.493	7,71	20,94	19,70	1,24
GRANDE-BRETAGNE ET IRLANDE	1864-1870	30.441.000	232.941	1.024.911	656.175	368.736	7,66	33,67	21,56	12,11
	1871-1880	33.059.000	246.425	1.422.337	690.901	431.436	7,45	33,95	20,90	13,05
	1881-1890	36.178.300	251.989	1.429.263	687.451	442.112	6,95	31,22	18,99	12,23
	1891-1900	39.469.883	291 438	1.449.018	719.324	429.694	7,38	28,94	18,25	10,69
	1901-1907	42.808.232	318.950	1.169.404	686.723	482.681	7,45	27,30	16,05	11,25
ITALIE (Province de Rome comprise seulement depuis 1872).	1863-1871	25.224.700	189.864	948.426	765.230	183.196	7,52	37,62	30,35	7,26
	1872-1880	27.506.100	214.766	1.015.577	823.939	191.538	7,69	36,72	29,93	6,94
	1881-1890	23.405.244	231.781	1.196.211	799.129	307.082	7,85	37,42	27,18	10,44
	1891-1900	31.506.614	228.360	1.098.740	759.331	339.409	7,23	34,61	24,10	10,54
	1901-1907	33.137.194	247.729	1.070.869	714.954	355.915	7,47	32,34	21,59	10,75
RUSSIE D'EUROPE Sans la Pologne, la Finlande, le Caucase et la Russie d'Asie, au total : 35.022.000 h.). Population totale en 1897 : 129.211.113 hab.	1867-1870	64.683.000	640.971	3.461.150	2.384.898	776.252	9.93	48,90	36,90	12.00
	1871-1880	71.022.000	658.982	3.502.640	2.533.055	969.585	9,26	49,30	35,70	13,70
	1881-1890	81.725.000	723.615	4.039.586	2.834.780	1.204.806	8,85	49.45	34.70	14.80
	1891-1900	91.693.000	827.362	4.520.645	3.126.025	1.394.620	9,00	49.20	34,10	15,40
	1901-1907	101.743.628	886.466	4.924.248	3.175.349	1.748.899	8,7	48,36	31,20	17,16

ÉTATS EUROPÉENS. — *Mouvements de la population de 20 États européens dans la seconde moitié du XIXe siècle.*

PUISSANCES	NOMBRES ABSOLUS (Moyennes annuelles).					NOMBRES RELATIFS Pour 1.000 h. combien, en un an, de			
	POPULATION moyenne.	MARIAGES	NAISSANCES (Mort nés exclus)	DÉCÈS	EXCÈS des naissances sur les décès.	MARIAGES	NAISSANCES	DÉCÈS	NAISSANCES en sus des décès.
1	2	3	4	5	6	7	8	9	10
ANGLETERRE ET GALLES — 1851-1860	18.938.536	160.173	647.165	421.071	226.094	8,4	34,2	22,2	11,9
1861-1870	21.290.575	176.962	750.009	479.449	270.560	8,3	35,3	22,5	12,7
1871-1880	24.225.271	196.054	858.878	517.831	341.047	8,0	35,4	21,3	14,0
1881-1890	27.384.933	204.742	889.023	524.477	364.546	7,4	32,5	19,1	13,3
1891-1900	30.666.000	239.412	915.524	557.538	357.986	7,8	29,9	18,2	11,7
1901-1907	33.772.322	263.901	935.198	532.438	402.760	7,8	27,7	15,8	11,9
ÉCOSSE — 1855-1860	3.018.393	20.645	102.462	62.643	39.819	6,8	33,8	20,7	13,2
1861-1870	3.204.291	22.422	112.079	70.619	41.460	7,0	35,0	22,0	12,9
1871-1880	3.534.913	23.355	123.231	76.394	46.837	7,0	34,8	21,6	13,2
1881-1890	3.871.557	25.938	125.493	74.358	50.835	6,6	32,3	19,1	13,1
1891-1900	4.172.000	29.867	127.992	78.180	49.812	7,2	30,6	18,7	11,9
1901-1907	4.628.685	32.233	131.834	77.071	54.763	6,9	28,5	16,6	11,9
IRLANDE — 1864-1870	5.511.125	28.816	141.774	91.295	53.479	5,2	26,1	16,5	9,6
1871-1880	5.299.105	25.016	140.277	96.674	43.603	4,7	26,4	18,2	8,2
1881-1890	4.922.341	21.309	115.046	88.315	26.731	4,3	23,3	17,9	5,4
1891-1900	4.560.000	22.160	105.502	83.303	22.199	4,8	23,0	18,2	4,8
1901-1907	4.407.197	22.846	102.370	77.214	25.456	5,2	23,2	17,5	5,7

DANEMARK . . . . (Islande et Feroë non comprises)	1851-1860	1.519.700	13.446	49.359	31.296	18.063	8,8	32,6	20,6	11,9
	1861-1870	1.703.874	12.757	52.743	34.079	18.634	7,4	31,0	20,0	10,9
	1871-1880	1.884.603	14.806	59.221	36.695	22.526	7,8	31,4	19,4	11,9
	1881-1890	2.079.208	15.314	66.617	38.719	27.898	7,3	32,1	18,6	13,4
	1891-1900	2.310.000	16.617	69.412	40.131	29.281	7,2	30,2	17,5	12,7
	1901-1907	2.531.700	18.477	73.381	37.021	36.360	7,2	28,9	14,6	14,3
NORVÈGE.	1851-1860	1.494.000	11.476	49.230	25.508	23.722	7,6	33,0	17,1	15,9
	1861-1870	1.685.700	11.199	52.015	30.292	21.723	6,6	30,9	17,9	12,9
	1871-1880	1.825.330	13.497	56.293	30.914	25.351	7,1	30,8	16,9	13,9
	1881-1890	1.957.040	12.697	60.048	33.450	26.898	6,4	30,7	16,9	13,7
	1891-1900	2.080.000	13.497	63.116	33.823	29.293	6,7	30,3	16,3	14,0
	1901-1907	2.273.574	13.857	63.617	32.612	31.004	6,1	28,0	14,3	13,7
SUÈDE	1851-1860	3.642.320	27.714	119.419	79.005	40.414	7,6	32,7	21,7	11,1
	1861-1870	4.079.232	26.694	128.107	82.232	45.875	6,5	31,4	20,1	11,2
	1871-1880	4.386.952	29.866	133.730	80.440	53.590	6,8	30,3	18,3	12,2
	1881-1890	4.673.225	29.264	135.820	79.160	56.660	6,2	28,9	16,9	12,1
	1891-1900	4.932.000	29.276	133.873	80.693	53.180	6,0	27,1	16,4	10,7
	1901-1907	5.249.300	31.381	136.343	79.745	56.598	6,0	26,0	15,2	10,8
FINLANDE	1851-1860	1.690.100	13.209	60.638	48.429	12.209	7,8	35,8	28,6	7,2
	1861-1870	1.794.000	13.877	62.434	58.465	3.669	7,7	34,6	32,6	2,0
	1871-1880	1.915.600	15.956	70.839	42.572	28.267	8,1	36,3	21,7	14,4
	1881-1890	2.229. 13	16.248	77.436	46.629	30.807	7,2	34,8	20,9	13,8
	1891-1900	2.535.000	17.741	81.737	50.015	31.722	7,0	32,2	19,7	11,5
	1901-1907	2.838.419	18.739	88.970	52.014	36.956	6,6	31,3	18,3	13,0

ÉTATS EUROPÉENS. — *Mouvements de la population de 20 États européens dans la seconde moitié du XIXe siècle* (suite).

PUISSANCES		POPULATION moyenne.	MARIAGES	NAISSANCES (Mort-nés exclus).	DÉCÈS	EXCÈS des naissances sur les décès.	MARIAGES	NAISSANCES	DÉCÈS	NAISSANCES en sus des décès.
1		**2**	**3**	**4**	**5**	**6**	**7**	**8**	**9**	**10**
AUTRICHE. (Territoire actuel du Reichsland). Armée non comprise en 1850 et 1857.	1851-1860	18.467.700	140.741	681.559	568.777	112.782	7,6	37,0	30,8	6,2
	1861-1870	19.616.031	170.783	758.767	642.520	156.247	8,6	38,6	30,7	7,9
	1871-1880	21.228.786	178.918	831.274	670.443	160.831	8,3	39,2	31,6	7,5
	1881-1890	22.893.815	179.476	872.754	677.728	195.026	7,8	38,2	29,6	8,5
	1891-1900	24.910.000	199.247	940.461	665.290	275.171	8,0	37,1	26,6	10,5
	1901-1907	27.084.631	211.339	953.724	643.118	310.640	7,8	35,2	23,7	11,5
HONGRIE. (Inclus Fiume et la Croatie-Slavonie).	1866-1870	13.274.075	140.236	549.400	450.893	98.507	10,6	41,5	34,0	7,4
	1871-1880	15.046.600	148.565	632.818	588.813	44.005	9,8	42,1	39,2	2,9
	1881-1890	16.571.800	157.593	727.633	536.439	191.194	9,5	41,0	32,4	11,5
	1891-1900	18.280.135	159.560	740.876	545.422	195.454	8,7	40,6	29,9	10,7
	1901-1907	19.980.037	175.793	736.120	516.564	219.556	8,7	36,8	25,8	11,0
SUISSE.	1868-1870	2.616.115	18.449	79.208	68.746	10.462	6,9	30,0	26,0	3,9
	1871-1880	2.742.256	21.235	84.737	64.575	20.162	7,7	30,9	23,5	7,3
	1881-1890	2.881.847	20.149	81.459	60.415	21.044	6,9	28,2	20,9	7,2
	1891-1900	3.120.000	23.470	87.982	59.365	28.617	7,5	28,1	19,0	9,4
	1901-1907	3.425.000	26.074	95.280	59.780	35.500	7,6	27,8	17,5	10,3
PRUSSE. (Territoire actuel).	1851-1860	21.412.500	180.525	782.286	568.956	213.326	8,4	36,5	26,5	9,9
	1861-1870	23.621.700	200.566	888.517	624.332	264.185	8,4	37,6	26,4	11,1
	1871-1880	25.814.100	223.585	1.007.066	683.772	323.294	8,6	38,7	26,4	12,5
	1881-1890	28.455.950	228.488	1.063.253	702.440	360.313	8,0	37,3	24,7	12,6
	1891-1900	32.047.000	264.477	1.117.337	700.169	477.168	8,3	36,7	21,9	14,8
	1901-1907	36.494.000	296.167	1.255.391	697.575	557.816	8,1	34,4	19,1	15,3

The **NOMBRES ABSOLUS (Moyennes annuelles)** span columns 2–6; the **NOMBRES RELATIFS. Pour 1.000 h. combien, en un an, de** span columns 7–10.

BAVIÈRE (Il n'est pas tenu compte de la perte en 1866 de Kaulsdorff, etc , environ 33 000 habitants).	1851-1860	4.578.760	29.205	152.354	126.995	25.359	6,3	33,2	27,7	5,5
	1861-1870	4.789.526	41.513	176.887	142.716	34.171	8,6	36,9	29,8	7,4
	1871-1880	5.042.411	42.155	203.484	155.540	47.944	8,3	40,3	30,9	9,4
	1881-1890	5.433.940	37.464	199.834	152.847	46.987	6,8	36,6	27,9	8,6
	1891-1900	5.853.430	45.215	213.571	148.200	65.371	7,7	36,4	25,3	11,1
	1901-1907	6.472.000	49.085	227.977	143.532	84.445	7,5	35,4	22,3	13,4
SAXE	1851-1860	2.054.200	17.463	80.502	54.517	28.985	8,4	39,2	27,1	12,1
	1861-1870	2.365.600	21.121	95.689	66.380	29.309	8,9	40,5	28,1	12,4
	1871-1880	2.756.000	25.886	118.114	88.089	38.025	9,3	42,9	29,1	13,8
	1881-1890	3.214.300	29.256	134.449	89.965	48.184	9,1	41,7	28,0	13,7
	1891-1900	3.823.000	34.781	150.797	91.389	49.408	9,1	39,5	24,0	15,5
	1901-1907	4.391.000	36.638	148.449	85.167	63.282	8,3	33,6	19,3	14,4
WURTEMBERG	1851-1860	1.703.400	10.084	61.066	50.305	10.761	5,8	35,8	29,5	6,3
	1861-1870	1.758.700	14.726	71.671	55.189	16.482	8,4	40,9	31,5	9,3
	1871-1880	1.888.000	16.054	81.326	58.283	23.043	8,5	43,2	30,9	12,2
	1881-1890	2.000.941	12.946	71.580	51.237	20.343	6,4	35,7	25,6	10,1
	1891-1900	2.095.702	15.432	71.579	48.866	22.713	7,3	34,2	23,3	10,8
	1901-1907	2.254.000	17.981	76.033	45.823	30.210	7,9	33,6	20,3	13,3
BADE	1851-1860	1.345.700	8.070	44.380	34.918	9.462	6,1	33,0	26,0	7,0
	1861-1870	1.423.000	11.806	52.633	38.948	13.685	8,3	37,0	27,4	9,1
	1871-1880	1.512.200	12.222	58.267	41.515	16.752	8,1	38,5	27,4	11,0
	1881-1890	1.611.959	10.892	53.226	37.940	15.286	6,7	33,0	23,5	9,4
	1891-1900	1.745.000	13.585	57.976	38.489	19.487	7,7	33,2	22,1	11,1
	1901-1907	1.969.000	15.841	66.067	39.312	26.755	8,0	33,5	19,9	13,6
PAYS-BAS	1851-1860	3.245.644	25.492	107.648	82.889	24.759	7,8	33,1	25,5	7,6
	1861-1870	3.509.258	28.475	123.839	87.904	35.935	8,1	35,2	25,1	10,1
	1871-1880	3.825.333	30.864	138.674	92.528	46.146	8,0	36,2	24,2	12,0
	1881-1890	4.531.664	30.553	148.099	90.800	57.299	7,0	34,1	20,9	13,2
	1891-1900	4.868.000	35.792	158.379	89.425	68.952	7,4	32,5	18,4	14,1
	1901-1907	5.468.300	40.769	170.277	85.558	84.719	7,4	31,2	15,7	15,5
BELGIQUE	1851-1860	4.516.609	33.486	137.120	102.027	35.093	7,4	30,3	22,6	7,7
	1861-1870	4.923.319	36.308	155.543	114.496	41.017	7,3	31,5	23,1	8,3
	1871-1880	5.356.480	38.580	171.760	120.398	51.362	7,1	34,9	22,4	9,5
	1881-1890	5.867.796	40.939	175.828	119.691	56.137	6,9	29,8	20,3	9,5
	1891-1900	6.454.000	51.286	186.545	123.217	65.328	8,0	29,0	19,2	9,8
	1901-1907	7.067.500	56.957	191.259	118.023	73.236	8,1	27,1	16,7	10,4

Etats Européens. — *Mouvements de la population de 20 États européens dans la seconde moitié du XIXe siècle* (fin).

PUISSANCES		NOMBRES ABSOLUS (Moyennes annuelles).					NOMBRES RELATIFS Pour 1.000 h. combien, en 1 an, de			
		POPULATION moyenne.	MARIAGES	NAISSANCES (Mort-nés exclus).	DÉCÈS	EXCÈS des naissances sur les décès.	MARIAGES	NAISSANCES	DÉCÈS	NAISSANCES en sus des décès.
1		2	3	4	5	6	7	8	9	10
France (Sans l'Alsace-Lorraine. Savoie et Nice compris depuis 1861).	1851-1860	34.678.200	276.950	907.782	829.207	78.575	7,9	26,2	23,9	2,3
	1861-1870	36.424.900	282.949	951.432	857.917	93.545	7,7	26,1	23,5	2,6
	1871-1880	36.795.000	295.218	934.939	870.876	64.063	8,0	25,5	23,7	1,8
	1881-1890	38.120.000	279.976	908.633	841.651	66.982	7,3	23,8	22,1	1,8
	1891-1900	38.421.120	289.629	853.000	829.039	23.961	7,5	22,2	21,6	0,6
	1901-1907	39.152.000	302.371	819.339	772.146	47.193	7,7	20,9	19,7	1,2
Espagne [1]	1861-1870	16.000.000	124.182	612.180	491.048	121.132	7,6	37,5	30,1	7,4
	1878-1880	16.768.000	110.920	600.228	509.038	91.190	6,6	35,8	30,4	5,4
	1881-1890	17.300.000	113.044	632.420	554.764	77.656	6,6	36,9	32,4	4,5
	1891-1900	18.110.000	143.454	634.949	539.255	95.694	7,9	35,1	29,8	5,3
	1901-1907	19.158.000	147.612	659.927	489.211	170.716	7,7	34,6	25,5	9,1
Italie. (Province de Rome comprise seulement depuis 1872).	1863-1871	25.224.700	189.864	948.426	765.230	183.496	7,5	37,6	30,3	7,3
	1872-1880	27.506.400	211.766	1.015.577	823.939	191.538	7,7	36,7	29,9	6,9
	1881-1890	29.405.244	231.781	1.106.211	799.129	307.082	7,8	37,4	27,2	10,2
	1891-1900	31.506.614	228.360	1.098.740	759.331	339.409	7,2	34,6	24,1	10,5
	1901-1907	33.137.000	247.729	1.070.869	714.954	355.945	7,4	32,3	21,6	10,7

[1] Espagne — Les mouvements de population n'ont pas été relevés en 1871-1877, en raison des événements politiques de cette période. La loi de 1870 sur l'introduction du mariage civil a eu pour effet de diminuer le nombre des mariages enregistrés. Cette loi a été corrigée par celle du 26 mai 1889; les chiffres relatifs à la période 1891-1900 sont donc les seuls qui représentent la nuptialité réelle de l'Espagne. On croit qu'un certain nombre de naissances n'ont pas été enregistrées.

ÉTUDES MONOGRAPHIQUES

Dans les chapitres précédents, c'est surtout sur la statistique générale que nous nous sommes appuyés ; elle a, en effet, l'avantage d'indiquer la situation générale de la nation. Elle doit précéder les monographies, car elle montre si les espèces que l'on a décrites avec détail ont été bien choisies.

Nous résumerons deux genres de monographies : Les monographies de communes, dont l'auteur principal est M. Arsène Dumont, et les monographies individuelles, principalement les autobiographies, qui nous ont été adressées par de très nombreux correspondants.

I

MONOGRAPHIES COMMUNALES

Parmi les monographies communales, nous choisirons celles qui sont consacrées à des communes où l'oliganthropie française est exagérée, et d'autre part celles (beaucoup plus rares) où elle n'a pas exercé ses ravages.

Pour les unes et pour les autres, la méthode est la même : on étudie les statistiques démographiques pour une durée aussi longue que possible. Puis, une fois que l'on connaît les caractéristiques démographiques de la population, on étudie avec soin ses conditions économiques, ses mœurs, sa façon de penser, de parler et d'agir.

Telle était la méthode de feu Arsène Dumont. Il l'a appliquée à un peu moins de 100 communes situées dans différentes parties de la France[1]. Nous nous bornerons à en résumer quatre :

Deux cantons agricoles.	{	l'un à faible natalité, Sainte-Livrade (Lot-et-Garonne).
		l'autre à forte natalité, Fouesnant (Finistère).
Deux cantons industriels.	{	l'un à forte natalité, Lillebonne (Seine-Inférieure).
		l'autre à faible natalité, Condé-sur-Noireau.

1. Elles sont malheureusement restées éparses dans les huit recueils différents qui les ont publiées. Les plus anciennes, celles que l'auteur a écrites avant de s'être fait un système, me paraissent les plus instructives.

Canton rural à faible natalité.

Sainte-Livrade (Lot-et-Garonne).

La situation démographique des 4 communes de ce canton est de plus en plus déplorable :

Pour 1.000 habitants en un an, combien de naissances, combien de décès :

	Ste-LIVRADE			ALLÈS			DOLMAYRAC			LE TEMPLE		
	Natalité.	Mortalité.	Différence.	Natalité.	Mortalité.	Différence.	Natalité.	Mortalité.	Différence.	Natalité.	Mortalité.	Différence.
1833-42 . . .	18,0	20,9	— 2,9	19,5	23,7	— 4,2	19,0	20,2	— 1,2	19,4	15,7	+ 3,7
1843-52 . . .	17,1	20,5	— 3,4	17,8	17,8	0.0	16.8	21,3	— 4,5	19,5	19,1	+ 0,4
1853-62 . . .	15,4	12,2	+ 3,2	15,1	13.3	+ 1,8	18,4	24,1	— 3,7	17.5	14,8	+ 2,7
1863-72 . . .	15,7	16,5	+ 0,8	13,2	20,6	— 7,4	17,8	26,2	— 8,4	15,8	23,8	— 8,0
1873-82 . . .	15,8	21,2	— 6,6	12,2	20,7	— 8,5	13,4	19,1	— 5,7	16,9	22,7	— 5.8
1883-92 . .	13,1	20.0	— 6,9	16,0	20,8	— 4,8	13,8	22,2	— 8,4	14,4	23,1	— 8,7

On voit que presque toujours le nombre des décès l'a emporté sur celui des naissances, et que cette décroissance s'est fort aggravée dans les deux dernières décades observées. La conséquence en est que ce canton qui possédait 5.979 en 1841, n'en comptait plus que 4.735 en 1891, ayant perdu 21 p. 100 de sa population initiale.

Le propriétaire rural qui a besoin de domestiques pour les travaux de la campagne prend ordinairement un ou deux couples mariés, qui logent sous son toit et mangent à sa table ou logent et mangent chez eux. Il leur donne alors 600 francs par an, un porc et du vin. Mais, en aucun cas, il ne consent à être servi par des époux ayant des enfants. En cas de grossesse de la femme, l'engagement est rompu par consentement mutuel. Elle serait d'ailleurs obligée, pour son service quotidien, de se faire remplacer à ses frais.

Celui qui a plus de deux enfants est raillé par ses voisins comme un naïf. Ainsi en est-il du jeune marié qui ne laisse pas écouler un certain nombre d'années entre son mariage et la première grossesse de sa femme. Enfin, chose plus grave, dans le cas où survient un troisième enfant, il est un dicton, qui, parait-il, ne manque pas d'être répété : « Un troisième enfant ! Il ne vivra pas ». L'appréciation générale qui dirige la conduite, c'est qu'il n'y a pas de duperie plus ridicule, de maladresse plus insigne, de faute de conduite plus méprisable que d'élever une nombreuse famille.

Canton rural à forte natalité.
Fouesnant.

La situation démographique des 7 communes de ce canton
est à peu près la même. A titre d'exemple nous citons les chiffres du chef-lieu :

Fouesnant. — *Sur 1.000 habitants combien en un an de :*

	Mariages.	Naissances.	Décès.	naissances en sus des décès.	De naissances par mariage.
1802-13 . .	9,9	39,4	39,4	0,0	3,9
1813-23 . .	8,2	43,8	32,4	+ 11,4	5,3
1823-33 . .	8.7	38,5	36,5	+ 2,0	4,4
1833-43 . .	9,4	36,3	32,2	+ 4,1	3,8
1843-53 . .	8,0	39,1	32,6	+ 6,5	4,9
1853-63 . .	9,2	36,6	36,7	+ 0,1	4,0
1863-73 . .	9,7	39,1	34,4	— 4,7	4,0
1873-83 . .	10,1	44,9	30,6	+ 14,3	4,4
1883-89 . .	7,6	43,3	19,1	+ 23,2	5,5

Pour chacune des 7 communes du canton, on observe des
chiffres analogues. Ils se résument ainsi : Nuptialité élevée,
natalité très élevée, mortalité forte (excepté pendant les dernières années, où elle a été faible dans chacune des 7 communes). Excédent des naisances sur les décès, très considérable depuis 1873. La natalité augmente et la mortalité
diminue.

Ce canton est donc dans une situation démographique bien
préférable à celle que l'on constate généralement en France.
Dans la description détaillée qu'en a faite M. Arsène Dumont,
deux particularités doivent être notées comme causes principales de cette situation exceptionnelle :

Lorsque, au retour du service militaire, un ouvrier veut se
marier, il choisit à sa convenance quelque morceau de lande,
d'un quart d'hectare à un hectare, parfois même de deux hectares, et demande au propriétaire. qui n'a garde de refuser, de
lui en céder le domaine pour trente ou quarante ans, moyennant
une faible redevance en argent. Le marché conclu, il bâtit un
« penty » en argile et en bois, défriche, plante un jardin d'abord,
puis un verger, laboure le surplus. Le bail fini, le propriétaire
lui en consentira un nouveau, pour un prix plus élevé, ou lui
remboursera le prix des améliorations. De la sorte, quand
l'ouvrier ne trouve pas d'emploi dans les fermes voisines. il
travaille chez lui ; chaque coup de bêche augmente à la fois son
épargne et son revenu. Il tire de sa propre terre la plus grande
partie de sa nourriture et de celle de ses enfants. Si pauvre

soit-il, sa condition n'est plus celle du petit propriétaire cultivateur, vivant chez lui, travaillant pour lui. Mais alors sa situation est intenable tant qu'il reste isolé. Pour cuire ses aliments, blanchir et raccommoder son linge, prendre soin du meuble mort ou vif de son penty, il lui faut une femme. Le grand nombre des naissances, sont donc, au moins en partie, l'effet du « domaine congéable [1] ».

Quant au grand nombre des enfants par mariage, il tient évidemment à ce qu'ils coûtent peu à nourrir, peu à élever et à instruire. Pour la mère, les couches sont ordinairement sans danger et sans dépenses ; l'enfant qui par sa saleté, ses cris, ses langes humides, apporte un si grand bouleversement dans un appartement bourgeois, où tout est net, étroit et propre, n'en cause aucun dans une maison où l'on élève déjà des petits porcs. Dès qu'il sait marcher, et souvent auparavant, remis aux soins de ses aînés, il se traîne dehors, dans le courtil, où ni la place, ni l'air ne lui manquent.

..... A Fouesnant, les ménages riches ont à peu près autant d'enfants que les plus pauvres. Il y a là un phénomène très exceptionnel et une nouvelle manifestation de l'homogénéité entre les différentes classes sociales, qui, sous tous les rapports, est le caractère dominant de ce canton. Les cultivateurs riches, on ne peut trop insister sur ce point, ne font, à vrai dire, jusqu'ici aucun usage de leur fortune ; ils l'accumulent en la capitalisant. Ils s'habillent et se nourrissent à peu près comme les pauvres ; comme eux ils parlent le breton, ignorent et affectent d'ignorer le français ; souvent, ils sont incapables de signer leur acte de mariage, et souvent aussi affectent de ne pas le savoir, bien qu'ils le sachent réellement. Ils sont attachés à toutes leurs particularités locales et mettent leur orgueil à les conserver ; ils vivent dans un même état intellectuel, moral, esthétique, et ne font pas le moindre effort pour en sortir. Le propriétaire cultivateur possédant 15.000 francs ou 18.000 francs de revenu n'envisage, pour ses fils, aucune profession comme préférable à la sienne.

Là réside l'explication de la forte natalité de ces populations, La façon dont vit la classe riche, dans une collectivité quelconque, exerce toujours la plus grande influence sur la fécondité de la race, car tout le monde l'imite. C'est la classe riche qui détermine l'orientation du progrès et l'intensité du désir de s'élever.

Plus elle fait d'effort pour se mettre au-dessus du commun par son luxe, ses raffinements, son instruction, plus elle allume

1. J'ai été, en nov. 1910, à Fouesnant. Le « domaine congéable » y tombe en désuétude parce qu'il n'y a plus de terrain inculte dans le canton.

dans la masse des inférieurs l'ardeur de marcher sur ses traces. Alors, chez tous, ou du moins chez tous ceux à qui la pauvreté n'oppose point un obstacle insurmontable, l'effort vers le développement individuel, soit en valeur, soit en jouissances, entrave la fécondité.

Ce qui, dans une collectivité donnée, influe en mal sur la natalité, ce n'est pas la quantité des richesses; ce n'est pas même leur mauvaise répartition, c'est leur mauvais emploi. En d'autres termes, ce n'est pas l'inégalité des fortunes, c'est l'inégalité dans la manière de vivre.

Canton industriel à natalité relativement forte.
Lillebonne (Seine-Inférieure).

Ce canton est d'autant plus remarquable qu'il est un des rares où la natalité ait augmenté pendant le cours du xixe siècle. Il est vrai que la mortalité y a augmenté au moins autant. L'augmentation de la natalité est un fait tellement rare qu'il méritait d'être suivi de près.

Le canton comprend 14 communes très différentes les unes des autres; elles sont toutes étudiées par M. Arsène Dumont. Nous ne reproduirons que ce qui concerne Lillebonne.

VILLE DE LILLEBONNE

ANNÉES	POPULATION		POUR 1.000 HABITANTS, COMBIEN, en un an de :				POUR 1 mariage combien de naissances.
			Mariages.	Naissances.	Décès.	naissances en plus des décès	
1790	1.503						
1806	1.743	1802-12	7,1	25,1	21,2	+ 3,9	3,6
1821	2.031	1813-22	10,7	34,5	27,3	+ 7,2	3,2
1831	2.924	1823-32	7,2	35,3	26,6	+ 8,7	4,9
1836	3.580	1833-42	8,3	38,5	32,1	+ 6,4	4,6
1841	3.671						
1846	5.099	1843-52	8,6	37,0	34,3	+ 3,3	4,3
1851	5.130						
1856	5.089	1853-62	7,4	40,3	39,2	+ 1,1	5,4
1861	5.095						
1866	5.049	1863-72	8,5	35.1	47,1	— 8,0	4,1
1872	4.815						
1876	5.396	1873-82	8,7	38,3	40,3	— 2,0	4,4
1881	6.011						
1886	6.789	1883-89	7,9	37,6	30,4	+ 7,2	4,7

On voit que la natalité s'est élevée jusque vers 1863. Elle est très élevée ; malheureusement la mortalité est très forte aussi;

elle a été très élevée surtout pendant la période 1863-72 (choléra et guerre) et 1873-82.

Le canton de Lillebonne était autrefois habité par des tisserands à domicile que l'industrie moderne a remplacés par des ouvriers d'usine. Voici le portrait des uns et des autres. Commençons par le tisserand à domicile :

Les quelques survivants de cette génération disparue, qui ont eux-mêmes travaillé à domicile avant d'aller aux usines, suffisent pour renseigner sur le genre de vie que les tisserands menaient alors et sur celui qu'ils avaient eu très probablement depuis le commencement du siècle. Le tisserand à domicile travaillait beaucoup, douze ou treize heures par jour, c'est-à-dire autant que l'ouvrier d'aujourd'hui, si l'on ajoute au temps qu'il passe à l'usine, celui qu'il met pour y aller et pour en revenir. Il ne sortait que le dimanche pour aller porter au courtier les étoffes qu'il avait tissées. Les gains étaient plus élevés que ne le sont actuellement les salaires de l'ouvrier d'usine, mais pas plus que n'étaient encore ces salaires il y a quinze ou vingt ans. Toutes les différences découlent de ce qu'il vivait chez lui, y restait nuit et jour, y passait tout son temps, toute son existence ; il vivait isolé au lieu de vivre en troupeau.

Un des traits qui caractérisent partout le prolétaire, c'est son peu d'empressement à payer son logement : volontiers il déménage en oubliant le propriétaire. Quand je demandais aux vieillards, en prenant à dessein un air de doute, si ces tisserands payaient bien leur maison, ils levaient les bras au ciel : « Comment, s'écriaient-ils, payer sa maison ! C'était le premier des soucis. Jusqu'à ce qu'on eût amassé l'argent nécessaire, on s'entassait plutôt à quatre ménages dans la même chaumière ! Si l'on était un peu plus aisé, on ne pensait qu'à amasser assez pour en acheter une. »

Le tisserand vivant chez lui était plus sensible au bon et au mauvais état du logis ; il souffrait davantage d'une porte mal jointe, d'une table boiteuse, d'une vaisselle insuffisante, attachait plus de prix à son mobilier, à l'espalier étendu contre le mur, aux légumes, aux fleurs, aux pommiers du petit jardin. Tout cela le poussait à l'épargne. N'ayant point de prétexte pour s'absenter, il ne quittait point son métier pour aller au cabaret.

D'autre part, il était plus incommodé par les cris, les pleurs, la saleté des enfants encombrant la pièce unique où sa femme et lui devaient travailler tout le jour. Tout s'accordait donc pour lui conseiller d'en restreindre le nombre : le caractère craintif de l'homme casanier, l'amour de l'épargne, le besoin du repos.

Ces tisserands si peu féconds n'étaient cependant pas riches. A vrai dire, ce n'étaient même pas des ouvriers aisés, et ils ne se garantissaient contre le besoin que par un travail très régulier. Ce n'étaient donc certainement pas des bourgeois. Mais, de même que l'ancien régime connaissait des bourgeois vivant noblement, le régime actuel offre de nombreux exemples de pauvres ménages pensant bourgeoisement.

Avec le casernement progressif des tisserands, des appréciations nouvelles et tout opposées détrônèrent rapidement les anciennes, et à peine se furent-elles implantées dans une commune, qu'elles y déterminèrent une subite élévation de la natalité. Aussitôt que le tisserand à domicile disparaît dans une commune et que l'ouvrier travaillant en fabrique le remplace, la natalité fait un saut brusque, monte de 6 à 10 naissances pour 1.000 habitants d'une décade à la suivante.

Ce fut dans la commune de Lillebonne que le fait se produisit tout d'abord et il devait en être ainsi : car c'est là que le tisserand à domicile disparut le plus tôt, que l'ouvrier travaillant en groupe se forma son genre nouveau, ses mœurs, ses habitudes et ses maximes, puis les imposa autour de lui.

Dans la plupart des communes voisines, le même fait ne se produisit que vingt ans après, mais là aussi le changement fut brusque et sans transition.

De la troisième décade à la quatrième, la natalité saute : à la Trinité de 26,1 à 33,1 ; à Mélamare, de 24,6 à 30,7 ; à Saint-Jean-de-Folleville, de 19,9 à 30,0 ; à Saint-Antoine, de 23,3 à 29,4. Dans quelques communes, le mouvement ascensionnel tarda un peu plus, mais fut le même, à la fois brusque et très sensible.

En allant vivre de la vie commune de l'usine, l'ouvrier perdait nécessairement en grande partie le souci de sa maison qu'il n'habitait plus que la nuit, du mobilier dont il se servait moins, de l'épargne qu'il avait plus d'occasions de dissiper. Il devenait plus indifférent au nombre de ses enfants qui, laissés à la garde de leurs voisins ou de leurs aînés, ne pouvaient plus l'incommoder que momentanément. La cessation de l'allaitement maternel, l'adoption générale du biberon, étaient la conséquence forcée du départ des femmes pour l'usine, et la mortalité infantile devenait énorme. Or, nous avons expliqué comment l'enfant mort en bas âge se trouvant presque toujours remplacé, la mortalité du premier âge se trouvait être une nouvelle cause d'accroissement de la natalité. La même indifférence appelait sans cesse de nouveaux êtres à la vie et la leur faisait perdre.

L'ouvrier de Lillebonne est fort différent des types décrits

par le « Sublime » ; cependant il est très insouciant du lendemain. A Grandchamp (canton de Lillebonne), un vieillard
disait à un homme d'une trentaine d'années : « Tu n'as pas de
« pain, tu as cinq enfants, ta femme enceinte, ta maison pas
« payée, et tu rentres encore ce soir avec un litre d'eau-de-vie :
« tu mourras de faim. » L'autre répondit en haussant les
épaules : « On n'a encore jamais vu personne mourir de
faim. » Le désarroi de la famille et du ménage en permanence
lui semblait chose normale. Tous sans doute ne raisonnent pas
ainsi ; mais beaucoup le font ; beaucoup vivent au jour le jour
et laissent aller leur vie à la dérive, comme une barque aban-
donnée qui ne gouverne plus ; quelques-uns, étant célibataires,
vivent au restaurant ; un bien plus grand nombre, mariés ou
non, vivent à crédit sur la paye de la prochaine quinzaine ;
beaucoup consomment chaque jour soit au cabaret, soit plus
souvent chez eux, avec leur femme et leurs enfants, d'énormes
quantités d'alcool. Il doit arriver parfois que se mettant au lit
dans un état d'ivresse prononcée, ils n'engendrent que le cime-
tière. Mais ce qui est certainement fréquent, c'est qu'une demi-
ébriété, jointe à une fatigue complète, leur inspire une profonde
indifférence à l'égard des charges de famille qu'ils se préparent,
ou plutôt les rend totalement incapables d'y songer.

Mais, d'autre part, il y a une cause — une véritable et non
plus une condition — pour qu'elle ne se produise point : c'est
l'existence, au-dessus du cultivateur, comme de l'ouvrier
d'usine, d'une classe sociale infiniment au-dessus de lui, qui
l'éblouit, mais qui l'écrase et le désespère par la supériorité de
ses capitaux. Tandis qu'en général, l'idéal secret qui séduit
l'imagination du cultivateur français est la profession libérale,
un emploi, une fonction publique aussi élevée que possible
dans la hiérarchie ; ici, il en va tout autrement. Le soleil qui
éclipse tout, l'aimant vers lequel se dirigent toutes les imagi-
nations, c'est la vie du grand industriel, riche de plusieurs
dizaines de millions, faisant travailler des centaines d'hommes,
de femmes et d'enfants. A l'extrémité même du canton, où l'on
est déjà loin des usines, le magnifique château gothique de
Saint-Maurice d'Etelan, acheté, restauré et agrandi par une
puissante famille de manufacturiers, détermine l'orientation
des aspirations.

L'ouvrier d'usine, l'ouvrier de la petite industrie, le petit
commerçant, l'ouvrier agricole et le fermier peu aisé forment
la presque totalité de la population, dominés par un très petit
nombre de personnes dont plus de la moitié du canton reçoit
son salaire et directement ou indirectement tous ses moyens
d'existence. Cette aristocratie est trop au-dessus du peuple

pour qu'il songe un instant à jamais l'égaler. On n'essaye pas
d'escalader une muraille quand elle est trop haute ; on se décou-
rage et l'on n'aspire plus qu'à vivre dans sa condition, sans
faire aucun effort pour en sortir.

« La féodalité industrielle joue donc en fait, par rapport à la
capillarité sociale, le rôle d'une féodalité militaire ou d'une
aristocratie de naissance légalement établie. Elle la désespère,
l'empêche de se produire, et partout où celle-ci n'existe point,
quelle que soit d'ailleurs la raison de son inexistence, la natalité
atteint toujours un chiffre considérable, car une vérité, amplement établie ailleurs, c'est que le développement de la race
en nombre est en raison inverse de l'effort fait par l'individu
vers son développement personnel, bien ou mal entendu, soit
en valeur, soit en jouissances. Ce fait peut sans doute être
désormais considéré comme définitivement acquis à la science
sociale, et l'étude qui précède en fournit la complète confirma-
tion. »

Canton industriel à natalité faible.
Condé-sur-Noireau (Calvados).

Le canton se compose de 10 communes. Si faible que soit la
natalité de Condé, c'est encore la plus élevée du canton.

Voici les caractéristiques démographiques de cette petite
ville :

CONDÉ-SUR-NOIREAU (Calvados). — *Sur* 1.000 *habitants combien,
en un an de :*

	1873-82	1883-92
Mariages	8,1	7,3
Naissances	20,8	21,9
Décès.	24,7	25,7
Naissances en sus des décès. . . .	— 3,9	— 3,8

Ainsi, quoique industrielle comme Lillebonne, cette commune
n'a qu'une natalité très faible et très insuffisante.

Les ouvriers d'usine mangent la soupe de graisse matin et
soir comme les ouvriers agricoles ; mais ils consomment beaucoup plus de viande. Comme ils ont une heure et demie pour
le dîner, et qu'ils demeurent généralement à une faible distance,
ils rentrent chez eux prendre en famille le repas que leur
mère ou leur femme a préparé. Quelques-uns prennent pension
dans les restaurants : quelques autres, demeurant trop loin,
apportent leurs vivres et mangent à l'usine dans une pièce
qui leur est réservée. La nourriture est saine, simple et abon-
dante, très différente de celle des ouvriers de Lillebonne qui
comprend tant de salaisons avariées et de mauvaises charcu-
teries.

Le vêtement pour les jours de travail consiste en étoffé du pays, taillées et cousues par des femmes du pays; les dimanches et les jours de fête, il consiste en confections, vêtements de drap pour les hommes, robes d'indienne ou de laine pour les femmes qui se rapprochent davantage des modes de l'année.

En somme, ils sont propres, probes, polis, économes et paisibles ; étant prévoyants, ils ont beaucoup de livrets de caisse d'épargne.

Tandis que l'ouvrier de Lillebonne, avec lequel' ils font antithèse sur tant de points, ne tient nullement à ce que ses enfants fréquentent l'école et qu'il se trouve dans ce canton, à mi-chemin de deux foyers comme le Havre et Rouen, autant d'hommes incapables de signer leur acte de mariage qu'au fond de la Basse-Bretagne, les tisseurs et les fileurs de Condé tiennent ä ce que leurs enfants aient leur certificat d'étude.

Eux-mêmes lisent beaucoup. Sur 230 membres de la Ligue de l'enseignement que compte le cercle condéen, 180 environ sont des ouvriers de la grande industrie. Sur 3.000 volumes prêtés annuellement, 2.500 sont empruntés par eux. Les livres qu'ils choisissent sont dés romans. Ce goût s'explique sans doute par le besoin qu'éprouve l'imagination de réagir contre l'excessive monotonie de l'existence.

L'abus de l'alcool qui est, lui aussi, une forme de la culture esthétique, bien que ce soit certainement la plus grossièrement et la moins estimable, se produit parfois. Les cas d'ivresse ne sont pas très rares; mais l'alcoolisme l'est. Quelques travaux extrêmement pénibles, comme celui d'encoleur, qui détruit l'appétit, y poussent d'ailleurs invinciblement. Mais, si l'on en cite des exemples, c'est qu'ils ont frappé surtout à cause de leur caractère d'exception.

Un filateur, qui possède depuis quarante ans une usine dans la Vallée de la Vère, me dit que ses ouvriers ont tous leur maison, leur jardin et leur verger, et que, payés à la quinzaine, ils n'en sont pas moins à vie chez lui. Ce sont de petits propriétaires très honnêtes, titulaires de leur métier, où ils ne sont remplacés que s'ils sont malades, et qu'ils reprennent dès qu'ils recouvrent la santé. Ils vont à l'usine comme des employés à leur bureau; ils font leur fil en silence selon la routine journalière qui dispense de tout effort de pensée et de tout souci, comme ils rédigeraient des quittances ou rempliraient des formules imprimées dans une administration.

Voués au travail manuel par l'insuffisance de leur fortune, ils ne sont pas bourgeois ; mais ils ont l'idéal de la bourgeoisie des villes mortes dont le type est depuis longtemps décrit. Or, c'est une vérité qu'on ne saurait trop redire : on a la natalité

non de la classe sociale à laquelle on appartient, mais de celle
à laquelle on voudrait appartenir.

Comme les populations agricoles du Bocage normand au
milieu desquelles ils vivent, comme les anciens tisserands à
domicile qu'ils remplacent, les ouvriers d'usine de Condé présentent une mentalité qui ne tend que trop à se généraliser
en France et peut être dénommée l'état de moralité négative.

Ils ne tuent point, ne volent point, ne commettent point
d'adultère — à moins d'être sûrs que ce sera sans conséquences
— ils ne dépensent point leur argent à la légère, ils ne bravent
point les autorités, ils n'insultent personne, ils ne font ni
émeutes ni tapage nocturne, mais aussi ils ne procréent que
rarement des enfants naturels, se marient tard ou gardent le
célibat et n'ont que trop peu d'enfants légitimes. »

Conclusions à tirer des monographies communales.

C'est le désir de s'élever au-dessus de sa condition qui restreint la natalité. Elle reste considérable si l'intervalle qui
sépare le bourgeois de l'ouvrier est trop grand pour qu'il y ait
la moindre possibilité de le franchir (comme c'est le cas de
Lillebonne). La condition opposée produit le même effet,
tant il est vrai que les extrêmes se ressemblent souvent. La
natalité reste donc considérable aussi lorsque le riche ressemble exactement au pauvre et lui donne l'exemple de la
fécondité (comme à Fouesnant).

Les ouvriers qui vivent et pensent bourgeoisement (comme
ceux de Condé) ont peu d'enfants.

Le domaine congéable (usuel à Fouesnant) fait que les paysans
n'ont aucune raison pour restreindre leur natalité. Il en est de
même des concessions viagères de Fort-Mardyck.

MONOGRAPHIES DE FAMILLE

Les autobiographies qui nous sont parvenues sont nombreuses, mais trop souvent diffuses et confuses. Nous les résumons en les divisant en deux séries : celle des familles
restreintes et celles des familles nombreuses.

Monographies de familles restreintes.

Presque toutes les familles restreintes attribuent leur fait
au manque d'argent. Tous se trompent! C'est qu'en effet il faut
d'abord s'entendre sur ce que mes correspondants appellent
le manque d'argent. Tous s'en plaignent, du haut en bas de
l'échelle sociale! Cette échelle descendons-la, échelon par
échelon.

Voici une vieille dame, douée par le sort d'environ 30.000 francs de rente ; apprenant que sa fille, mariée dans les conditions les plus heureuses, va être mère une deuxième fois (cinq ans après sa précédente grossesse), elle s'écrie affolée que son gendre est un monstre (parole toujours bien douce à prononcer !), que sa fille va être réduite à la pauvreté, et ses petits enfants à la misère : « Ces pauvres enfants, qui n'ont pas demandé à naître, que vont-ils devenir? » murmure-t-elle avec attendrissement. — « C'est une vieille folle ! » direz-vous ? Non, elle raisonne très bien. Elle a 30.000 francs de rente et trouve que c'est peu ; elle espérait que son petit-fils en aurait le double, et elle est très déçue en entrevoyant le contraire. C'est donc bien le manque d'argent qui lui fait souhaiter peu de postérité.

Autre exemple, appartenant à peu près à la même catégorie sociale :

Il s'agit d'un homme fort occupé; il dirige une industrie florissante qui fait, avec raison, son orgueil; il a eu soin de n'avoir qu'un fils et une fille (celle-ci est la plus jeune de beaucoup ; de l'aveu de son père, elle n'est venue que par surcroît, sans être souhaitée ni redoutée). Pourquoi n'a-t-il voulu que deux enfants? Sans motif défini ! Par simple tradition bourgeoise. Sa famille, autrefois très nombreuse, est aujourd'hui très réduite, et son nom va périr. Il a fait comme ont fait ses cousins et cousines, sans savoir au juste pourquoi, car son industrie est assez prospère pour suffire à plusieurs familles, et nécessite même plusieurs associés. Donc, il n'avait qu'un fils et lui destinait la suite de ses affaires. Ce fils, espoir de la famille, meurt à vingt-deux ans! Quel désespoir! Quels remords! Ah! combien il est navré de n'avoir *voulu* qu'un fils! Combien il se sent l'artisan de son malheur! Mais il est trop tard pour réparer cette longue erreur.

Descendons quelques échelons.

Voici un bon père de famille qui joint au produit d'une profession quelconque, le revenu d'une petite fortune de 100.000 fr. qu'il possède « Comment voulez-vous que je dote mes filles si j'en ai plusieurs? On ne trouve pas de gendre convenable à moins de 50.000 francs. Donc, dans l'intérêt de mes enfants, il faut que je les empêche de naître » (la phrase est un peu baroque, mais le raisonnement l'est aussi, et les deux vont de pair). Je voudrais croire que le bonhomme se trompe; 50.000 francs ne rapportent guère que 1.500 francs, ce qui est un faible appoint pour se marier; une éducation pratique et, si possible, un joli visage, sont des biens plus précieux et souvent plus alléchants.

Encore quelques échelons.

Celui-ci ne possède rien ; il est employé. Il explique qu'il ne peut avoir qu'un seul fils, car il veut que ce fils fasse des études supérieures et entre à l'Ecole Polytechnique ! Le malheur est que ce fils n'est qu'un homme moyen (comme la plupart des hommes ; c'est même la définition du mot « moyen »); il n'entre dans aucune école, et ne devient qu'un bachelier râpé, un déclassé. En un mot, il appartient à la catégorie la plus misérable qui soit. Son père a manqué de clairvoyance ; pour s'élever au-dessus des autres, l'instruction sert bien moins qu'un caractère vigoureusement trempé ; si notre homme avait eu plusieurs fils, il aurait eu plus de probabilités d'en avoir un qui fût doué de l'extrême énergie dont un homme a besoin pour s'élever au-dessus de sa condition.

Le cas qui va nous occuper est plus grave et plus triste encore. C'est une lettre qui ne vaut que par son origine : elle est signée par deux cents employés des deux sexes d'un des grands magasins de Paris et peut passer pour l'expression de l'état moral des employés de commerce. Ils expliquent pourquoi ils ne veulent pas avoir d'enfants : c'est simplement par immoralité. Dans cette lettre très verbeuse, très mal ordonnée, banale et déclamatoire, on ne trouve pas un sentiment généreux (sauf une phrase de pitié pour les vieillards infirmes) ; la patrie, la famille, le devoir, semblent choses ignorées. L'homme leur paraît n'avoir de devoirs qu'envers lui-même. Du moment qu'il ne vole pas et n'assassine pas, ils le croient quitte envers les autres hommes.

Les signataires de cette lettre lamentable se plaignent de manquer d'argent, naturellement. Et pourtant les employés des grands magasins de Paris (et surtout de celui dont il est question) n'ont pas à se plaindre à cet égard.

Nous venons de parcourir trois couches sociales qui invoquent à tort le manque d'argent pour se justifier d'avoir aussi peu d'enfants que possbile. Tous se trompent. Ce n'est pas le manque d'argent qui les détermine à avoir peu d'enfants, c'est (abstraction faite de la dernière lettre, qui est exceptionnellement honteuse) l'ambition d'élever leur famille au-dessus de leur condition.

Ambition légitime, mais mal comprise ! Ce qui fait la valeur d'un homme, c'est avant tout le caractère, c'est-à-dire l'énergie et la volonté. Plus vous aurez d'enfants, plus vous aurez de chance d'en avoir qui aient reçu ce don inestimable ; l'éducation ordinaire à l'enfant unique, généralement gâté, est propre à atrophier cette qualité.

Quelques autobiographies de familles nombreuses.

Que j'aime bien mieux la lettre si parfaitement noble d'une mère de douze enfants, dont onze vivants. Elle les a eus volontairement, malgré les avertissements et les colères assez inconvenantes de sa famille ; plusieurs sont nés alors qu'elle était riche ; lorsque les revers de fortune l'eurent ruinée, elle en a eu d'autres encore. Son mari est malade ; sur elle seule repose ce lourd fardeau. Certes, c'est un rude labeur de les nourrir et de les élever. Elle ne regrette rien ; elle est heureuse d'être entourée de sa belle et nombreuse famille, et de travailler pour elle. Elle ne craint rien de l'avenir ni pour eux, ni pour elle-même. Elle est très pieuse : *Deus providebit !*

Écoutez cette belle histoire qui est celle d'un de mes correspondants :

Le début en est fort triste. Commerçant ruiné, il fut expulsé, vendu et se trouva sur le pavé, n'ayant que cinquante francs dans sa poche, avec ses sept petits enfants (plus un huitième qui naquit trois ans plus tard). Voilà le point de départ de cette famille.

Mais voici son point d'arrivée : vingt ans après, tous ses enfants étaient établis, presque tous mariés, les uns gagnant convenablement leur vie, les autres riches, quelques-uns riches à millions, et c'est *parce que* cette famille était nombreuse, qu'elle a si merveilleusement réussi. Plusieurs des fils s'expatrièrent, les uns aux États-Unis, les autres ailleurs, tous cherchant non seulement ce qui leur convenait, mais ce qui convenait à leurs frères et sœurs. « Viens à Chicago, les modes françaises y sont appréciées. — Retourne à Paris, les électriciens américains y trouvent de l'ouvrage. — J'ai une excellente occasion, mais il me manque 5.000 francs. — En voilà 1.000, nos frères et sœurs feront le reste. » C'est par des avis pareils que, peu à peu, les uns s'élevèrent à l'aisance, les autres à la richesse ou même à la grande richesse. Des enfants uniques n'y seraient pas parvenus. « Certes, nous avons beaucoup peiné autrefois, m'écrit le père de cette noble famille : pourchassés par le propriétaire, accablés par l'impôt, nous avons eu bien souvent recours au Mont-de-Piété. Aujourd'hui nous sommes vieux tous les deux et serions pauvres sans nos enfants. Notre joie est grande de les voir prospérer et se multiplier ! »

Tout le monde, dira-t-on peut-être, ne peut pas avoir l'énergie qu'a déployée cette famille. Mais tout le monde peut avoir l'esprit de solidarité qui fut la cause de son succès.

Budget d'une famille nombreuse aisée. — M. Beaurin-Gressier a fait cette importante étude au point de vue fiscal. Elle comporte 120 rubriques (que nous nous contentons de résumer). Pour chacune d'elles, la part de l'impôt a été calculée. La conclusion générale est que le quart des dépenses faites par une famille nombreuse (exactement 23 p. 100) entre dans les caisses de l'État, du département ou de la commune.

La famille dont il s'agit comprend 9 personnes vivant ensemble : le père, la mère, 3 fils de quatorze à seize ans, 2 filles de onze à seize ans, et 2 domestiques. Le père est fonctionnaire ; ses ressources annuelles, dépassant un peu 20.000 francs, consistent dans un traitement auquel s'ajoutent quelques revenus patrimoniaux, fonciers pour la majeure partie. Il s'agit donc de ce que l'on considère généralement comme une famille aisée. Cependant en raison de ses charges, elle ne maintient l'équilibre de son budget qu'en s'astreignant à une sévère économie, ce dont il est facile de se rendre compte en parcourant les articles de dépense et en faisant la répartition par tête. Son seul luxe réside dans la possession, en province, d'une maison, vieux centre familial, où les enfants vont passer les vacances.

Dépenses d'une famille parisienne en 1894 et impôts supportés par elle.

Famille composée de 9 personnes : le père, la mère, trois garçons (dix-neuf, dix-sept, treize ans), deux filles (seize, onze ans) et deux domestiques.

Première section. — Services ou produits donnant lieu à des impôts dont l'incidence finale est relativement facile à discerner.

	Montant des dépenses.	Proportion p. 100 de l'impôt dans la dépense.
Habitation : maison de province dont le père jouit à titre de propriétaire.	567 80 ⟩	
Appartement à Paris	2.543 60 ⟩	29 45
Alimentation	6.157 95	20 65
Chauffage et éclairage.	888 »	27 30
Habillement.	1.975 »	10 77
Objets de cuisine et de ménage . . .	79 30	5 58
Mobilier.	300 »	12 33
Parfumerie (savon, etc.)	55 »	14 62
Transports (chemins de fer, omnibus, timbres-poste, etc.).	965 »	23 15
Distractions (théâtre, tabac, chasse) .	396 »	63 21
Cadeaux (jouets, bijoux, confiserie). .	120 »	10 74
Divers (papier timbré, frais d'examen)	70 10	100 »
	14.117 75	23 02

Deuxième section. — Services rémunérés au moyen de salaires dans lesquels se confondent les impôts supportés par les auteurs des services :

	Montant des dépenses.
Habitation et mobilier (réparations, etc.)	280 »
Vêtements (blanchissage, etc.)	600 »
Soins (médecin, pharmacien, bains, douches, etc.)	665 »
Culture intellectuelle (professeurs, livres, sociétés savantes)	2.715 »
Gages des domestiques	1.495 »
Sommes données (aumônes, pourboires, argent de poche des fils de la maison)	800 »
Somme à valoir pour omissions	27 25
	6.582 25

Total général des dépenses :

1re section	14.117 75
2e section.	6.582 25
	20.700 »

Autre budget d'une famille bourgeoise très nombreuse. — Voici le budget, très détaillé (je le possède pour chaque mois de l'année), avec indication des quantités consommées, d'une famille où les enfants sont deux fois plus nombreux que dans la précédente. Cette famille est d'autant plus intéressante qu'elle n'est pas habituée à la pauvreté ; elle a été riche naguère. Il lui en est resté une grande recherche de propreté jointe à une extrême simplicité du costume. Les frais d'éducation des enfants n'ont pas été sacrifiés ; ils sont restés élevés. On remarquera, au contraire, l'extrême modération des dépenses d'alimentation (212 francs par an et par personne, soit 0 fr. 58 par jour !). Cette famille dépense pourtant 10.000 francs en un an. Et voilà à quelle misère elle se résigne pour ne pas déchoir et pour élever convenablement ses enfants. Cette mère de famille joint un esprit très pratique à une admirable noblesse de cœur.

Cette famille habite la banlieue par mesure d'économie; il en résulte que les frais de transport sont assez élevés.

Dépenses d'une famille de la banlieue de Paris, autrefois riche, puis ruinée (1905).

Famille composée de 14 personnes : le père, la mère ; 6 fils (18, 17, 15, 13, 9 et 2 ans); 5 filles (12, 5, 3, 3 ans, jumelles, et 1 mois) ; 1 domestique.

Habitation, eau, impôts.	1.643,50
Alimentation	2.970,80
Chauffage et éclairage	639,35
Habillement	1.075,95
Mobilier	102,05
Propreté (coupe de cheveux, etc.).	296,30
Blanchissage	356,00
Transports (chemin de fer, omnibus, etc.). . .	941,00
Correspondance	116,50
Jouets des enfants	10,00
Distractions (théâtre, tabac, etc.)	Néant.
Soins médicaux.	337,60
Éducation et livres	1.395,05
Journaux, etc.	75,60
Gages de la domestique	530,95
Etrennes diverses	51,00
	10.541,65

Voici quelques détails intéressants relatifs aux quatre premiers articles de ce compte :

HABITATION (*Banlieue parisienne.*)

Salon, salle à manger, cabinet de travail, cuisine, grandes caves ; 6 chambres dont 3 mansardées ; salle de bain ; water-closet ; chambre de débarras, calorifère. Jardin.

Loyer . . .		1.400 fr.
Impositions.		175,50
Eau		68
		1.643,50

ALIMENTATION

Denrées achetées dans un village de la banlieue de Paris.

Pain : En pains de 4 livres à 0 fr. 75 le pain.	2.059 kilog.
Lait : Le litre coûtant 0 fr. 30.	1.424 litres
Huile : A 2 fr. 40 le litre (pas d'octroi). . . .	42 litres
Graisse : A 0 fr. 60 la livre	42 kilog.

Toutes les autres denrées, y compris les légumes, sont achetées à Paris ; les légumes aux halles (ils entrent dans le total pour un millier de francs, mais il n'en est pas parlé ci-dessous).

Viande rouge : Cheval ; pot-au-feu à 0 fr. 30 la livre ; braisé, daube à 0 fr. 60 ; rôti à 0 fr. 80.	292 kilog.
Beurre à 1 fr. 80 la livre	8 kilog.
Sucre à 0 fr. 65 le kilog.	190 kilog.
Café à 1 fr. 60 la livre.	16 kilog.
Vin, bière, cidre	Néant.

Chauffage et éclairage.

Charbon pour la cuisine,   42 fr. les 1.000 kilog. × 6.250 = 263 fr.
   —   — le chauffage, 35 »   »   × 3.740 = 131 fr.
Pétrole à 0 fr. 35 le litre × 415 . . . . = 145 fr.
Gaz. . . . . 100 fr.

               TOTAL . . . . 639 fr.

HABILLEMENT

Chaussures	du père	30
	de la mère	31,50
	des 5 grands garçons	125
	des 2 filles aînées	33
	des 4 bébés	30
	Ressemelages et cirage	50
	TOTAL.	299,50
Vêtements de dessus	du père	150
	de la mère.	110
	des 5 grands garçons	250
	des 2 filles aînées	50
	des 4 bébés (ils héritent de leurs aînés).	Néant.
	TOTAL.	560
Lingerie	du père	40
	de la mère.	7,75
	des 5 grands garçons	30
	des 2 filles aînées	10
	des 4 bébés.	Néant.
	Mercerie pour racommodages	50
	TOTAL.	137,75
Chapeaux	du père	25
	de la mère	20
	des 5 grands garçons	20
	des 2 filles aînées	10
	des 4 bébés	Néant.
	TOTAL.	75

Alcali, benzine, etc., brosses. 6,70

Total des dépenses relatives au vêtement. 1.075,95

BUDGET D'UNE FAMILLE NOMBREUSE PAUVRE. — Abordons à présent l'étude de familles nombreuses pauvres. Nous allons en rencontrer de très méritantes. D'autres sont très malheureuses.

Voici un document des plus intéressants. C'est le budget d'un instituteur d'une petite commune, père de neuf enfants. Si l'on veut bien l'étudier avec soin, on reconnaîtra que cet instituteur et sa femme sont véritablement héroïques : ils ne peuvent dépenser que 0 fr. 42 par tête et par jour !

I. — Composition de la famille.

Age du père : quarante-sept ans.
Age de la mère : quarante ans.
Age des enfants : 6 filles âgées respectivement de treize, douze, onze, six, quatre et trois ans.
Une fillette de quatre mois.
2 garçons de dix et huit ans.
Tous ces enfants vivent à la maison, à l'exception d'une fille de onze ans élevée par son grand-père.

II. — Revenus.

Solde d'instituteur	1.500	»
Retenue pour les pensions civiles	75	»
Reste	1.425	»
Traitement de secrétaire de mairie	200	»
Frais de bureau de la mairie et autres revenus	75	»
Total	1.700	»

III. — Dépenses.

Loyer : 5 pièces (logé par la commune)	»	»
Viande, volaille, poissons, œufs	450	»
Légumes	50	»
Pain	400	»
Epicerie	100	»
Boisson : cidre	75	»
Autres pour dessert et fortifier les enfants : vin	25	»
Total (alimentation)	1.100	»
Eclairage	25	»
Chauffage	70	»
Vêtements de dessus	350	»
Linge	200	»
Chaussures	100	»
Total (habillement)	650	»
Mobilier	50	»
Gens de journées (couture et blanchissage)	70	»
Voyages	25	»
Tabac	»	»
Divertissements divers	»	»
Frais de maladie (médecin et pharmacien)	60	»
Total	2.050	»

IV. — Balance.

Revenus	1.700	»
Dépenses	2.050	»
Déficit	350	»

« Pour faire face à cet excédent de dépenses, nous écrit ce correspondant, j'ai épuisé une somme de 1.500 francs placée à la caisse d'Épargne et fait des emprunts que j'espère pouvoir rembourser plus tard lorsque mes enfants seront élevés. Les dépenses n'ont pas toujours été de 2.050 francs, mais le déficit a toujours été à peu près le même, mon traitement n'a été que de 1.100 francs jusqu'au 1er janvier 1893 et de 1.200 francs du 1er janvier 1893 au 31 décembre 1896.

« Les dépenses augmentent au fur et à mesure que les enfants grandissent; l'aînée ne travaille pas encore, elle aide sa mère dans les travaux du ménage et jusqu'à ce que les quatre aînés soient placés, la situation sera bien difficile; il faudra endurer bien des privations, des humiliations... »

Un dernier renseignement : cet instituteur n'a pas touché un sou des trois millions votés à cette époque par le Parlement en faveur des instituteurs. Ayant un traitement de 1.500 francs, il est considéré par les règlements comme étant « riche! » Les trois millions ont donc été alloués exclusivement à de jeunes instituteurs, presque tous célibataires, qui ont des traitements de début, et qui, eux, sont considérés comme pauvres. Ils ne sont pas bien riches assurément ; mais il serait intéressant de comparer leur budget à celui que nous venons de publier !

Autres budgets. — Cette comparaison a été faite au moyen d'une enquête portant sur 3.400 instituteurs par le *Manuel général de l'instruction primaire* (26 avril 1902). Même résumé comme il l'a été par le *Bulletin de l'Alliance nationale* (II, p. 67) il est trop long pour figurer ici. Nous avons les renseignements ci-dessous pour chaque catégorie de traitement. Nous ne considérerons que la plus ordinaire (de 1.500 à 2.000 francs, en moyenne 1.757 francs), et nous comparerons les familles de 2 personnes et celles de 6 personnes et plus (on n'examine malheureusement pas à part les familles de plus de 6 personnes), c'est-à-dire composées des 2 parents et de 4 enfants.

Dépenses annuelles moyennes des familles d'instituteurs
(de 1.500 à 2.000 francs de traitement).

	COMPOSÉES DE	
	2 personnes (134 observ.)	6 personnes et plus (129 observ.)
Logement	121	102
Alimentation.	850	938
Chauffage et éclairage.	103	108
Habillement	281	294
Charges de famille	51	168
Prévoyance et épargne	172	67
Autres dépenses	160	97
Total	1.738	1.774

Triste paradoxe : les familles de 2 personnes ont un logement plus cher que les familles de 6 et au-dessus. C'est toujours l'application de la lamentable formule : « Ma famille augmente, *donc* il me faut un logement plus petit ! » parce que le logement est la seule dépense qu'on puisse diminuer quitte à s'entasser les uns sur les autres.

Toutes les autres dépenses sont plus fortes pour la famille de 6 personnes que pour celle de 2. La famille de 2 personnes dépense pour son alimentation 1 fr. 17 par personne et par jour; celle de 6 ne dépense que 0 fr. 43 par personne et par jour.

Outre que les familles de 2 personnes peuvent ne pas se priver, elles font 172 francs d'économie, tandis que les familles de 6 personnes, avec le même revenu, ne font que l'épargne exigée par les règlements pour la retraite.

AUTRES MONOGRAPHIES DE FAMILLES NOMBREUSES PAUVRES. — Les 5 exemples de familles nombreuses qui suivent ont été relevés par M. le Dr Eustache, de Lille :

1er Exemple (Nord). — En arrivant à Lille, il y a vingt-neuf ans, je fis la connaissance d'un jeune couple nouvellement marié. Le mari avait une petite ferme de trois hectares au loyer de 250 francs ; la jeune femme était une ouvrière des champs, sans dot. Ils sont l'un et l'autre très laborieux. Ils ont eu *seize* enfants, tous vivants aujourd'hui et bien portants. Déjà les trois aînés sont mariés à leur tour et commencent à faire souche.

Le père de cette famille, que je vois assez fréquemment, m'assurait hier encore que la situation pécuniaire de chacun de ses seize enfants est de beaucoup supérieure à celle qu'il avait lui-même au début de son mariage. Ils continuent à habiter tous la campagne et ils sont très heureux.

2e Exemple. — A la Maternité Sainte-Anne de Lille, est venue à plusieurs reprises, une femme de la ville qui, à quarante-huit ans, a accouché pour la dernière fois de deux jumeaux. C'était sa 24e grossesse dont 18 à terme. Sur ces 19 enfants venus viables, 8 vivent encore aujourd'hui.

L'une de ses sœurs avait eu également 24 grossesses, avec 8 enfants encore vivants ; son autre sœur n'en avait eu que 22 avec 5 enfants survivants.

Ainsi voilà trois sœurs qui, à elles trois, ont eu 70 grossesses, 53 enfants à terme et vivants, dont 21 survivent encore. Ils habitent tous la ville de Lille.

3e Exemple. — En 1793, H. D., de Valenciennes, qu'un décret de la Convention fermant les séminaires fait rentrer dans la vie civile se marie, et a 10 enfants. Sa femme étant morte en 1809, il se remarie en 1812 et a 11 enfants de son second mariage, soit 21 enfants dont un seul mourut le jour de sa naissance.

Sur ces 20 enfants, 9 succombèrent avant l'âge de vingt ans. Onze survécurent, dont 3 célibataires vivant encore aujourd'hui (1895). Les 8 autres se marièrent et firent souche d'une lignée nombreuse, dont le tableau a été dressé jusqu'en 1891. A cette date, c'est-à-dire quatre-vingt-dix-huit ans après la constitution de la famille, la descendance de H. D... comprenait 385 membres. Depuis lors, le chiffre de 400 est de beaucoup dépassé.

4e *Exemple*. — Mariés en 1843, les époux E. M.., de Roubaix, ont eu 13 enfants, dont 12 arrivent à l'âge adulte et 10 se marient. En 1895, cinquante-deux ans après leur mariage, les deux aïeux réunissaient chez eux leurs 75 enfants et petits-enfants. Ils disaient à qui voulait l'entendre, que dans cette nombreuse lignée il n'y avait ni malades, ni infirmes, et faisaient constater avec bonheur que l'avenir matériel et pécunière de chacun de leurs descendants ne faisait que s'améliorer sans cesse.

Je vois certains de ces petits-enfants devenus à leur tour pères de famille, et je puis certifier que comme prolificité, comme travail et comme bien-être, ils ne le cèdent en rien à leurs premiers auteurs.

5e *Exemple* (Centre). — Le 15 mars dernier (1905), je recevais une lettre de faire part de la mort d'une de mes anciennes clientes du centre de la France. J'avais été reçu dans cette famille patriarcale, où j'avais admiré non seulement le nombre presque incalculable des descendants, mais leur bon ordre, leur bonne tenue, leurs sentiments religieux et leur grand bien-être. J'ai eu la curiosité de dénombrer, sur cette lettre de faire part, l'état actuel cette famille M. G...

Il résulte de ce dénombrement que, aujourd'hui, cette famille se compose, outre le chef, vénérable vieillard de 87 ans, de 14 enfants ou beaux-enfants et de 60 petits-enfants, soit en tout 75 personnes, dont la santé, la gaieté, le bonheur et la prospérité matérielle ne laissent rien à désirer. Quel avenir est reservé à cette famille, lorsque les 60 petits-enfants se mettront à leur tour à marcher sur les traces de leurs pères !

Je pourrais multiplier ces exemples, et, au lieu de 5 seulement en rappeler 100 et plus : ils sont loin, en effet, d'être rares.

6e *Exemple* (Est). — Quinze enfants, en dix-sept ans de ménage, telle est la fécondité remarquable des époux Amet-Chevrier, qui demeurent au Brabant, commune de Cornimont (arrondissement de Remiremont) où ils exploitent une ferme qu'ils ont en location.

Le père M. Théodore Amet, n'a que trente-neuf ans, et la mère trente trois ans. Leur quinzième enfant vient de naître en décembre dernier, pendant la semaine de Noël. L'aînée a seize ans, et les autres s'échelonnent ensuite à une année d'intervalle.

Tous ces enfants sont vivants et bien portants ; les grands commencent à aider leurs parents de la force de leurs petits bras dans leurs durs travaux de cultivateurs.

Mme Amet est vaillante et bien portante. Il est vrai qu'elle a été de bonne heure à l'école du travail. Ses parents, en effet, ont eu eux-mêmes seize enfants, dont elle est la douzième.

Pour élever et nourrir leur nombreuse nichée, les époux Amet ne comptent que sur leur travail, si pénible dans cette âpre région des hautes Vosges où la terre, souvent ingrate, ne rend pas toujours au cultivateur le fruit de ses peines et de ses fatigues ; aussi cette jeune et nombreuse famille est-elle vraiment digne d'intérêt.

7e *Exemple* (Midi). — On nous écrit de Nîmes :

Il y a quelque temps, on a enterré, dans un âge avancé, à Nîmes, un de nos braves concitoyens, Antoine Cadière, jardinier-maraîcher de cette ville. De vieille origine nîmoise, tant du côté paternel que du côté maternel, exerçant de père en fils, depuis plus de deux cents ans, la profession de jardinier-maraîcher, la famille Cadière est assurément la plus belle de la grande cité romaine et, de bien loin, elle a le droit d'être fière du nom qu'elle porte. Aux obsèques du chef de la famille, elle se composait de sept frères et de quatre sœurs, tous mariés. L'aîné a soixante-treize ans et le plus jeune cinquante-deux ans. Tous sont en bonne santé et en pleine vigueur physique et morale.

Leurs enfants et petits-enfants sont au nombre de cent trente ; le plus âgé de ceux-ci, âgé de vingt-cinq ans, vient de terminer son service militaire dans l'artillerie de forteresse.

Et tous ces braves gens ont toujours vécu et vivent dans la plus parfaite union, s'en référant toujours, en cas de difficultés, au chef de la tribu.

Leur père, Etienne Cadière, avait commencé sa carrière avec trente-cinq sous, lorsqu'il était entré en ménage et, à sa mort, survenue à soixante-quatorze ans, il a laissé, à chacun de ses onze enfants, un modeste avoir, fruit d'une longue vie toute de travail, d'honneur et de probité. Il avait eu la bonne fortune de choisir et de rencontrer une femme admirable, épouse accomplie, mère modèle, laborieuse, dévouée, économe, qui lui avait donné quatorze enfants qu'elle avait tous allaités et élevés.

Tous les matins, dès la première heure, cette vaillante femme, aidée d'une de ses filles, allait vendre son jardinage à la place aux Herbes, par tous les temps. Et c'est à table et à la veillée qu'elle faisait l'éducation morale de sa belle nichée !

Nous mentionnons ces exemples pour montrer que les familles nombreuses, même pauvres, ne sont pas nécessairement vouées à la misère. Malheureusement les gens heureux ne font guère parler d'eux. D'ailleurs, il faut à une famille nombreuse des qualités remarquables pour que son misérable budget ne succombe pas sous le fardeau.

Entre tant d'exemples, nous n'en citerons qu'un seul qui a, tout récemment, excité la commisération publique :

Il s'agit d'une famille Robert, composée de huit enfants dont l'un sur le point de naître, qui avait élu domicile, faute de mieux, sous le pont de Montgeron.

Expulsés de leur domicile, trois jours ils errèrent dans la forêt de Sénart, de-ci, de-là, sans abri, vivant comme des sauvages. Cela ne pouvait durer, car le terme de la femme approchait. Ils s'installèrent donc sous le pont; ce fut là que la pauvre créature accoucha. On prétend que le médecin refusa de l'assister; il est vrai que l'accouchement aurait été difficilement aseptique. Cet accouchement pitoyable fit du bruit à cause de son étrangeté. Les secours affluèrent, car les bons cœurs sont nombreux, quoi qu'on en dise ; la famille Robert reçut au total 3.000 francs,et elle fut sauvée..... provisoirement.

Cette histoire est tellement banale qu'elle n'aurait certainement pas été connue sans la singularité de l'accouchement sous un pont. Il est manifeste que lorsqu'il y a huit enfants, leur mère ne peut pas travailler ; son activité est suffisamment absorbée par les soins qu'ils réclament. Il faut donc que dix personnes vivent sur le salaire du père ; le moindre chômage, la moindre maladie mettent tout ce petit monde en danger de mort.

Or, la France *a besoin* que ces enfants vivent et soient assurés de ne pas mourir de faim. En tout pays, l'humanité l'exigerait. En France, pays qui disparaît faute d'enfants, l'intérêt national en fait un devoir encore plus pressant.

Il ne faut pas que dans notre généreux pays ces malheureuses familles, dont le pays a besoin, soient réduites à errer dans une forêt comme une troupe de sauvages !

Les sauvages, dans l'espèce, c'est nous, tant que nous ne secourons pas ces malheureux !

Mais il y a plus misérable encore : c'est la veuve d'ouvriers chargée d'enfants. Nous avons déjà décrit l'horrible misère à laquelle elle est vouée presque nécessairement.

Ici une réforme profonde est indispensable.

Un ouvrier qui réfléchit que, s'il vient à mourir sa veuve et ses enfants seront fatalement voués à la souffrance et à la mort sans que rien puisse les en préserver, est excusable de ne vouloir les exposer à ce malheur, et de se résoudre à restreindre sa famille.

Il suffit, pour lui ôter cette excuse, que la Société, qui a besoin de ses enfants, et qui a le devoir de les aider, cesse de manquer à ce devoir.

Allocations de famille.

Voici la liste, probablement incomplète, des administrations publiques qui distribuent des allocations de famille :

L'Administration de la marine donne 0 fr. 10. par jour et par enfant aux marins accomplissant une seconde période de service (depuis 1854).

Toutes les grandes compagnies de chemins de fer, y compris les lignes de l'Etat et plusieurs compagnies secondaires (depuis 1895 env. : dates variables) accordent environ 50 fr. par enfant à partir du 4°.

M. Catusse, directeur des contributions indirectes (12 mars 1897). M. Bousquet, directeur des Douanes (6 juin 1899) en ont fait à peu près autant.

Les Postes, en vertu de la loi de finances de 1900, votée grâce à la persévérance de l'abbé Lemire, accordent un avantage du même ordre, mais sans cesse amoindri par l'administration (*Ch. des Dép.* 8 fév. 1905).

M. de Lanessan, ministre de la Marine, a accordé au personnel central des allocations progressivement croissantes, suivant un système analogue à celui que je préconise (40 francs pour le 2° enfant, plus 55 pour le 3°, plus 75 pour le 4°, etc.) Cette mesure fut acceptée avec joie par les employés, même par ceux dont elle diminuait un peu le revenu, valut un bouquet à Mme de Lanessan ! Elle n'a pas résisté à la crise funeste que la marine a subie un peu plus tard.

Les ministères des Finances, des Travaux publics. de la Justice, la Chambre des Députés, etc. donnent une allocation de famille aux gardiens de bureaux, etc. (généralement 50 francs par enfant à partir du 3° ou du 4°).

L'Administration pénitentiaire de l'Algérie accroît d'indemnité de résidence d'un cinquième par enfant.

Le Mont-de-Piété de Paris donne 50 francs par enfant à partir du 3°.

Les cantonniers reçoivent des indemnités de famille plus ou moins analogues dans les Basses-Alpes, Côte-d'Or, l'Hérault, les Côtes-du-Nord, Seine-et-Oise, Finistère, Seine-et-Marne, etc. (à noter qu'en Seine-et-Marne tout au moins, ce fut *par raison d'économie* que la libéralité fut accordée afin d'éviter une augmentation générale des salaires).

Les instituteurs et institutrices sont l'objet d'une mesure toute gracieuse du même genre depuis 1907 (*Bull. de l'All. nat.* II, p. 499). L'exemple en avait été donné par l'Yonne, Seine-et-Oise, etc.

Un grand nombre de villes en font autant pour leur personnel inférieur (Châlons-sur-Marne, Meaux, Nancy (octroi), la Rochelle, Vincennes, Tourcoing), etc.

Les officiers mariniers (et assimilés) mariés (*J. Off.*, 18 juillet 1908)
ont droit à une indemnité de logement pour charge de famille (0 fr. 504
par jour) qui s'ajoute à l'indemnité de résidence. Les quartiers-
maîtres et matelots inscrits maritimes ayant accompli cinq années de
service reçoivent 0 fr. 10 par jour et par enfant de moins de dix ans.

La ville de Paris et le département de la Seine (1910) accordent
50 francs par enfant de moins de 13 ans, à partir du 4e.

TABLE DES MATIÈRES

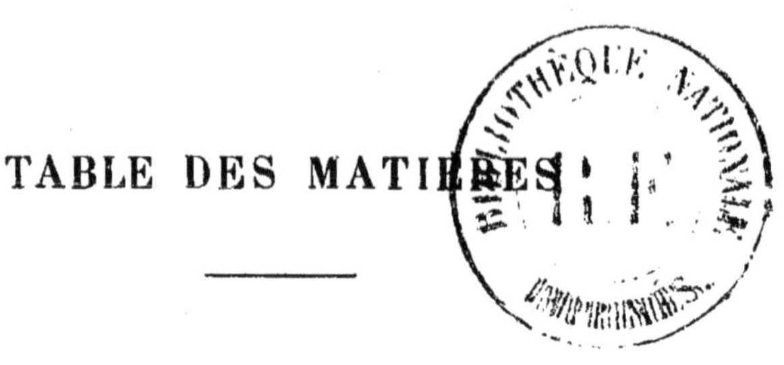

TROISIÈME PARTIE

DES CAUSES DE LA DÉPOPULATION DE LA FRANCE

ANNEXES

ÉTUDES MONOGRAPHIQUES 317

BIBLIOTHEQUE NATIONALE

SERVICE DES NOUVEAUX SUPPORTS

58, rue de Richelieu, 75084 PARIS CEDEX 02 Téléphone 266 62 62

Achevé de micrographier le : **14 / 06 / 1977**

Défauts constatés sur le document original

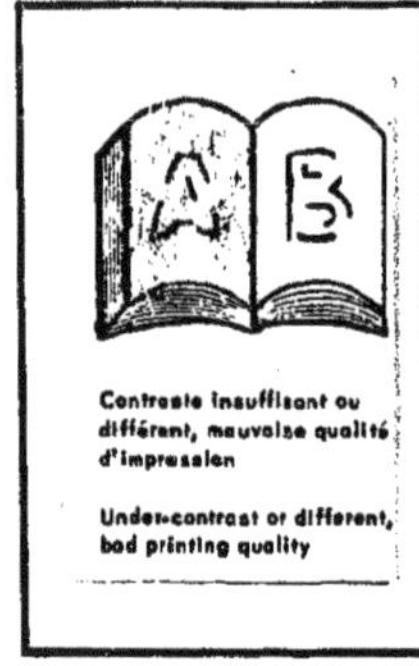

www.ingramcontent.com/pod-product-compliance
Ingram Content Group UK Ltd.
Pitfield, Milton Keynes, MK11 3LW, UK
UKHW022058120726
13694UKWH00001B/206